AF343492

VIE

DE

SAINT ANTHELME

VIIe PRIEUR DE LA GRANDE-CHARTREUSE

Ier GÉNÉRAL DE L'ORDRE

ÉVÊQUE DE BELLEY

PAR

M. L'ABBÉ A. MARCHAL

VICAIRE GÉNÉRAL DE BELLEY

LIBRAIRIE JACQUES LECOFFRE

LECOFFRE FILS ET Cie, SUCCESSEURS

PARIS
90, RUE BONAPARTE

LYON
RUE BELLECOUR, 2

1878

VIE

DE

SAINT ANTHELME

SAINT ANTHELME

ÉVÊQUE DE BELLEY

VIE

DE

SAINT ANTHELME

VII⁰ PRIEUR DE LA GRANDE-CHARTREUSE

1er GÉNÉRAL DE L'ORDRE

ÉVÊQUE DE BELLEY

PAR

M. L'ABBÉ A. MARCHAL

VICAIRE GÉNÉRAL DE BELLEY

LIBRAIRIE JACQUES LECOFFRE

LECOFFRE FILS ET Cie, SUCCESSEURS

PARIS	LYON
90, RUE BONAPARTE	RUE BELLECOUR, 2

1878

Imprimatur.

Marboz, in Visitatione pastorali, die 10ᵃ junii 187.

✝ JOSEPH, *Ep. Bellicensis*

Au Révérendissime Père Général des Chartreux

Mon Très-Révérend Père,

En entreprenant d'écrire la vie de saint Anthelme, je pensais surtout à l'évêque qui illustra le siége de Belley. Mais je n'ai pas tardé à comprendre que les qualités, qu'il a déployées pendant son épiscopat, étaient comme les fruits du désert de la Chartreuse où il a vécu si long-temps, et qu'ainsi la sainteté de l'évêque trouve son explication toute naturelle dans celle du moine. C'est donc à votre Ordre, mon Révérend Père, que le siége de Belley doit sa plus grande illustration, et à l'approche des solennités qui se préparent pour célébrer le septième centenaire du saint Pontife, il n'est que juste de le rappeler et de vous en renvoyer l'honneur.

D'ailleurs, nul pays, dans les siècles écoulés, n'a été enrichi, à l'égal du nôtre, d'un aussi grand nombre de Chartreuses; nous en avons compté jusqu'à sept qui florissaient à la fois. Il n'est aucun diocèse de France, excepté celui de Belley, qui aujourd'hui en ait deux pour les hommes. Je crois pouvoir ajouter que nulle part la vénération pour votre Ordre n'est plus vive ni plus profonde.

Ainsi, mon Révérend Père, le souvenir d'un passé glorieux et qui nous reste cher, les bienfaits de tout genre que nous devons, de nos jours, à votre présence au milieu de nous, tout nous invite à bénir la Providence qui a ouvert dans notre pays ces sources de grâces. Mais personne assurément ne sait mieux que le clergé de ce diocèse tout le bien qui en découle pour lui et pour les populations qu'il dirige. Aussi voudrais-je être autorisé à me faire près de vous l'interprète de sa reconnaissance, et à vous offrir en son nom la dédicace de cet ouvrage ; bien qu'il soit indigne de vous et de lui, il aura peut-être le mérite, en faisant mieux connaître votre institut dans un de ses représentants les plus populaires, de justifier les sentiments de gratitude et de respectueuse admiration dont tous, prêtres et fidèles, sont pénétrés pour la famille de saint Bruno, et que partage celui qui a l'honneur d'être,

Mon Très-Révérend Père,

votre très-humble
et très-obéissant serviteur

A. MARCHAL,
Vicaire Général.

Belley, le 16 mai 1878.

Réponse du Révérendissime Père Général des Chartreux

Monsieur le Vicaire Général,

Suivant l'inspiration du digne Évêque dont vous partagez tous les sentiments à notre égard, vous nous offrez la dédicace de la Vie de saint Anthelme.

Bien qu'il ne soit guère dans nos habitudes d'accepter semblable honneur, nous nous rendons cependant à vos désirs, heureux de montrer que l'Église de Belley et l'Ordre des Chartreux, fidèles à leurs vieilles traditions, restent toujours intimement unis. Nos maisons renaissantes ont trouvé, auprès des vénérés successeurs de saint Anthelme et de leur respectable clergé, la protection et les sympathies des anciens jours : aussi notre reconnaissance voudrait-elle ne le céder en rien à celle de nos pères.

Monsieur le Vicaire Général, d'autres voix, plus autorisées que la nôtre, diront que la Vie de saint Anthelme est un travail sérieux et intéressant; que vous appréciez avec justesse les hommes et les faits; que vous avez habilement introduit dans votre sujet des documents jusqu'ici peu connus. Pour nous, nous prions Dieu de bénir votre œuvre et de la rendre féconde en fruits de salut. Ce ne sera pas en vain, nous en avons la confiance, que vous aurez montré l'héritier d'un grand nom et d'un passé glorieux cherchant à vivre ignoré dans une cellule de moine, subissant ensuite malgré lui les dignités qu'il avait voulu fuir, et alliant toujours à la charité compatissante qui gagne les cœurs la fermeté qui sauve les principes. Ces beaux exemples ne seront pas perdus et vous, Monsieur le Vicaire Général, qui aurez contribué à les mieux faire connaître, vous aurez part au bien qu'ils produiront dans les âmes et recevrez ainsi la meilleure récompense que nous puissions vous souhaiter.

Veuillez agréer, avec l'hommage de notre respectueux dévouement, les remerciements et les félicitations de

Votre très-humble serviteur en J.-C.

F. ROCH-MARIE, *prieur de Chartreuse.*

Grande-Chartreuse, le 1ᵉʳ juin 1878.

PRÉFACE

Le Bollandiste Henschenius raconte, en tête de la Vie
de saint Anthelme publiée dans le 5ᵉ volume du mois de
juin des *Acta Sanctorum*, comment il se rendit, en 1662,
à la Grande-Chartreuse, et y reçut l'accueil le plus bien-
veillant du Révérendissime Père Général et de son secrétaire Jean Chauvet. Sa visite n'avait d'autre but, on
le pressent, que la recherche des monuments qui pouvaient l'aider à écrire la vie des Saints de l'Ordre fondé
par saint Bruno. Jean Chauvet lui ouvrit les trésors de
la bibliothèque dont il avait la garde, et lui promit, en
outre, de mettre à sa disposition tout ce que lui-même
découvrirait. Dès l'année suivante, il lui envoya une *Vie*
de saint Anthelme extraite d'un ancien manuscrit de la
Chartreuse de Meyriat en Bugey. La copie qui en avait
été faite était très-correcte, beaucoup plus, dit le savant
Jésuite, que celle dont s'était servi Surius.

Telle est l'origine du document publié par Henschenius, et qui reproduit la vie de saint Anthelme. Malheureusement, comme beaucoup d'hagiographes du moyen
âge, l'auteur a jugé inutile de faire connaître son nom.
Il s'est, pour ainsi dire, éclipsé dans la gloire de son
héros. Toutefois, il a pour nous un mérite sans égal,
c'est sa qualité de contemporain, ou plutôt de témoin
des faits qu'il raconte. En effet, il déclare, dans son pro

logue, qu'il a vécu du temps du saint évêque et dans sa
familiarité, et qu'il s'est souvent édifié au spectacle de
ses vertus, dans les relations fréquentes qu'il a eues avec
lui. Il ne dit donc que ce qu'il a vu et entendu, et il le
dit à d'autres témoins qui seraient en état de rectifier son
récit s'il était inexact, ou de le démentir s'il était imagi-
naire ou mensonger.

De toutes les *Vies* de saint Anthelme, évidemment c'est
cette première qui est la plus importante ; ou plutôt,
c'est la seule qui soit originale, les autres n'en étant
guère que la reproduction. Surius déclare qu'il s'est contenté d'en changer le style et de la paraphraser. Dom
Charles Lecoulteux, l'auteur des Annales manuscrites de
l'Ordre des Chartreux, l'a insérée intégralement dans son
texte, en la divisant par fragments pour l'adapter à sa
méthode. Il en est de même de l'italien Trombi, dans sa
grande histoire de l'Ordre des Chartreux, et de l'auteur
d'une autre histoire manuscrite du même Ordre que
possède le *British Museum*, et même de ceux qui n'ont
voulu donner qu'un abrégé de la vie du saint. Chez tous,
on retrouve facilement le récit du biographe contemporain, ou tout au moins la substance de ce récit. Nous ne
parlons pas des biographes modernes, qui ne pouvaient
faire autre chose que leurs devanciers.

On peut juger, par ce qui précède, de l'importance
de ce précieux document. Pour ceux à qui il a été
adressé, il suffisait à coup sûr. Comme il avait été écrit
pour des lecteurs contemporains eux-mêmes du saint,
beaucoup de détails qui, aujourd'hui, nous intéresseraient
vivement, pouvaient paraître alors superflus et ont été omis.
De là vient qu'il n'y est rien dit, ou peu de chose, de la
famille de saint Anthelme, de sa jeunesse, de son passage
dans le monde, des œuvres propres de son épiscopat.

sauf l'histoire de son premier synode et quelques indications générales qu'on regrette de ne pas voir appuyées sur des faits ; rien non plus sur les événements de cette époque, quand le saint n'y a pas été directement mêlé ; et même, pour ceux où il est intervenu, ils ne sont rappelés que sommairement ; encore n'est-ce souvent que par allusion. L'auteur s'adressait, ne l'oublions pas, à des contemporains de ces faits, et il se gardait bien de vouloir leur apprendre ce qu'ils savaient déjà. On y chercherait inutilement aussi une description des lieux, un tableau de la société, une vue d'ensemble sur la marche des événements. Il offre à l'imitation de tous ceux sous les yeux de qui son écrit tombera le tableau des vertus pratiquées par un grand saint, et il s'en tient là. Il fait un acte de piété, et non une œuvre d'art.

Quant aux faits particuliers dont la suite forme la vie du saint, l'auteur les raconte comme ils se présentent à sa mémoire, sans trop se préoccuper de l'ordre chrono·logique. Il en résulte plus d'un problème dont la solution n'est pas toujours facile à trouver.

Pour nous, qui venons sept siècles après saint Anthelme, le récit de son premier biographe ne suffit plus. Nous demandons que ses nouveaux historiens le replacent dans le milieu où il a vécu, qu'ils saisissent et renouent les fils qui rattachaient son existence à la trame générale de l'histoire de son temps, qu'ils mettent plus en vue l'action qu'il a exercée autour de lui, et qu'ils fassent ressortir la part qui lui revient dans les faits auxquels il a été mêlé.

Est-ce tout ? Le connaîtrons-nous, quand nous l'aurons étudié dans ses rapports avec la société au sein de laquelle il a vécu ? Il y a aussi sa vie intime, et nous ne sommes satisfaits que si nous en avons percé le mystère.

Nous voulons que cette figure, qu'on évoque sous nos yeux, s'anime, se colore, ait des traits qui la caractérisent, une physionomie propre, et qu'elle produise l'illusion de la vie dans le mouvement du récit.

De ces deux conditions d'une biographie complète de saint Anthelme, peut-être la première est-elle réalisable. Du moins nous l'avons cru, et l'essai en a été tenté. Quant à la seconde, nous avons mis à profit tout ce qui pouvait nous aider à atteindre le but. Nous en sommes-nous approché? C'est au lecteur à en juger.

Notre essai vient, il est vrai, après plusieurs autres du même genre, de date récente, et qui sont en possession de l'estime du public. Aussi, la pensée de refaire ce qui est bien fait ne nous serait pas même venue, si elle ne nous avait été suggérée par l'approche du septième centenaire de saint Anthelme. Il nous a paru, en effet, que c'était l'occasion toute naturelle de faire une nouvelle étude, et aussi complète que nous le pourrions, du saint le plus populaire du pays, et que notre travail viendrait à son heure, si, dans cette circonstance, il éveillait l'attention des fidèles pour la porter sur celui qui est l'objet des fêtes que l'on prépare.

Nous sentions, du reste, que nous serions soutenu dans cette entreprise. Effectivement, dès que notre projet a été connu, des encouragements nous sont venus de divers côtés. Un honorable magistrat du tribunal de Belley a mis aussitôt et spontanément à notre disposition tout ce que sa bibliothèque pouvait renfermer d'utile pour ce travail, livres et manuscrits. Le R. P. Ildefonse, prieur de la chartreuse de Sélignac, voudra bien recevoir ici l'hommage de notre profonde reconnaissance, ainsi que son vicaire, le R. P. Cyprien, bibliothécaire du monastère, pour les communications que l'un et l'autre ont bien voulu nous faire sur une foule de questions, au sujet desquelles nous aurions difficilement trouvé ailleurs quelque lumière. Notre projet reçut également l'approbation du Révérendissime Père Général, et il nous a exprimé la satisfaction avec laquelle il voyait cette publication nouvelle, en en acceptant la dédicace dans des termes qui nous en rendent le témoignage infiniment précieux. D'autres personnes nous vinrent en aide, entre autres l'archiviste du département du Rhône, bien connu dans toute cette région par ses travaux sur l'histoire locale. Nous avons trouvé le même empressement et le même secours chez un prêtre de ce diocèse fort érudit, ce qui n'est point une exception dans le clergé auquel il appartient. L'honorable président de la Société littéraire du département de l'Ain a voulu copier de sa main un document dont nous avions besoin : nous ne pouvions omettre de lui en témoigner ici notre gratitude. Enfin le R. P. Ildefonse avait signalé à notre attention une histoire générale de son Ordre, manuscrite, en 11 vol. *in-folio*, qui se trouve au *Bristish-Museum*. Les RR. PP. Maristes établis à Londres, furent priés de faire les recherches nécessaires. Ils s'y prêtèrent avec le plus grand empressement et trouvèrent l'ouvrage indiqué. Mais, comme nous l'avons déjà fait remarquer, tout ce qui s'y trouve de relatif à saint Anthelme, — et nous avons pu en juger par les extraits qu'on nous a envoyés, — n'est qu'un abrégé du biographe contemporain, et les pièces, qui pourraient être utiles, se trouvent ailleurs dans des collections plus accessibles pour nous.

Mais, de tout ce qui nous a été communiqué, rien ne vaut les Annales manuscrites de l'Ordre des Chartreux, de D. Charles Lecoulteux, que nous devons à l'extrême obligeance du R. P. Prieur de Sélignac. L'original a été transporté de la Grande-Chartreuse à la bibliothèque de la ville de Grenoble pendant la Révolution. La méthode du savant religieux est celle que Baronius a suivie pour rédiger les Annales ecclésiastiques. Il raconte donc année par année, à partir de saint Bruno, tout ce qui s'est passé de remarquable dans l'Ordre entier. Son travail n'est pas une simple compilation : il discute et rapproche les faits pour éclairer sa marche. Sa critique est toujours judicieuse, même quand on pourrait peut-être en contester les conclusions, ce que nous nous sommes permis quelquefois. C'est un écrivain de mérite qui connaît sa matière, et qu'on lit avec autant de plaisir que de profit. Il complète avantageusement le biographe contemporain sur beaucoup de points, et rend possible, à lui seul, une histoire de saint Anthelme comme nous la concevons.

La reconnaissance nous faisait un devoir de donner ces détails; on voudra bien, pour ce motif, nous les pardonner.

Il nous reste à dire un mot de la gravure qui est en tête de ce livre. Cette gravure est la reproduction en petit d'un beau tableau que possède la Grande-Chartreuse, et qui représente saint Anthelme sous des traits dont on remarquera sans doute la vigueur et la finesse. Le saint tient un livre ouvert entre ses mains : d'après le savant P. Cahier (voir *Caractéristiques des Saints*, T. II, p. 521), le livre est un des symboles les plus ordinaires de l'épiscopat, à cause de la mission d'enseigner qui lui est confiée et qui est une de ses principales fonctions.

Belley, en la fête de saint Claude, le 6 juin 1878.

Liste des Ouvrages consultés par l'auteur.

De sancto Anthelmo Episcopo Bellicensi in Gallia, Ordinis Carthusiani, AUCTORE COÆVO ET FAMILIARI.

Vita sanctæ memoriæ Anthelmi. SURIUS.

GUIGONIS I *Carthusiæ Majoris Prioris V Consuetudines,* publié dans le T. CLIII de la Patrologie de Migne. On trouve aussi, dans ce tome, la vie de saint Hugues de Lincoln et plusieurs annotations et dissertations très-utiles.

Maxima Bibliotheca veterum Patrum. T. XXIV.

Epistolæ S. BERNADI, *Abbatis Claræ-Vallensis.*

Annales ms. Sacri Ordinis Carthusiensis. Auct. CAR. LECOULTEUX.

Storia... del Patriarcha S. Brunone e del suo Ordine Cartusiano, compilata dal BENEDETTO TROMBI.

Divers manuscrits du P. COLUMBI, parmi lesquels se trouvent une liste des Chartreuses par provinces et une vie abrégée de saint Anthelme.

Histoire de Bresse et de Bugey, par GUICHENON.

Histoire généalogique de la maison royale de Savoie, par le même auteur.

Bibliotheca Sebusiana, id.

Regeste Genevois.

Gallia Christiana.

Les origines féodales dans les Alpes occidentales, par LÉON MÉNABRÉA.

Annales ecclesiastici, auctore BARONIO.

Histoire universelle de l'Église catholique, par l'abbé ROHRBACHER.

Histoire générale de l'Église catholique, par l'abbé Darras.

Les Moines d'Occident, par le comte de Montalembert.

Vie de saint Anthelme, par J. C...

Histoire hagiographique du diocèse de Belley, par M. Dépéry.

Archives saintes de Belley, réunies et mises en ordre par le même auteur.

Quelques notes sur la vie, les miracles et le culte de saint Anthelme, évêque de Belley, par un prêtre de belley.

Vie de saint Anthelme, par M. l'abbé Tiollier.

Les Tours de Chignin, par le même auteur.

Histoire de saint Pierre de Tarentaise, par l'abbé Chevray.

Histoire hagiographique du diocèse de Maurienne, par l'abbé Truchet.

Recherches historiques sur le département de l'Ain, par M. de Lateyssonnière.

Essais historiques sur les anciennes fondations religieuses du département de l'Ain, par l'abbé Nyd.

Topographie historique du département de l'Ain, par M. Guigue.

VIE

DE

SAINT ANTHELME

CHAPITRE I

Le Château de Chignin.

Le 28 juin 1877, depuis l'aube du jour, des voyageurs à chaque instant plus nombreux s'empressaient sur tous les chemins, qui, de Chambéry et de Montmélian, des bords de l'Albane et des Abîmes de Myans, se dirigent vers la montagne de Chignin. A mesure que l'on approchait de Myans et que l'on voyait apparaître, à travers le feuillage, la flèche étincelante du sanctuaire de Notre-Dame, les groupes se suivaient sans interruption, pour ne plus former bientôt qu'une foule visiblement animée et conduite par le même sentiment.

De moment en moment passait un évêque, et on voyait les pèlerins s'arrêter pour la plupart, afin de témoigner leur respect et s'incliner sous la bénédiction du prélat.

L'Archevêque de Chambéry, les Évêques d'Annecy, d'Hébron, de Grenoble, de Tarentaise,
l'Évêque démissionnaire de ce dernier siége, ceux
de Belley et de Saint-Jean de Maurienne, traversèrent ainsi la foule, non sans remarquer son atti-
tude bienveillante et paisible qui est celle de tous
les rassemblements provoqués par les fêtes catho-
ques.

Souvent les religieuses populations de cette
pittoresque contrée, accourent ainsi vers ces mêmes
lieux, pour apporter leurs hommages et leurs
vœux à Notre-Dame de Myans ; en ce jour, leur
piété les réunissait pour glorifier le berceau d'un
saint qui est l'une des gloires les plus pures de la
Savoie où il reçut la vie, comme il est le protecteur le plus aimé de sa ville épiscopale de Belley,
gardienne de ses reliques vénérées. En effet, les
pèlerins ne se dirigeaient point vers le monticule
que couronne avec tant de grâce l'église de Myans ;
ils gravissaient la montagne opposée par des chemins et des sentiers convergeant vers un point
médiocrement élevé, où la pente se relève en
saillie. Là on aperçoit, en avant de deux tours en
ruines, une construction habilement restaurée, et
tenant de l'église et de la forteresse féodale. Tout
auprès, une tente ornée de banderoles qui flot-
taient au vent, abritait un autel.

Cet édifice avait été jadis l'une des principales
tours du château de Chignin et, suivant la tradition locale, c'est là que saint Anthelme est né.

Le seigneur Jean Ruffin de la Biguerne, allié à la famille de Chignin, en fit l'acquisition en 1558. Pour consacrer le berceau de son illustre parent, il lui éleva une chapelle au pied même de la tour. Son blason se voyait sur une des pierres de la façade : *D'or en sautoir de sable, accompagné de quatre feuilles de sinople.* A l'époque de la Révolution, il ne restait plus de la chapelle que des ruines. Quant à la tour, une famille du pays, en s'y installant, lui avait fait subir de regrettables dégradations. Les Révérends Pères Chartreux de Grenoble la rachetèrent en 1867 et, par des restaurations de bon goût, commencées en 1874, ils lui rendirent sa physionomie antique, et transformèrent la partie inférieure en une très-élégante chapelle. Le blason du seigneur de la Biguerne fut retrouvé et placé au-dessus de la porte de la sacristie. On peut lire, sur celle qui donne entrée dans la chapelle, une inscription commémorative des faits que nous venons de raconter. Nous la reproduisons parmi les pièces justificatives (1).

Or, c'était pour inaugurer le nouveau sanctuaire que les Chartreux avaient ménagé cette auguste réunion de prélats et ce concours nombreux des habitants du voisinage.

La chapelle fut consacrée de bonne heure par l'Archevêque de Chambéry, puis, comme l'enceinte était trop étroite pour contenir tous les

---

(1) Voir la note A.

assistants, la messe solennelle fut célébrée en plein air par le successeur de saint Anthelme sur le siége de Belley. L'autel était entouré des évêques parmi lesquels plusieurs pouvaient se dire les compatriotes du saint, et de tout un peuple qui se plaisait à voir apparaître, en cette solennité, la robe blanche de ces Chartreux qu'il aime et qu'il bénit, mais dont il ne connait le plus souvent que les bienfaits.

Après la célébration de la messe, Mgr Mermillod, vicaire apostolique de cette ville de Genève qui ne fut point étrangère à saint Anthelme, apparut sur le seuil de la chapelle et adressa à la masse compacte d'auditeurs qu'il avait sous les yeux, un de ces discours éloquents dont il a le secret. S'inspirant des souvenirs qui planaient sur ces lieux sanctifiés par la naissance d'un saint et par les cérémonies d'une consécration religieuse et solennelle, il traça dans un langage coloré, un tableau saisissant de ces vieux âges de la féodalité chrétienne qui furent surtout des âges de foi et de loyauté chevaleresque. Il s'attacha principalement à son héros et s'appliqua à peindre cette belle et énergique figure. Il le montra successivement sur le théâtre de ses premiers actes, puis dans le cloître, et enfin sur le trône épiscopal vivant et agissant partout pour une triple fin, la gloire de Dieu, la liberté de l'Église et le bonheur du peuple.

Telle fut cette fête de la consécration du berceau de saint Anthelme; elle fut digne, et d'une grande mémoire, et de la famille de saint Bruno que tous se plaisaient à honorer dans l'un de ses membres les plus illustres.

Mais avant de quitter le plateau et de suivre la foule qui descend dans la vallée, jetons un regard sur ce qui reste du vieux manoir où est né le saint dont nous entreprenons de raconter la vie.

Outre la tour qui vient d'être restaurée et transformée en chapelle, il y en avait plusieurs autres. La plupart sont tombées; deux seulement se tiennent encore debout, bien qu'elles soient à moitié ruinées. Toutes étaient autrefois reliées par des murs qui n'existent plus. Une ligne qui passerait par les tours subsistant encore et par l'emplacement, facile à reconnaître, de celles qui ont disparu, aurait plus de deux mille mètres de longueur. Quand l'enceinte existait, l'espace immense qu'elle comprenait était occupé, soit par la demeure seigneuriale proprement dite, soit par les logements des hommes d'armes et des gens de service, soit enfin par les cours et dépendances. C'était, on le voit, une véritable forteresse où tout était disposé pour la défense des maîtres qui l'habitaient, et où les populations qui travaillaient à son ombre tutélaire pouvaient, en cas d'alerte, trouver un refuge.

Le château possédait aussi une chapelle, et nous apprenons par une charte extraite du cartulaire de saint Hugues de Grenoble, que le soin d'y faire les offices religieux avait été confié aux chanoines de Saint-Georges, aujourd'hui Saint-Jeoire, dans le voisinage immédiat de Chignin. Cette charte est de la fin du XIe siècle ou du commencement du XIIe; elle nous donne la preuve qu'à cette époque, et déjà antérieurement sans doute, le château de Chignin était compris dans la circonscription du diocèse de Grenoble.

Quant à l'origine du château, on la fait remonter au VIIIe siècle, entre les années 727 et 740. Voici à quels événements de ce siècle nous croyons pouvoir, d'après M. l'abbé Tiollier, en rattacher la construction.

L'Espagne venait de tomber sous le joug des Sarrasins, et le torrent de l'invasion musulmane, arrivé au pied des Pyrénées, les franchit et se précipita sur le versant septentrional, inondant la Septimanie de ses flots irrésistibles. Cette première invasion eut lieu en 720, et ne fut arrêtée que sous les murs de Toulouse par Eudes d'Aquitaine qui infligea aux barbares une sanglante défaite.

Douze ans plus tard, en 732, une seconde invasion dirigée par Abdérame, mais plus formidable encore que la première, vint ravager la Gaule. On évalue à un million d'âmes la multitude mise en mouvement par ce chef et entraînée à sa suite : c'était tout un peuple qui émigrait vers un autre pays, dans l'intention non-seulement de le conquérir, mais encore de s'y fixer. Cette immense multitude se divisa en quatre corps formant quatre courants qui devaient se réunir en une seule masse dans le territoire compris entre les Pyrénées, le Rhône, l'Océan aquitanique et la Méditerranée, depuis Bordeaux jusqu'à Marseille. La droite, quittant cette dernière ville, remonta le Rhône et la Saône jusqu'à l'Yonne, saccageant toutes les cités de la Provence et de la Bourgogne, Avignon, Viviers, Valence, Vienne, Lyon, Mâcon, Chalon-sur-Saône, Besançon, Autun. Un saint évêque, Ebbo de Sens, les mit en déroute et les obligea de se replier sur le midi, pendant que Charles Martel s'apprêtait à écraser l'aile gauche dont Abdérame avait gardé le commandement. « Les Sarrasins, dit un de nos « chroniqueurs, Sigebert de Gemblours, arrivaient « avec toutes leurs familles, comme pour habiter la « Gaule. » Il en était de même évidemment sur les bords du Rhône et de la Saône. Il est certain que tout en poursuivant leur marche le long des deux fleuves successivement, ils laissèrent, çà et là sur les rives, des groupes plus ou moins nombreux d'immigrants qui prirent immédiatement la place des populations indigènes mises en fuite par la terreur. Il existe, en effet, dans le département de l'Ain, plusieurs localités dont les noms, en même temps que les traits caractéristiques des habitants, indiquent une origine sarrasine.

Charles Martel, vainqueur d'Abdérame, se porta aussitôt vers la Bourgogne, soumit Lyon et les villes voisines à son pouvoir, chassant devant lui ceux des nouveaux colons qui se trouvaient sur son chemin. Mais subitement rappelé vers le nord, le héros franc laissa à ses lieutenants le soin de compléter la victoire et confia aux chefs les plus habiles la défense des cités et des frontières. Ceux-ci s'établirent en Bourgogne et jusqu'en Provence, organisant partout les moyens de repousser les Sarrasins; car les attaques de ces hordes obstinées se renouvelèrent encore à diverses reprises, malgré l'insuccès de leurs premiers efforts. Dans l'une de ces dernières invasions, ils remontèrent jusqu'en Dauphiné et en Savoie et s'établirent sur les hauteurs, d'où on les voyait descendre, quand l'occasion leur paraissait favorable, pour faire des excursions aux alentours, tomber à l'improviste sur des populations sans défense, les piller et les massacrer. Ils se maintenaient encore dans les Alpes au commencement du XI° siècle. En se retirant ils laissèrent, de ce long séjour, deux souvenirs désastreux : le sac de l'abbaye d'Agaune dont tous les religieux furent passés au fil de l'épée, et l'incendie de St-Jean de Maurienne (1).

Ce serait, d'après plusieurs auteurs, pour servir de refuge aux habitants du pays, en ces temps malheureux, qu'un certain nombre de châteaux auraient été construits, et, en particulier, celui de Chignin. Si on admet cette hypothèse, d'ailleurs très-plausible, on s'explique la vaste enceinte de ce château et les tours si nombreuses et si fortes dont elle était flanquée. Au signal donné par la sentinelle,

(1) *Histoire générale de l'Église*, par l'abbé Darras, t. XVII, c. I, — *Des Origines féodales dans les Alpes occidentales*, par Léon Ménabréa, c. III.

tous les habitants de la banlieue accouraient aussitôt vers la grande forteresse, avec leurs femmes, leurs enfants et tout ce qu'ils pouvaient emporter de leurs richesses, et trouvaient, dans cette espèce de camp retranché, la sécurité avec l'espace suffisant, même pour une grande foule, jusqu'à ce que, le danger ayant disparu, ils pussent retourner à leurs travaux.

En ce qui concerne la famille de Chignin, on ne peut guère remonter plus haut que l'époque assignée à la construction du château. Descend-elle, comme quelques-uns le prétendent, d'un des leudes laissés par Charles Martel pour défendre le pays? C'est ce qu'il est impossible aujourd'hui de constater. Une seule fois, en 963, le nom des seigneurs de Chignin figure dans un acte authentique : c'est celui par lequel Izarn, évêque de Grenoble, vainqueur des Sarrasins dont son diocèse était infesté depuis longtemps, concède aux guerriers qui l'avaient secondé, les fiefs vacants depuis les défilés du Royanez jusqu'à ceux des Bauges, et confirme en même temps dans leurs possessions ceux qui s'étaient signalés dans cette guerre (1).

Ainsi, les seigneurs de Chignin accomplirent, pour leur part, la mission dont ils auraient été chargés; et si l'aspect redoutable des tours de leur château tenait ordinairement à distance les Sarrasins rôdant dans le voisinage et guettant une

____

(1) *Notice sur les Tours de Chignin*, par **M.** l'abbé Tiollier.

proie, les paysans au contraire devaient les regarder avec assurance, comme le boulevard de leur liberté et leur refuge contre les surprises de l'ennemi.

Cette situation dura longtemps, ainsi que nous l'avons dit, et par suite, ce rôle de défenseurs, exercé d'abord par les seigneurs de Chignin du VIII° siècle, se transmit d'une génération à l'autre comme un héritage de dévouement. Mais aussi, dès lors qu'ils avaient à combattre les Sarrasins dans leur propre pays, il n'y a pas de doute qu'ils n'aient compris l'opportunité des expéditions d'outre-mer. Ils virent sans peine que la délivrance du tombeau de Jésus-Christ aurait pour effet de tarir dans leur source ces terribles invasions qui avaient mis la chrétienté tout entière à deux doigts de sa perte. C'est ce que prouve l'empressement de l'un d'eux, nommé Pierre, à prendre part à la première croisade. Parmi les guerriers qui suivirent Amédée III, en 1147, dans la seconde de ces expéditions lointaines, Guichenon cite un autre seigneur de Chignin, du nom de Guillaume (1). C'était probablement un des frères de saint Anthelme.

Le même historien décrit aussi le blason des seigneurs de Chignin : ils portaient *de gueules, au chevron d'argent, chargé de six hermines de sable*.

Outre ces glorieuses traditions de famille, nous devons en rapporter d'autres non moins honorables,

_____

(1) *Histoire de la Maison de Savoie*, t. 1, p. 219.

et dont la foi qui caractérisa toujours les seigneurs de Chignin, avait été plus directement encore l'inspiratrice. « Ainsi on racontait qu'un Imbert de Chignin visitait les malades et répandait d'abondantes aumônes. Le vendredi saint, il réunissait les pauvres au château, leur lavait les pieds et leur servait à manger à genoux. On parle encore de plusieurs dames très-pieuses qui s'occupaient du soin des malades et des pauvres. Ils jouissaient de la réputation d'hommes parfaitement soumis à l'Église et qui pratiquaient les devoirs de la religion. Il suffit, pour s'en convaincre, de jeter un regard sur la longue énumération des membres de cette famille qui sont entrés dans les ordres religieux et le clergé, de compter les legs pieux et les fondations qu'ils ont faites pour distributions de secours aux pauvres. » (1)

Nous avons tenu à dire un mot des origines de la famille de saint Anthelme. Elles n'aparaissent que confusément dans ces siècles reculés ; mais si quelques rayons viennent, çà et là, les éclairer, c'est pour nous montrer les vertus et le dévouement du chrétien et du guerrier préparant les titres de la maison de Chignin au respect et à l'affection des peuples. Cela suffit pour que nous puissions faire remonter aux premiers représentants de ce nom illustre les traditions de foi, de charité et de piété qui se transmettaient des pères aux enfants, sans

____

(1) *Notice sur les Tours de Chignin* pag. 40 et 41.

s'affaiblir d'une génération à l'autre, mais au contraire en s'augmentant des actes de vertu que chaque âge ajoutait au trésor des âges précédents.

Aussi, après avoir donné des défenseurs dévoués au pays, des héros aux croisades et des modèles à ses vassaux, cette forte et noble race va produire un rejeton vraiment digne d'elle, et dans lequel on verra se réunir, pour ainsi dire, toutes les vertus de ses pères ; elle recevra de son héroïque sainteté un éclat nouveau qui fera presque oublier le passé et captivera les populations pour des siècles. Il n'en épuisera cependant pas toute la sève ; il lui imprimera plutôt un mouvement décisif et sans retour dans les mêmes voies glorieuses, car c'est surtout à partir d'Anthelme que les vocations religieuses se sont multipliées chez les seigneurs de Chignin.

Tel est le grand bienfait des traditions séculaires dans une même famille, quand elles sont sanctifiées par la vertu et fidèlement conservées comme la part la plus riche et la plus précieuse de l'héritage des ancêtres.

CHAPITRE II

Naissance et éducation d'Anthelme. Il devient chanoine de Belley.

Anthelme naquit l'an de Notre-Seigneur 1107, au château de Chignin, dans la tour dont nous avons rappelé la restauration au chapitre précédent.

Le nom d'Anthelme n'a pas toujours la même forme dans les actes du temps où il est mentionné. Tantôt, en effet, on lit *Nantelme*, et tantôt *Nantelle, Nantellin*, ou *Antelme*, mais sans la lettre *h* dont l'insertion ne date que de Surius et des Bollandistes. On ne la trouve pas dans Guichenon. Quant aux auteurs plus récents, ils l'ont tous adoptée. Il nous avait d'abord paru préférable de revenir, à l'exemple du savant annaliste des Chartreux, Dom Charles Lecoulteux (1), à la forme primitive et traditionnelle ; mais l'addition de cette lettre dans le nom de notre saint, ayant aujourd'hui prévalu, nous croyons devoir nous conformer à cet usage, bien qu'il soit relativement nouveau.

Tout ce que nous savons du père d'Anthelme, c'est qu'il se nommait Arduin. Le biographe contemporain dont nous suivons le récit, garde le

(1) *Annales ms sacri Ordinis Cartusiensis*, an. 1132.

silence sur les autres membres de sa famille. Une fois cependant il le rompra, pour nous dire comment le seigneur de Chignin, avec deux de ses fils, prit une résolution que nous ferons connaître et qui témoigne d'un égal héroïsme chez le père et chez les enfants.

Ce que nous avons dit de la religion et des vertus traditionnelles des seigneurs de Chignin, suffit pour faire pressentir de quelle sollicitude fut environné l'enfant qui devait être l'honneur de son illustre famille. La foi, les grandes vérités qu'elle enseigne, le but suprême qu'elle assigne à la vie, les pratiques efficaces qu'elle suggère pour contraindre la nature à entrer dans la voies étroites de l'Évangile et à y marcher résolûment, voilà, du reste qu'elle était à cette époque tout le système d'éducation suivi dans la famille et dans les écoles épiscopales et monastiques. La mère d'Anthelme se chargea elle-même d'y soumettre l'esprit et le cœur de son fils.

Soit que ses parents eussent pris dès sa naissance, comme il arrivait souvent, la résolution de le vouer aux autels, soit qu'en le voyant grandir, ils eussent remarqué, dans cet enfant de prédilection, des dispositions qui leur firent conjecturer que Dieu l'appelait à son service, ils mirent un soin tout particulier à le former à la vertu et l'appliquèrent en même temps à l'étude des lettres sacrées. Ses progrès dans la piété et la science furent remarquables et rapides. Il n'était encore qu'un adolescent que déjà les heureuses qualités dont il se montrait doué,

se développant sous l'influence d'une éducation
chrétienne, le rendirent cher à tous ceux qui le
connurent. Il grandit dans l'innocence. La pureté
de son cœur ne reçut pas la plus légère atteinte, et
jamais, dit son vieux biographe, il ne fit rien qui
pût blesser le regard de son Créateur (1). Cette intégrité de sa vertu est peut-être le secret de l'énergie de caractère que nous lui verrons déployer dans
la suite de cette histoire : une âme, habituée à tenir
ferme contre les penchants les plus violents de la
nature corrompue, est armée pour toutes les luttes
et saura toujours en sortir victorieuse.

Cependant sa conduite ne révèlera pas d'abord
les tendances exclusivement religieuses qui devaient
l'emporter plus tard et le conduire à une sainteté
éminente. Le monde lui souriait et les jouissances
honnêtes qui s'offraient à lui ne laissèrent pas de
l'impressionner vivement et de le détourner de ces
graves pensées des années éternelles, dont l'effet
salutaire et principal est d'inspirer le mépris des
choses périssables, aussi bien que l'horreur du mal.

Peut-être faut-il reconnaître en ceci une disposition particulière de la Providence qui unit toujours
la sagesse à la suavité dans la conduite des hommes,
et sait faire tourner à leur salut les périls auxquels
elle permet qu'ils soient exposés. Si tout paraissait
favoriser les penchants naturels d'Anthelme, n'était-
ce pas afin que le mérite du sacrifice qu'il accom-

(1) *Vita S. Anthelmi*, apud Bolland.

plirait un jour en s'arrachant à ces félicités terrestres pour suivre l'attrait de la grâce et se donner à Dieu, s'accrût de toute la difficulté de rompre des liens si doux.

Quant à la nature des jouissances auxquelles il est fait ici allusion, il est facile de s'en rendre compte. Chignin était souvent le théâtre de fêtes joyeuses et brillantes comme on les aimait en ces temps de mouvement et d'action extérieure. La vaste enceinte du château offrait un espace propice aux jeux et aux exercices des armes, et en faisait le rendez-vous naturel et sans doute préféré de ces rudes seigneurs, pour qui les jours de fêtes étaient encore des jours de combats. Une découverte récente a permis de reconnaître l'emplacement qui servait de champ clos aux combattants; on y a trouvé plusieurs bancs de pierre rangés comme les degrés d'un amphithéâtre, et qui devaient être les siéges des spectateurs.

Plus d'une fois, sans doute, Anthelme eut sous les yeux le spectacle de ces jeux guerriers; il en suivait d'un œil ravi les phases diverses; et si, à cause de sa jeunesse et de la nature même de ses occupations ordinaires, il ne pouvait y prendre une part plus directe, du moins lui était-il loisible de mêler sa voix à celle de l'assemblée dont il partageait l'enthousiasme, et d'applaudir avec elle le vainqueur.

De plus, la première croisade finissait à peine. Partout on racontait les événements prodigieux qui avaient signalé la guerre sainte, et on redisait les faits héroïques dont les témoins ou les auteurs vivaient encore. Un Pierre de Chignin avait fait le pèlerinage de la terre sainte et assisté à cent batailles. Quelle fascination ne devaient pas exercer sur le jeune Anthelme ces simulacres de guerre entremêlés du récit de tant de merveilles ! Tout parlait à son imagination pour la captiver et l'enflammer. Il n'y avait pas jusqu'au splendide horizon, que le regard enchanté pouvait contempler du haut des tours du château, qui n'eût son attrait. Difficilement on aurait pu trouver un séjour plus ravissant. Tout y était réuni pour le bonheur de cette vie : un passé glorieux, une juste considération, la puissance, la richesse, les joies honnêtes, les distractions appropriées au caractère essentiellement guerrier et religieux de l'époque, une demeure vraiment seigneuriale, admirablement située. Quand la terre est si belle, et qu'elle offre tant d'enivrements, comment s'en détacher et surtout la mépriser ?

Si le bruit des armes dont le château paternel retentissait parfois, si le bruit plus éclatant des luttes gigantesques de l'Europe chrétienne contre la barbarie musulmane, ou les jouissances paisibles qu'offre une grande existence eurent quelques prises sur le cœur d'Anthelme, néanmoins, l'impression ne fut pas tellement vive et profonde qu'il en restât ébranlé. Elle ne le jeta certainement pas hors de la voie dans laquelle il était entré dès sa première enfance, car, tandis que ses frères s'exerçaient au noble métier des armes, pour lui, il continuait le cours de ses études et, nous l'avons déjà dit, ce ne fut pas sans succès. Mais plus ses progrès dans les lettres étaient grands, plus ses parents se confirmaient dans la pensée de le consacrer à Dieu ; le moment vint où l'on dut prendre à ce sujet une détermination irrévocable.

Les seigneurs de Chignin usant du crédit dont ils jouissaient, sollicitèrent en faveur de leur jeune fils les premières dignités ecclésiastiques ; ils obtinrent pour lui les titres de prévôt et de secrétaire ou sacristain du chapitre de Genève, et plus tard, apparemment, le second de ces deux titres dans celui de Belley.

Anthelme ayant été destiné à l'état ecclésiastique dès sa première enfance, il y a lieu de croire qu'il était fort jeune encore lorsqu'il fut revêtu de ces dignités. Toutefois, on ne saurait en conclure qu'il avait alors reçu les saints ordres, car le sacerdoce n'était point nécessairement imposé à tous les membres des chapitres, pas même à tous leurs dignitaires. Il en fut longtemps ainsi, et il suffit de rappeler que saint François de Sales devint, lui aussi, prévôt du chapitre de Genève lorsqu'il n'était encore que simple clerc tonsuré. Dans l'origine, il est vrai, les chapitres ne se composèrent que d'ecclésiastiques engagés dans les ordres, au nombre de dix-neuf, dont douze prêtres et sept diacres. Mais plus tard, sous le pontificat d'Urbain II, ils admirent dans leurs rangs les sous-diacres, puis les simples clercs, et même des laïques. C'est précisément à partir du

XII⁰ siècle que cet abus devint plus fréquent. Il fut enfin corrigé par le Concile de Trente. On comprend que les prébendes attachées aux chapitres aient tenté la cupidité des laïques et occasionné cette déviation de leur constitution primitive.

Mais que les parents d'Anthelme soient tombés dans cet abus, nous avons quelques raisons d'en douter. En effet, le biographe de notre saint semble indiquer que le jeune seigneur de Chignin reçut en même temps les titres de prévot et de sacristain dans le chapitre de Genève. Or, le sacristain avait la garde du trésor de l'église; il était chargé en même temps de tout ce qui se rapporte au culte divin dont il devait assurer, jusque dans les détails, la décence et la majesté. Le titulaire de cettte charge importante devait donc nécessairement appartenir à la hiérarchie sacrée et avoir franchi au moins les premiers degrés de la cléricature.

Ainsi le seigneur de Chignin ne demanda point les dignités écclésiastiques pour son fils, comme on le faisait trop souvent, afin de lui assurer des honneurs et des richesses sans charges ni devoirs; mais, comme il convenait à un père généreusement chrétien, il consacra dès lors à Dieu et à l'Église l'héritier de son nom, et s'il sollicita pour lui des titres, ce fut en l'engageant dans la milice sacrée.

Quant à la dignité de prévôt, elle était la première du chapitre. Ses attributions devaient avoir quelque analogie, du moins dans le principe, avec celles qui appartenaient au dignitaire de même nom dans les monastères, et qui se rapportaient à l'administration des biens temporels de ces établissements. Quoi qu'il en soit, on lit dans la vie du bienheureux Ayrald, d'abord moine de Portes, puis évêque de Saint-Jean de Maurienne de 1132 à 1146, que, pour des raisons qu'on ignore, ce saint prélat dépouilla de la dignité de prévôt le personnage de son chapitre qui en jouissait, pour se l'attribuer à lui-même, et réunit à la mense épiscopale les biens qui en dépendaient (1). Nous citons ce fait comme preuve de l'importance de cette dignité à l'époque de saint Anthelme, puisqu'un évêque ne croyait pas déroger en se l'attribuant, et pour montrer en même temps qu'elle n'était pas incompatible avec les plus hautes fonctions du ministère sacré.

Selon toute vraisemblance, saint Anthelme remplit ses nouvelles fonctions à Genève d'abord, et pendant un temps que nous ne pouvons déterminer. Toutefois il semble qu'il dut y faire quelque séjour. Ce qui nous incline à le croire, c'est qu'il eut toujours des amis à Genève, et qu'il y fut rappelé plus d'une fois par l'affection de ceux qui lui étaient restés attachés et par la confiance qu'inspirait son intervention toujours respectée. Ces relations intimes ont été nouées sans doute pendant qu'Anthelme séjourna dans cette ville en qualité de prévôt et de sacristain.

Ce séjour d'Anthelme à Genève paraît avoir

____

(1) *Histoire hagiographique du diocèse de Maurienne*, par l'abbé Truchet, pag. 231.

été de courte durée. Soit pour se rapprocher de sa famille, soit pour d'autres motifs que nous ignorons, il vint se fixer à Belley, avec le titre et la dignité de sacristain du chapitre.

Ponce II occupait alors le siége épiscopal de Belley. Ce saint évêque appartenait à une ancienne famille, du nom de Balmey (1). Il fut d'abord chanoine de Lyon. Il exerça dans cette église la charge de pénitencier. Avec le consentement de ses frères, il donna la vallée de Meyriat aux Chartreux pour qu'ils s'y établissent et y construisissent une maison de leur ordre. Il fit plus : ayant obtenu de Gauceran, archevêque de Lyon, la permission d'embrasser la vie religieuse, il entra, en 1118, dans le monastère qu'il avait fondé, et en devint le prieur. Trois ans après, le clergé et le peuple de Belley réunis le choisissaient malgré lui pour leur évêque. Il releva la cathédrale qu'il avait trouvée en ruines. En 1128, il assistait l'Archevêque de Lyon dans la consécration de l'église de la chartreuse de Portes. Pressé par le désir de revoir sa chère solitude de Meyriat, il sollicita et obtint du Pape l'autorisation de quitter son siége et de rentrer au désert où il mourut en 1140 (2).

Voilà quel était le pontife qui, à l'arrivée d'Anthelme, gouvernait l'Église de Belley. Nous avons voulu le faire connaître, parce que les exemples de

---

(1) Guichenon, *Histoire de Bresse et de Bugey*, 3ᵉ partie, pag. 20.

(2) *Vie du bienheureux Ponce de Balmey*, reproduite par Guichenon, dans les *Preuves* de son histoire.

vertus qu'il donnait à son peuple, et surtout au clergé sous les yeux duquel il vivait, firent une profonde impression sur Anthelme en particulier et inclinèrent dès lors ses idées vers la vie religieuse. Cette influence, que le saint évêque exerçait sur le secrétaire de son chapitre, fut d'autant plus réelle qu'à l'exemple il ne manqua pas de joindre l'enseignement. Frappé sans doute des qualités qu'il remarquait en ce jeune homme, il profitait de toutes les occasions pour l'engager à quitter le monde et à se donner entièrement à Dieu. Toutefois, le moment où Anthelme devait répondre à cet appel de la grâce n'était pas venu, et tout en écoutant d'une oreille attentive la voix qui lui parlait au nom de Dieu, il hésitait encore devant le sacrifice qu'elle lui demandait.

La région où était situé l'évêché de Belley, après avoir passé par des vicissitudes qu'il ne nous appartient pas de raconter, avait fini, dès l'an 1033, par être réunie à l'empire. Mais alors, comme le fait observer Guichenon (1), les principaux seigneurs des contrées qui avaient formé le royaume de la Bourgogne transjurane, profitèrent de l'éloignement de l'empereur pour se rendre à peu près indépendants, chacun dans le gouvernement qui lui avait été confié. C'est ainsi que la Savoie, la Maurienne et les Alpes devinrent l'apanage du comte Humbert aux Blanches mains ; Guigues-le-Gras s'em-

____

(1) *Histoire de Bresse et de Bugey.* pag. 18.

para du Grésivaudan et du Dauphiné; les sires de Coligny, du Revermont. Quant au Bugey, les empereurs y conservèrent une autorité plus réelle et dont l'action put encore se faire sentir et s'imposer, sauf les priviléges et les droits de souveraineté dont jouissaient l'évêque de Belley et les abbés de Nantua, d'Ambronay et de Saint-Rambert. Ce fut en 1137 seulement que l'empereur donna ce pays à Amédée III, comte de Savoie. Depuis cette époque, le Bugey ne changea plus de souverain jusqu'au moment où il fut définitivement acquis à la France, en 1601, sous Henri IV.

Lorsque Anthelme vint à Belley, le Bugey était donc encore terre d'empire. Belley ne fut pas primitivement le siége de l'évêché qui porte aujourd'hui son nom. C'est à Nyon, sur les bords du lac Léman, que le siége épiscopal aurait été fixé dès l'origine. La tradition raconte que, par suite d'événements désastreux, l'évêque de Nyon abandonna, en 412, la frontière suisse pour venir s'établir à Belley, où ses successeurs continuèrent à résider.

Belley, appartenant à la grande Séquanaise, fut compris dans la province ecclésiastique de Besançon. C'est ce qui explique qu'au rétablissement du siége, en 1823, il n'ait pas été rattaché, comme cela pourrait paraître naturel, à celle de Lyon.

Quoique nous n'ayons pas à faire l'histoire de ce siége épiscopal, nous signalerons cependant un décret mémorable d'Innocent II, de l'an 1142.

Faisant droit à la demande du chapitre de Belley, le Pape statue que désormais les membres dudit chapitre suivront la règle de saint Chrodegang, et que l'évêque qui est à leur tête aura dû, avant son élection, appartenir à un ordre religieux (1).

Il y avait plus d'un siècle que les évêques faisaient leurs efforts pour introduire dans les chapitres de leurs cathédrales cette règle des chanoines réguliers. Il existe à ce sujet une constitution de saint Grégoire VII qui établit que les évêques, après avoir recherché avec soin les revenus et les charges de leurs églises, attacheront au service de celles-ci un nombre déterminé de clercs qui en posséderont les biens en commun et prendront leur nourriture et leur repos sous le même toit. Il ajoute que les récalcitrants pourront être privés de leur office ainsi que de leurs prébendes, et même, au besoin, punis d'une peine plus sévère.

Le secours du temps était indispensable pour faire prévaloir ces prescriptions d'une manière générale. Aussi voyons-nous qu'à Belley, en particulier, elle ne furent en vigueur qu'à partir de l'année 1142. Cet état de choses dura jusqu'au 1578, où le pape Grégoire XIII permit aux chanoines de cette église de redevenir séculiers.

Anthelme étant entré dans le chapitre de Belley antérieurement à l'année 1142, ne fut pas d'abord astreint à la vie commune. Le genre de vie qu'il

____

(1) *Galla christiana*, t. **XV**, col. 612.

adopta fut tel qu'on pouvait l'attendre d'un ecclésiastique régulier, mais grand seigneur. Ses biens patrimoniaux, joints aux bénéfices de sa charge de sacristain, lui permettaient de suivre les goûts de splendeur qu'il avait contractés à Chignin. Né avec un cœur généreux, au lieu d'accumuler des trésors vulgaires, il n'usa de ses richesses que pour répandre des bienfaits autour de lui. Plus tard ce trait de caractère, ennobli et surnaturalisé par la grâce, donnera à sa physionomie ce charme invincible qui lui concilia l'affection universelle. Mais alors c'était moins pour Dieu que par l'effet d'un heureux naturel qu'il agissait, et les louanges des hommes entraient peut-être pour une grande part dans les motifs qui inspiraient sa conduite (1). D'un abord facile et agréable, il tenait sa porte ouverte à tous, religieux et séculiers. Il recevait ses visiteurs avec une grâce et une magnificence qui les provoquaient à reprendre souvent le chemin d'une maison si hospitalière. Aussi comptait-il des amis nombreux et dévoués.

Mais ce qui valait mieux encore que cette amabilité dans ses rapports avec le monde, c'était sa charité tendre et prodigue envers les pauvres. Il ne savait rien leur refuser. Il se créait ainsi des amis d'une autre sorte, bien autrement précieux que les premiers, car ce sont eux qui devront, suivant la parole évangélique, lui préparer à lui-

(1) *Vita S. Anthelmi.* apud Bolland.

même ces tabernacles éternels où il trouvera une récompense plus digne de lui (1).

Anthelme restait donc encore, à cette époque de sa jeunesse, comme embarrassé dans les choses vaines et caduques du siècle. Sa vie, avant son entrée en religion, était sans doute irréprochable aux yeux du monde, mais, en réalité, elle était imparfaite, si on l'envisage à la lumière de la foi. Le temps approchait où, prenant le Christ pour unique modèle, il devait, par un heureux changement, devenir cet homme parfait dont parle le grand Apôtre, en qui l'on voit se reproduire les traits du divin exemplaire (2).

(1) *Vita S. Anthelmi*, apud Bolland.
(2) Ibid.

CHAPITRE III

Anthelme entre à la chartreuse de Portes.

Anthelme n'eut pas longtemps sous les yeux les exemples de vertu épiscopale et religieuse que le vénérable Ponce II donnait à l'église de Belley. On ne sait pas en quelle année ce saint prélat quitta définitivement son siége, pour s'ensevelir de nouveau dans sa chère solitude de Meyriat ; mais il est certain que ce fut, au plus tard, en 1133, ou au commencement de 1134, puisque son successeur, Berlio, ou Berlion, n'occupa lui-même le siége de Belley que fort peu de temps. Suivant quelques auteurs, ce dernier aurait eu pour successeur Nantelle, qu'on nomme aussi Anthelme I, religieux de la chartreuse de Portes. En rapprochant ce qu'on dit de lui des faits attribués à notre saint, on reconnaît avec certitude que c'est du même personnage que les historiens font mention. D'où il suit que ce nom de Nantelle doit être retranché de la liste des évêques de Belley, et que le successeur immédiat de Berlion a été Bernard, dit de Portes, religieux de ce célèbre monastère. Au mois de mai 1135, Bernard de Portes apposait sa signature en se qualifiant de *moine*, au bas d'un acte par lequel un seigneur de Bénonces nommé Richard, faisait aux

Chartreux don de quelques propriétés (1). Le recueil des lettres de l'illustre abbé de Clairvaux en renferme une, portant aussi la date de 1135, adressée à Bernard, moine de Portes. Il résulte de ces deux documents que si Anthelme fut promu au sacerdoce par Bernard de Portes, comme le veut un de ses biographes modernes, ce n'a pu être que vers la fin de cette année 1135, ou plus vraisemblablement en 1136, lorsqu'il n'avait pas encore dépassé l'âge de la jeunesse. L'ordination du brillant chanoine fut donc l'un des premiers actes du nouvel évêque de Belley, et comme les prémices de son épiscopat.

Avec l'onction qui le faisait prêtre, Anthelme ne reçut-il pas de ce moine, devenu successeur des apôtres, une impression qui réveilla au fond de son âme celle qu'avait déjà produite le spectacle des vertus de Ponce de Balmey? N'est-ce pas dès lors qu'il dirige, avec des aspirations plus ardentes que jamais, ses regards et ses pensées vers ces religieuses solitudes d'où lui venaient des parfums de sainteté qu'il ne connaissait pas encore?

Il ne semble pas cependant qu'Anthelme, en franchissant les derniers degrés du sanctuaire, ait voulu modifier son genre de vie par le retranchement de ce qui, dans sa personne et autour de lui, rappelait les grandeurs humaines. Mais était-il possible qu'il ne remarquât point cette succession de pontifes que

_____

(1) *Annales ms. sacri Ordinis Cartusiensis*, an. 1135.

le choix du clergé et du peuple allait chercher dans la solitude du cloître, pour les placer à la tête des églises? Il les voyait se défendre d'abord de charges et d'honneurs qui alarmaient leur humilité, puis, contraints de les accepter, ne les garder qu'autant que l'exigeait l'obéissance, et les abandonner bientôt pour retourner à l'obscurité et à la paix de leurs solitudes toujours aimées et toujours regrettées. Ce spectacle avait ses enseignements, et Anthelme était fait pour les comprendre. Aussi voulut-il voir de près ces retraites qui avaient tant de charmes pour leurs habitants, et surprendre le secret du bonheur qu'ils paraissaient y goûter.

Les montagnes et les vallées du Bugey offraient alors plusieurs de ces religieux asiles, et quelques-uns étaient de fondation récente. Les monastères des Chartreux attiraient plus particulièrement l'attention, par le spectacle de la vie toute d'austérité et de prière que menaient les fils de saint Bruno. Nous devons faire connaître surtout la chartreuse de Portes, car si nous venons de voir un humble religieux sortir de ce monastère pour prendre le gouvernement de l'église de Belley, nous verrons bientôt un autre pasteur de la même église, celui dont nous racontons la vie, offrir sur le trône épiscopal un modèle de la plus parfaite fidélité à l'esprit et aux pratiques des Chartreux.

« A l'occident de Saint-Rambert-en-Bugey, s'ouvre une profonde vallée dont les sinuosités se prolongent entre deux montagnes aux croupes tortueuses, qui offrent tour à tour pour horizon des rochers abrupts et de vertes forêts : si l'on s'engage de ce côté dans les campagnes, rien ne semble distraire le regard du spectacle d'une nature bizarre, si ce n'est l'aspect de quelques fermes disséminées dans le lointain, ou la vue de quelques brillants ruisseaux qui jaillissent, plutôt qu'ils ne coulent, de différents bassins; puis si on avance encore, en franchissant les montagnes, jusqu'au territoire de Bénonces, au milieu de riches prairies et de bois immenses, on découvre enfin des ruines dont les restes accusent un glorieux passé. Ce point est à peu près intermédiaire, sur cette ligne, entre le Rhône et l'Albarine. C'est là que jadis a fleuri la chartreuse de *Portes* ou *des Portes*, comme s'expriment les anciens manuscrits (1). » .

A l'époque où était publiée l'étude pleine d'érudition que nous venons de citer, la chartreuse de Portes n'avait pas entièrement disparu, il est vrai; mais rien, à part quelques ruines, n'y rappelait son glorieux passé, pas même le paysage, car il avait perdu la beauté qui vient du travail de l'homme, sans avoir retrouvé celle qui est propre au désert. Si le silence de ses cloîtres était quelquefois interrompu, ce n'était plus par le chant des hymnes et les accents de la prière; et les visiteurs qui les parcouraient encore, n'y recherchaient plus

---

les traces que les pas des fils de saint Bruno y
avaient laissées. Mais durant ces dernières années,
qui virent tant de restaurations imprévues, les
Chartreux purent acquérir les restes de l'une de
leurs plus célèbres maisons, et ils ont voulu, en y
réinstallant leur famille religieuse, renouer la
chaîne des temps et ressusciter un passé mémorable.

Dès que le vénérable monastère fut restauré, les
âmes qui aiment à prier dans le silence et la paix,
reprirent en grand nombre, comme autrefois, les
sentiers qui conduisent à l'austère solitude de
Portes. Si le pèlerin gravit la montagne en suivant
la vallée abrupte de la *Correrie*, il s'arrête pour
prier dans la cellule de saint Anthelme et il achève
sa pénible ascension, soutenu par le souvenir des
âges héroïques de la vie religieuse. Si, au contraire,
il approche par les hauteurs, la croix qui domine
les sommets lui rappelle la source de cet attrait
mystérieux et vainqueur qui peupla ces déserts,
et il bénit Dieu, en découvrant tout à coup, au
milieu de cette nature triste et sauvage, comme
couchées à l'ombre de la forêt et dans un pli de
terrain, les cellules solitaires, groupées symétrique-
ment en arrière de l'église, ainsi que les tentes
d'Israël autour du tabernacle du Seigneur.

Les premières origines de cette chartreuse re-
montent à l'an 1115, huit ans après la naissance
d'Anthelme. En cette année, deux moines d'Ambronay, ayant demandé et obtenu l'autorisation de
leur abbé, sortirent de leur monastère, non pour

rentrer dans le siècle, mais, au contraire, pour
mener une vie plus retirée et plus austère. Ils résolurent donc de chercher une solitude inaccessible
aux hommes, s'il était possible, de telle sorte qu'ils
n'eussent plus à craindre qu'on vînt les y troubler.
L'un se nommait Bernard de Varin, ou mieux, de
Varey; Ponce était le nom de son compagnon. Ils
suivirent la vallée que nous avons décrite. Ce
n'était alors qu'un désert où ils ne rencontrèrent
d'autres traces que celles des animaux sauvages.
Ils traversèrent les torrents, ils franchirent les
abîmes, et au delà d'épaisses forêts, à une hauteur
de plus de neuf cents mètres, loin de tous les
bruits de la terre, ils fixèrent leur tente en un
lieu d'où ils ne voyaient plus que le ciel, terme de
leurs désirs et de leurs espérances.

Près de six siècles plus tard, en 1682, Mabillon
suivait exactement le même chemin, en partant
aussi de l'abbaye d'Ambronay, pour aller visiter
le monastère fondé dans ce désert par nos deux
religieux. Voici le curieux récit qu'il nous a laissé
de son voyage dans son *Itinerarium Burgundicum* :
« Après avoir traversé l'*Arbarine*, nous commen-
çâmes l'ascension des hauts sommets des *Alpes* (1).
Nous cheminions à travers les précipices et les
rochers, sans chemin ni sentier praticables. Le
mardi d'après la Pentecôte nous parvînmes enfin
au monastère où nous reçûmes du prieur l'accueil

____

(1) *Arbarinâ amne permeato, Alpium juga conscendim s.*

lé plus gracieux. La vue de ce site affreux, celle
de la gorge extrêmement resserrée dans laquelle
le monastère paraissait comme à l'étroit, nous jeta
dans un grand étonnement. Là, le jardinier n'a pas
un coin de terre pour semer, ni le vigneron
pour cultiver la vigne. L'église est modeste, mais
décemment ornée. Les cellules sont vieilles, hu-
mides et petites ; tout y respire l'austérité des
anciens solitaires. On nous a montré celle de saint
Anthelme qui, de prieur de Portes, est devenu
évêque de Belley. Bernard, le premier prieur, a
mérité que l'Église l'honorât d'un culte public.
Saint Bernard de Clairvaux en fait l'éloge dans
ses lettres. Il était venu, avec deux compagnons,
de l'abbaye d'Ambronay dans ce désert, pour y
pratiquer la règle des Chartreux (1). »

Mabillon raconte ensuite qu'on l'introduisit dans
la bibliothèque et qu'il y a vu les chartes qu'on
y conserve, et en particulier des manuscrits précieux qu'un moine avait transcrits de sa main et
dans lesquels il a retrouvé les œuvres principales
de saint Fulgence (2).

Tel est le récit du savant bénédictin. Ces lieux,
comme on le voit, n'avaient pas changé d'aspect;
mais le souvenir des saints qui les illustrèrent y
était religieusement conservé et suppléait, à ses
yeux, au charme que la nature leur avait refusé.

---

(1) *Comitantibus Joanne ac Stephano ejusdem loci monachis.*
(2) Voir la note B.

Bien que cette solitude ne fût qu'à une demi-journée de marche de Belley, elle était comprise dans les limites de la juridiction archiépiscopale de Lyon. Elle était, en même temps, la propriété de l'abbaye d'Ambronay que Bernard et Ponce venaient de quitter. Aussi, afin que plus tard on ne pût les inquiéter, Didier, leur ancien supérieur, qui approuvait leur pieux dessein et voulait en assurer l'exécution, leur fit une concession régulière du désert de Portes. Gauceran, archevêque de Lyon, ayant également des droits sur cette contrée, renonça, en leur faveur, à tout ce que lui et ses prédécesseurs y avaient possédé. D'autres donations vinrent plus tard augmenter les propriétés du monastère que les deux religieux élevèrent dans l'endroit où ils s'étaient d'abord arrêtés. Ils embrassèrent la règle de saint Bruno comme étant mieux appropriée que celle de saint Benoît à leur nouveau genre de vie. Mais plus ils cherchaient à se faire oublier, plus le parfum de leurs vertus les trahissait au loin, et attirait à eux les âmes qui leur ressemblaient. Des compagnons se joignirent bientôt aux deux ermites. En l'année 1128, Bernard, qui avait été élu prieur de la jeune communauté, jugeant peu salubre le lieu où il s'était fixé, se décida à l'abandonner, et remontant plus haut, vers Arandaz, il vint élever sa chartreuse dans un site non moins sévère que le premier, là même où elle est encore aujourd'hui.

La consécration de l'église supérieure fut faite

par trois prélats, Humbald, archevêque de Lyon, Hugues, évêque de Grenoble et Ponce II, évêque de Belley. Trois ans après, les mêmes prélats bénissaient l'église de la maison d'en bas ou de la *Correrie*. Cette maison resta affectée au service des visiteurs, comme hôtellerie, en même temps qu'elle était la demeure des convers et le lieu où se trouvaient les ateliers avec tout ce que requiert l'exploitation d'une ferme.

Dom Guigues était alors prieur des Chartreux du désert de Grenoble. On suppose, non sans motifs, qu'il envoya quelques-uns de ses religieux à Portes ainsi qu'à Meyriat, pour y implanter le véritable esprit de saint Bruno. Portes s'en laissa facilement pénétrer ; aussi cette maison fut promptement regardée comme une des premières de tout l'Ordre, plus encore par la considération dont elle jouit dès lors, que parce que, sa fondation ayant été la première après celle de la Grande-Chartreuse, elle en est réellement la fille ainée (1).

La réputation de Portes s'étendit au loin et rapidement. On y vint bientôt en pèlerinage ; les seigneurs s'y inscrivaient comme protecteurs, et les lettres elles-mêmes fleurirent dans ces déserts qui semblaient n'être que l'asile de la pénitence et de la prière. En 1135, Portes reçut la visite du plus célèbre personnage de l'époque, saint Bernard, abbé de

---

(1) La maison de Calabre ayant été fondée par saint Bruno lui-même, le titre de sœur de la Grande-Chartreuse lui convient beaucoup mieux que celui de fille.

Clairvaux, qui vint accompagné de Pierre le Vénérable. Il entra en rapports intimes avec les humbles moines et, à son départ, il emporta le souvenir impérissable de l'un d'entre eux, dont la sainteté tout aimable l'avait particulièrement charmé. C'était Bernard, dit de Portes, celui-là même qui devait monter, comme nous l'avons dit, sur le siége épiscopal de Belley.

Le saint abbé de Clairvaux a laissé dans ses lettres des témoignages éloquents de l'amitié qui l'unit désormais à Bernard le chartreux. C'est même à cette amitié que la littérature sacrée doit le commentaire du dernier des Pères de l'Église sur le Cantique des Cantiques. Saint Bernard n'osa, en effet, affronter les difficultés spéciales de ce poème mystérieux, qu'il était cependant plus apte qu'aucun autre à résoudre, que sur les instances pressantes de son ami. Comme le dit très-bien M. l'abbé Nyd, parmi les gloires de Portes, ce n'en est pas une médiocre d'avoir été comme un lieu d'inspiration où l'auteur vint puiser la pensée d'expliquer si admirablement le livre le plus mystique et le plus poétique peut-être de tous les livres saints (1).

Tel était le renom que la nouvelle chartreuse s'était fait, aussitôt après sa fondation et à l'époque où nous sommes arrivés de la vie de saint Anthelme. Lorsque les personnages du temps accouraient de si loin pour s'y édifier, comment admettre que ceux qui

____

(1) *Essais hist.*, etc., p. 16.

veau degré d'évidence? Ou bien ces coups redoublés de la grâce qui retentissaient si douloureusement dans son âme, devinrent-ils plus pressants dans le silence de la nuit et au milieu des incertitudes qui le déchiraient? Toujours est-il que, dès le retour de l'aurore, il revint frapper à la porte de la maison haute qu'il avait paru fuir la veille, sans rien communiquer des pensées qui l'agitaient. Comme s'il y fût entré pour la première fois, il voulut revoir les cellules, les visiter avec soin, et prendre au sujet de la vie monastique les renseignements les plus précis.

Les bons religieux ne s'y trompèrent pas. Reconnaissant, à ce retour si prompt et à cette curiosité singulière, le travail secret de la grâce au fond de son cœur, ils crurent le moment opportun et revinrent à la charge, dans le but de seconder l'action de Dieu sur cette âme qui leur était chère, et décider de la victoire. Elle ne se fit pas attendre longtemps. Comme ils lui mettaient de nouveau sous les yeux les petitesses de la terre et les grandeurs du ciel, le néant des choses périssables et la solidité des biens éternels, l'exhortant à rejeter la mort pour embrasser la vie, le monde pour Dieu, il finit par se déclarer convaincu et disposé à fouler aux pieds tout ce qu'on l'engageait depuis si longtemps à mépriser, pour s'attacher à Dieu seul et se dévouer uniquement à son service. Et voulant donner une preuve certaine du changement qui venait de s'opérer en lui, il demanda

d'être admis sur-le-champ dans la famille religieuse
de saint Bruno en qualité de novice, ce qu'on lui
accorda avec empressement. Toutefois les religieux,
conformément à la règle, lui dirent de retourner
chez lui pour mettre ordre à ses affaires temporelles,
tout en lui fixant un jour pour revenir au milieu
d'eux. Anthelme se souvenant de cette sentence du
Sauveur, que « celui qui a mis la main à la charrue,
« s'il regarde en arrière, n'est pas apte au royau-
« me des cieux, » refusa de faire ce qu'on lui proposait. « C'est le jour, leur dit-il, où je prends le
« parti irrévocable de demeurer perpétuellement
« avec le Seigneur. J'ai des amis qui régleront les
« affaires dont vous me parlez; pour moi, j'y suis
« désormais étranger. » On lui donna donc l'habit
monastique qu'il revêtit aussitôt avec la joie la plus
vive (1).

Le récit de cette conversion n'offre rien sans
doute, du moins en apparence, de dramatique. Ce
n'est pas un Paul foudroyé sur le chemin de Damas,
ou un Augustin se débattant dans les liens d'habitudes invétérées et ne parvenant à les rompre qu'à
l'aide d'un coup extraordinaire de la grâce. Non :
Anthelme n'a pas connu les chutes retentissantes
de ces fameux convertis, sa première éducation
l'en avait défendu, et, par conséquent, cette intervention extraordinaire du ciel n'était pas nécessaire
pour l'amener au port. Mais pour une âme natu-

(1) *Vita S. Anthelmi*, apud Bolland.

rellement élevée et que ses aspirations portaient
plus haut que la sphère des choses périssables, uné
vie humainement honorable ne pouvait suffire,
même avec toutes les jouissances dont la fortune
et une grande position pouvaient l'embellir. Dès
qu'il eut compris le néant que recouvrent ces
apparences brillantes et senti l'amertume de ces
faux biens, son âme affamée s'élança aussitôt, et
comme d'un bond, à la source du vrai bonheur.
Ce fut une conversion, si on veut user de ce mot,
non pas précisément du péché à la justice, mais de
la créature au créateur et de la terre au ciel.

CHAPITRE IV

Noviciat d'Anthelme.

Anthelme était entré à Portes en 1136. Cette date peut facilement se déduire d'un document de l'époque assez curieux. Il s'agit d'une donation faite en faveur de la chartreuse de Portes par Richard de Bénonces, donation que nous avons mentionnée précédemment, sans nous y arrêter. L'acte qui en fut dressé attribuait aux Chartreux un immeuble contigu au territoire qui leur appartenait, mais avec cette clause qu'ils n'en jouiraient qu'après la mort du donateur, ou s'il entrait dans un Ordre religieux, ou encore s'il ne revenait pas de Jérusalem qu'il se proposait de visiter. Jusque-là, le seigneur Richard devait leur donner chaque année, à la Pentecôte, et comme signe de l'investiture qu'il leur octroyait sur son immeuble, une redevance de douze deniers. Ce titre est daté de l'an 1135, le trois du mois de mai.

Or, moins de deux ans après, le même seigneur résolut de renoncer au droit qu'il s'était réservé et de rendre sa donation effective. Mais alors les limites des propriétés de la chartreuse de Portes venaient d'être fixées d'après le nombre de ses habitants, conformément au livre des *Coutumes* de

Dom Guigues, et confirmées par une Bulle du pape Innocent II. La règle, en effet, ne permettait pas d'augmenter indéfiniment le nombre des religieux ni, par suite, les biens du monastère; ceux-ci devaient être proportionnés au personnel de chaque maison. Tout désir d'accroître leurs ressources matérielles au delà du strict nécessaire, se trouvait ainsi détruit dans son germe. Les moines de Portes, qui se distinguaient par leur fidélité aux coutumes de l'Ordre, refusèrent d'accepter le don généreux qui leur était offert, et ils le firent par un acte authentique daté de 1137, dans lequel ils déclarèrent que la coutume en vigueur chez eux ne leur permettant pas d'étendre leurs possessions au delà des limites qui leur ont été fixées, ils renoncent à entrer en jouissance de l'immeuble dont la donation leur a été faite précédemment. Ils pourraient sans doute le vendre et en retirer une forte somme, mais il leur paraît plus conforme à l'esprit de pauvreté, qui est celui de leur institut, de faire cette renonciation sans aucune réserve à leur profit (1).

On voit par ce document authentique quels étaient les sentiments de vrai détachement qui animaient les Chartreux de Portes, et combien ils étaient dignes de leur grand patriarche saint Bruno. Or, on lit à la fin de ce titre les signatures de Bernard de Varey, de Ponce, son premier compa-

_____

(1) *Annales ms sacri Ordinis Cartusiensis*, an. 1137.

gnon, d'Étienne de Calmet et de *Nantelme* encore *novice, Nantelmus adhuc novitius.*

Comme le noviciat ne durait qu'un an, Anthelme était donc entré à Portes depuis peu de temps lorsque cet acte de renonciation fut passé, puisqu'à la suite de son nom il est dit qu'il est encore novice. Par conséquent, c'est bien dans le courant de l'année 1136 qu'il embrassa la vie religieuse, ou au plus tard vers le commencement de 1137. Du reste, nous verrons que ce fut avant la fin de cette dernière année qu'il passa à la Grande-Chartreuse et lorsqu'il n'avait pas encore fait profession.

Cette conséquence, le frère C. de la Pierre, religieux de la chartreuse de Portes, la tire du même document et en fait mention dans une lettre, datée du 23 mars 1628, qu'il adresse au prieur de la Grande-Chartreuse et dont nous avons une copie sous les yeux.

Anthelme avait donc vingt-neuf ans et était encore dans toute l'effervescence de la jeunesse quand il prit l'habit religieux. Son renoncement aux joies de la terre et à la libre disposition de sa vie, pour revêtir les livrées de la pénitence et s'enchaîner dans les liens d'une règle sévère, tire de cette seule circonstance un mérite exceptionnel. Pour bien en juger, nous allons le suivre dans la voie nouvelle où il vient d'entrer. Nous le verrons accomplissant chacun des points de la règle de saint Bruno telle que l'a rédigée, sous le titre de *Coutumes*, le vénérable Guigues.

Il n'y avait pas alors chez les Chartreux de maître des novices proprement dit ; ou plutôt, il y en avait autant que de novices, en ce sens que chacun de ceux-ci était guidé, à son entrée dans la vie monastique, par un religieux plus ancien et qui en connaissait tous les devoirs pour les avoir lui-même longtemps pratiqués. Anthelme fut donc remis entre les mains d'un de ces vétérans du cloître, qui dut l'initier à tous les exercices de la milice spirituelle dans laquelle il s'était enrôlé. Mais, outre cette initiation aux différents devoirs extérieurs imposés par la règle, et dont la distribution doit déterminer l'emploi de tous les instants du jour et de la nuit, il en est une autre beaucoup plus importante, c'est la formation de l'âme à la perfection évangélique. Ici le novice aura pour maître le prieur lui-même qui devra le visiter souvent, recevoir ses confidences, l'éclairer dans ses doutes, le soutenir et l'encourager dans ses luttes.

Anthelme fut d'abord conduit dans la cellule qui lui était destinée et où la plus grande partie de sa vie s'écoulera, sauf le temps des offices et des réunions prévues par la règle.

La pauvreté la plus sévère avait présidé à l'arrangement de cette cellule : un lit en planches, garni d'une paillasse, d'un oreiller et d'une peau d'animal, une pelisse pour couverture, une table, un siége, un crucifix, des rouleaux renfermant les écrits des Pères ou des auteurs ascétiques avec les objets nécessaires pour les transcrire, voilà tout le

mobilier de la cellule du jeune seigneur habitué
jusque-là aux splendeurs du château de ses pères.
Il ne s'en effraya pas, car si elle s'offrait à ses regards
vide de tout luxe mondain, en revanche, et l'émotion
de son cœur le lui révélait, elle était remplie de la
présence divine. Il y entra donc comme dans un
sanctuaire. Aucun bruit du dehors ne viendra le distraire dans les communications intimes et presque
continuelles qu'il y aura avec Dieu ; et si parfois il
les interrompt, ce sera pour étudier les écrits des
saints et les multiplier par des copies dont l'art ne
sera pas absent, afin d'en répandre au loin les enseignements.

Il est vrai qu'il apporte avec lui, non-seulement
sa bonne volonté et le désir de répondre à sa vocation, mais encore les passions de la jeunesse qu'il
n'a pu congédier à la porte du couvent avec ses
amis du monde. Il le sait et il n'en est ni ému ni
troublé : il a sous la main des armes qu'il emploiera
à les réduire, nous verrons bientôt avec quelle
vaillance et quel succès ; ce sont les rudes instru-
ments de la pénitence.

De même qu'il priera, travaillera et dormira seul
en la présence de Dieu, il prendra seul également
ses repas. Il viendra recevoir du cuisinier, à certains jours déterminés, les légumes et le sel destinés
à sa nourriture, et lui-même apprêtera ses repas
dans sa cellule. Le dimanche soir, on lui remettra
un pain bis. Il se rappellera, en le demandant,
qu'il ne doit vivre que d'aumônes. Tout est réglé

pour le plus simple et le plus strict entretien de la vie, sans que rien soit accordé à la sensualité. Depuis le 15 septembre jusqu'à Pâques, il jeûnera tous les jours, et pendant le reste de l'année, trois jours seulement par semaine. Mais l'abstinence du gras sera perpétuelle et n'admettra pas d'exception. Les jours de fête, Anthelme se rendra au réfectoire pour prendre ses repas avec les religieux, et alors on y ajoutera du fromage et des fruits. Du reste, tout a été prévu, jusqu'aux remèdes dont il pourrait avoir besoin ; mais là encore la pauvreté ne perdra pas ses droits, car tout le système de médication d'un chartreux se réduit ordinairement à l'emploi des cautères et des saignées (1).

Il quitta, nous l'avons dit, les habits qu'il avait portés jusque là, dès qu'il fut admis dans le monastère de Portes, et il revêtit le pauvre habit de laine blanche des Chartreux. « C'est à nous particulièrement, avait dit avec un profond sentiment d'abnégation le prieur Guigues dans son livre des *Coutumes*, qu'il convient de porter des vêtements grossiers et d'exprimer dans tout ce qui est à notre usage la pauvreté et l'humilité. » Aussi Anthelme n'aperçut d'autre argenterie dans toute la maison que les vases employés au saint sacrifice, tels que le calice et le chalumeau dont on se servait encore à cette époque pour prendre le précieux sang à la communion.

(1) *Guigonis Carthusiæ Majoris Prioris quinti Consuetudines,* passim.

Le silence, que devra garder habituellement le jeune novice, ne sera interrompu que par les pieuses conversations que son guide pourra avoir avec lui, lorsqu'il viendra le visiter deux ou trois fois par semaine dans sa cellule. Ces entretiens n'auront d'autre objet que sa formation à la vie religieuse. Le maître devra, il est vrai, traiter son disciple avec discrétion et ne lui imposer les choses difficiles que peu à peu et dans la proportion de ses forces. Cependant, loin de lui voiler les rigueurs et les sévérités de la règle, il lui est expressément recommandé, au contraire, de lui exposer tout ce qu'elle peut offrir de repoussant pour la nature sans en rien atténuer, de manière que le novice comprenne bien qu'il faut éteindre dans son cœur jusqu'à la dernière étincelle de l'amour de ce monde, et que c'est vraiment la mort, en union avec celle du Christ, qu'il est question d'embrasser (1).

On ne lui laissa pas ignorer un autre point de la règle : c'est celui qui est relatif aux fugitifs et qui prescrit, dans le cas où ils reviendraient et donneraient des signes d'un vrai repentir, qu'on ne les reçoive qu'au dernier rang, ou qu'on leur permette de passer dans un autre Ordre.

Enfin, si, un jour, il tombe dangereusement malade, il connaît d'avance la série des actes religieux qui le consoleront dans ses derniers moments. On commencera par lui administrer l'Extrême-Onction.

____

(1) *Consuetudines.*

4

Ensuite on lui essuiera le visage, et chacun des frères viendra lui donner le baiser comme pour lui dire adieu. Cela fait, il recevra le saint Viatique. Lorsqu'il entrera en agonie, on l'étendra sur la cendre. Le jour de son enterrement, pour signifier que c'est le jour de sa délivrance des liens de la chair, la communauté agira comme pour les fêtes, en prenant le repas au réfectoire (1).

La voie est donc ouverte devant le jeune seigneur devenu novice; il peut la parcourir tout entière du regard, en atteindre, dès le premier pas, le terme suprême, et juger immédiatement des difficultés qu'il y rencontrera, car il n'en est aucune qu'on ne lui ait signalée. L'illusion n'est pas possible : cette voie de la solitude, du silence, de la pauvreté, du renoncement et de la pénitence, c'est bien la voie du Calvaire, et il peut y remarquer plus d'épines que de roses, plus d'âpres montées que de frais vallons. Mais ce qui frappe les sens est ce qui le préoccupe le moins. Sous ces aspects austères du renoncement, il entrevoit aussi les joies secrètes et inénarrables qu'il recouvre, et, alors, sans aucune hésitation et d'un pas résolu, il entre dans la voie où il sait qu'il ne tardera pas à les rencontrer.

Tout lui fut sacré dans les diverses prescriptions de la règle, et c'est par sa scrupuleuse exactitude à l'observer dans les moindres détails, qu'il se si-

(1) *Consuetudines.*

gnala tout d'abord. Les frères étaient émerveillés de la ferveur du jeune novice, et, en contemplant cet astre nouveau, si brillant à son lever, ils pensaient à la gloire qui en rejaillirait sur leur maison.

Les événements de la vie d'un novice ne sont ni nombreux ni variés; ou plutôt la curiosité perdrait sa peine à vouloir en découvrir. Chaque jour ressemble à celui qui le précède. Mais sous cette monotonie des exercices quotidiens, quelle activité! quels changements! quelles transformations! Les sens restent sous le joug de la discipline; mais l'âme, rendue à la liberté, monte, sous l'action de la grâce, de vertu en vertu, comme par autant d'échelons, jusqu'à la perfection la plus haute. C'est dans ces voies lumineuses qu'Anthelme était entré en embrassant la pénitence, et tout intérieures que fussent les gloires de son âme, néanmoins il s'en échappa au dehors assez de rayons pour révéler son mérite et l'offrir à l'admiration de ses frères.

La Providence, qui sait tirer le bien du mal, allait bientôt faire naître pour les Chartreux l'occasion de manifester publiquement l'estime singulière qu'ils avaient conçue pour Anthelme dès ses premiers pas dans la carrière monastique, et de mettre à profit, pour le bien général de l'Ordre, le secours qui leur était préparé dans ce novice d'une ferveur si édifiante.

C'est ici le lieu de revenir sur le rédacteur des

coutumes cartusiennes, le vénérable Guigues. Nous aurons ainsi l'occasion toute naturelle de raconter des événements qui ont leur importance dans l'histoire générale des Chartreux, et qui exercèrent une grande influence sur la destinée d'Anthelme.

CHAPITRE V

Anthelme est appelé à la Grande-Chartreuse.

Guigues était né en Dauphiné l'an 1083, de parents nobles et vertueux. L'éducation qu'il reçut pouvait lui faire espérer une brillante position dans le monde ; il préféra le silence et l'obscurité du cloître et entra à la Grande-Chartreuse. Il s'y distingua bientôt par son amour pour la règle, son zèle pour l'étude, et surtout par sa grande humilité. On sait que les premiers Chartreux employaient à copier des livres le temps qui n'était pas donné à la prière. La règle y avait pourvu en faisant distribuer à chaque religieux les objets nécessaires pour ce genre de travail. Cette occupation plut infiniment à Guigues, par la facilité qu'elle lui procurait de se familiariser avec la parole divine et les plus beaux monuments de la tradition. Il amassait ainsi dans le silence un trésor de savoir dont il comptait n'user que pour sa propre édification. Mais le ciel avait d'autres vues sur lui.

Trois ans s'étaient à peine écoulés depuis son entrée en religion, que les pieux compagnons de sa retraite se résolurent à lui confier la première charge du monastère. La sagesse de son gouvernement fit voir que l'esprit de Dieu avait présidé à ce choix. Puissant en paroles et en œuvres, il montra, par ses instructions, la voie qu'il fallait tenir et la fraya par ses exemples.

L'Ordre tout entier était encore renfermé dans la Grande-Chartreuse, sauf la maison fondée en Calabre par saint Bruno. La réputation de Guigues servit à l'étendre et à le multiplier. Pressé par des personnes de mérite et de crédit, il envoya successivement de son désert sept colonies en différentes contrées, notamment, comme nous l'avons vu, à Portes et à Meyriat. Il ne faudrait point toutefois en conclure, comme quelques-uns l'ont fait, qu'il a été le premier général des Chartreux. Dom Martène a solidement prouvé, et nous aurons nous-même occasion de le constater, que les disciples de saint Bruno ne formèrent que plus tard un corps de congrégation. Jusque-là, les différentes maisons étaient indépendantes les unes des autres et relevaient des évêques diocésains. C'est ce qui explique le ton général qui règne dans l'écrit où Guigues expose les coutumes cartusiennes. C'est plutôt, en effet, la manière d'un historien que celle d'un législateur. Content de rapporter ce qui s'observait à la Grande-Chartreuse, il ne paraît point vouloir imposer d'autorité aux autres maisons les mêmes usages; n'ayant pas sur elles de juridiction, il croyait devoir laisser aux supérieurs locaux le soin d'en faire euxmêmes des lois proprement dites pour ceux qui leur étaient soumis. Ces coutumes, telles que le vénérable Guigues les avaient rédigées, n'en furent pas moins respectées des anciens Chartreux, dans toutes leurs maisons, avec la même fidélité que la règle de saint Benoît chez les Bénédictins. Nous exceptons, toutefois, certains détails accessoires dont le temps et les circonstances amenèrent forcément la modification (1).

Guigues s'était distingué par d'autres ouvrages qui témoignent tout à la fois de son érudition et de sa piété. Ainsi, il réunit les lettres de saint Jérôme auparavant éparses en divers manuscrits; il en corrigea le texte grossièrement altéré par l'ignorance des copistes ou la malice des hérétiques, et sépara celles qui portaient faussement le nom du saint docteur. Il écrivit, en outre, un grand nombre de lettres dont six seulement ont échappé aux injures du temps. Elles sont adressées aux personnages célèbres de l'époque, comme Pierre le Vénérable, Hugues des Payens, prieur et instituteur des Chevaliers du Temple, le pape Innocent II, le cardinal Haineric, chancelier de l'Église romaine, etc. Il composa, sur l'injonction du même pape Innocent II, la vie de saint Hugues, premier du nom, évêque de Grenoble, le père, le protecteur, l'ami, et même, pendant quelque temps, le compagnon des solitaires de la Grande-Chartreuse. Enfin, nous avons de lui des méditations dont les éditions multipliées indiquent suffisamment le mérite (2).

Tel était le religieux dont saint Anthelme devait

(1) *Histoire littéraire de la France*, t. **XI**, p. 046.
(2) *Histoire littéraire de la France*, ibid.

devenir un jour le successeur et qu'il prendra spécialement pour modèle. Le faire connaître, c'était déjà mettre le lecteur à même de pressentir quel serait l'esprit d'après lequel notre héros dirigerait, à son tour, les fils de saint Bruno.

Vers la fin de l'administration de Guigues, il arriva un accident dont la Providence se servit, comme d'une occasion, pour faire passer Anthelme de Portes à la Grande-Chartreuse.

Le monastère fondé par saint Bruno n'avait pas été originairement construit au lieu où il se trouve aujourd'hui. Le saint Patriarche éleva d'abord une chapelle en l'honneur de la sainte Vierge plus près du sommet de la montagne, et tout à fait contre les rochers du Grand-Son. C'est là, autour du modeste sanctuaire, que les cellules des religieux furent bâties.

Or, en la vingt-troisième année du gouvernement de Guigues, le 30 janvier 1133 (le 3 des calendes de février), les neiges s'étant accumulées outre mesure sur les pentes abruptes de la montagne, s'en détachèrent tout à coup, entraînées par leur propre poids, et se précipitèrent en une masse énorme, mélée de terre et de roches, sur le monastère. Les cellules, à l'exception d'une seule, furent ensevelies sous l'effroyable avalanche, avec presque tous les religieux qui les habitaient. Le prieur et quelques autres échappèrent heureusement. Plusieurs auteurs, en rapportant cette catastrophe, l'attribuent à la jalousie de l'enfer qui,

ne pouvant supporter l'éclat de la sainteté des Chartreux, s'en vengea, par une permission de Dieu, à
la manière de Satan sur le saint homme Job. Les
noms des victimes sont inscrits dans l'ordre suivant
au nécrologe de la Grande-Chartreuse : Guillaume,
moine ; Pierre, prêtre et moine ; Nicolas, moine ;
Théobald, moine ; Jean, novice ; Isard, prêtre et
moine (1).

Les survivants firent tous leurs efforts pour retrouver leurs frères ensevelis sous la neige et sous les ruines de leurs cellules. Le travail de déblai dura douze
jours. Lorsque les victimes furent retirées du milieu
des décombres, ils remarquèrent un religieux qui
donnait encore des signes de vie. Il était Lorrain d'origine et se nommait Haduin. On le trouve inscrit dans
l'obituaire, non pas à la suite de ses compagnons
d'infortune, mais au jour même de sa mort. Ils le
transportèrent, en bénissant Dieu de cette préserva-
tion miraculeuse, dans la partie du monastère qui
avait été épargnée ; et, chose étrange, malgré le
temps considérable qu'il avait séjourné sous la neige,
il revint à lui et retrouva la mémoire avec toute sa
présence d'esprit. Le premier usage qu'il fit de sa
raison fut de consoler ses frères par des paroles
d'une suavité toute céleste. Après s'être confessé,
il reçut la sainte Eucharistie sous les deux espèces,
d'où l'on peut conclure, avec Dom Lecouteulx, que
la coutume de communier ainsi existait encore à

____

(1) *Annales ms sacr. Ordinis Cartusiensis*, an. 1133.

cette époque chez les Chartreux. On lui donna ensuite les dernières onctions et il s'endormit paisiblement dans le Seigneur (1).

Le prieur Guigues, à peine remis de l'effroi qui
l'avait saisi à la vue d'un malheur où tant de ses
fils chéris lui avaient été enlevés, et dans lequel
la première maison de l'Ordre avait failli disparaître tout entière, s'occupa d'abord de réparer
le désastre matériel. Mais, pour prévenir le retour d'une si terrible catastrophe, il quitta ce
lieu dangereux pour s'établir, un peu plus bas,
dans un site moins exposé aux avalanches. Il y fit
transporter les ossements des religieux qui étaient
morts depuis la fondation de l'institut. Il donna aux
cellules une meilleure forme, et y mit tout ce que
pouvaient exiger le maintien du bon ordre et les
besoins de ceux qui devaient les habiter (2).

Mais il ne suffisait pas, pour la restauration complète du monastère, qu'on en relevât les bâtiments
en un lieu plus sûr. D'autres ruines, plus difficiles à
réparer, avaient été la conséquence de la ruine matérielle. Six religieux et un novice avaient péri : c'était
plus de la moitié de la communauté. Il fallait donc
peupler les cellules qu'on venait de construire et
c'est à quoi le saint prieur dut aviser.

Les prieurs des autres maisons lui vinrent-ils en

<hr>

(1) *Storia del Patriarcha S. Brunone e del suo Ordine cartusiano*,
t. **III**. p. **153**.

(2) *Dom Martène ampl. coll.* t. **VI**, cité dans l'*Histoire littéraire*,
par les Bénédict.

aide, en lui envoyant quelques-uns de leurs sujets? Ou bien la Grande Chartreuse vit-elle les vocations se multiplier en raison de ses besoins, et combler les vides faits dans les rangs de ses religieux? Tout ce que nous savons, c'est qu'en 1135, deux ans après l'accident, Pons, seigneur de Lazare, du diocèse de Lodève, étant venu au désert de Grenoble pour consulter le prieur Guigues au sujet de l'Ordre qu'il devait choisir, l'humble religieux, s'estimant, lui et les siens, au-dessous des autres moines, engagea Pons à entrer chez les Cisterciens. Etienne d'Obazine était aussi venu, la même année, pour le consulter sur l'observance qu'il convenait d'établir dans sa maison ; Guigues l'engagea encore à prendre la règle des Cisterciens comme plus propre au but qu'il se proposait, ajoutant avec une modestie aussi noble que désintéressée, que les statuts de ces religieux peuvent conduire à toute perfection (1).

Ces deux faits prouvent tout d'abord, il est vrai, que l'humilité et l'oubli de soi-même étaient les vertus caractéristiques de Guigues, et nous comprenons, d'après cela, qu'on l'ait désigné communément sous le nom de *bon Prieur*. Mais on nous permettra sans doute aussi d'en conclure qu'il reçut bientôt des novices nombreux, puisqu'il mettait tant d'empressement à envoyer vers d'autres

____

(1) *Histoire universelle de l'Église catholique*, par l'abbé Roharbacher, t. **XV**, p. 325 et 505.

Ordres ceux qu'il aurait pu légitimement garder pour le sien. Néanmoins, si l'on doit s'en rapporter à l'auteur anonyme de la vie de saint Anthelme, contemporain des événements qu'il raconte, la fin de l'administration de Guigues fut signalée par un relâchement sensible dans la discipline monastique, sans doute parce que les éléments nouveaux qui étaient venus s'adjoindre aux anciens, ne se laissèrent que difficilement pénétrer de l'esprit de l'Ordre. Quelle qu'en fût la cause, le saint prieur ne pouvait fermer les yeux sur un mal naissant, ni se défendre d'en concevoir de vives appréhensions.

Le successeur de saint Hugues sur le siége de Grenoble était un moine du même nom que lui. Il avait été tiré de la Grande-Chartreuse, et, pour ce motif, aussi bien que par le devoir de sa charge, il partageait les soucis et les inquiétudes du prieur. Ils cherchèrent ensemble le moyen de remédier au mal avant qu'il ne prît de plus grandes proportions.

Ce moyen, la Providence l'avait préparé ; et comme le moment de le mettre en œuvre était venu, ce fut Elle, on peut le croire, qui inspira à l'évêque la pensée d'écrire au prieur de Portes d'envoyer du secours à ses frères du désert de Grenoble.

L'entrée d'Anthelme dans l'ordre des Chartreux avait fait du bruit, et la renommée en avait porté l'heureuse nouvelle jusque dans ces gorges sauvages et presque inaccessibles, où saint Bruno avait voulu cacher ses austérités et ses vertus. On sut bientôt

que nul ne l'égalait dans l'amour de la règle, et
l'exactitude à en observer les moindres prescriptions. Aussi le prieur de la Grande-Chartreuse se
persuada aisément que s'il possédait jamais dans son
monastère un frère de ce mérite, tout serait sauvé,
et que bientôt on verrait le désert retrouver sa fécondité première et, de nouveau, se couvrir des fleurs
qui l'avaient naguère embaumé de leurs parfums.
Voilà pourquoi, il persuada à l'évêque de Grenoble
de désigner, dans la demande que nous avons rap-
portée, le religieux dont l'un et l'autre désiraient
si vivement la venue.

Il est vrai qu'Anthelme n'était encore que novice.
Mais précisément parce que ses vertus n'avaient pas
connu les lenteurs d'une croissance laborieuse, il
aurait peut-être plus d'ascendant sur ceux qui seraient les témoins de tant de maturité dans un tout
jeune religieux.

Il se peut aussi que le prieur et l'évêque de Grenoble, en faisant venir Anthelme à la Grande-
Chartreuse pour y achever son noviciat et, par conséquent, pour y faire, au jour de sa profession, le
vœu de stabilité qui le fixerait dans cette maison,
aient eu la pensée de s'assurer ainsi la protection
des puissants seigneurs de Chignin. Rien n'est plus
fréquent, à cette époque, que cette recherche, par
les instituts religieux, de l'appui qu'une vaillante
épée pouvait leur prêter contre les violences auxr-
quelles ils étaient souvent en butte. La présence
d'Anthelme dans la maison principale de l'Ordre, voi-

sine du château de ses pères, était donc pour les religieux une garantie de sécurité. Ce motif seul expliquerait, à défaut de celui que nous avons d'abord exposé, la mesure qui fut prise à son égard.

Cependant, les raisons qui inspiraient à la Grande-Chartreuse un si vif désir de s'adjoindre Anthelme, devaient naturellement, à Portes, faire regarder son départ comme une vraie perte pour cette maison. Il était, en effet, visible pour tous qu'une piété aussi fervente à ses débuts ne manquerait pas, avec le temps et la persévérance, de porter les plus beaux fruits de sainteté. Pourait-on la voir alors sans douleur s'arracher du sol où elle avait poussé ses premières racines, et dont elle faisait déjà l'ornement ? Néanmoins, soit par considération pour la principale maison de l'Ordre, soit pour ne pas contrister, par un refus, un prélat dont le passé devait rendre les volontés plus sacrées, le prieur Bernard de Varey fit le sacrifice qu'on lui demandait, et Anthelme dut prendre ses dispositions pour partir immédiatement. La séparation se fit au milieu des témoignages les moins équivoques d'une mutuelle tendresse, et non sans des larmes abondantes de la part d'Anthelme aussi bien que de ses frères les religieux (1).

---

(1) Trombi, *Storia del Ord. Carth.*, t. III, p. 156.

CHAPITRE VI

Profession d'Anthelme. — Il est nommé Procureur.

A peine Anthelme fut-il arrivé à la Grande-Chartreuse, la maison la plus vénérable de son Ordre, qu'il justifia les espérances qu'on avait conçues de lui. Comme si, en se retrempant, pour ainsi dire, à la source même de la vie cartusienne, il y avait puisé une nouvelle vigueur, on le vit s'appliquer sans relâche à observer tous les points de la règle, faisant de chaque jour de sa vie une offrande à la gloire de Dieu. Il devint ainsi, en peu de temps, ce que le prieur Guigues avait présumé de lui, un modèle pour tous les religieux.

Ce spectacle de la piété et du zèle d'Anthelme réjouissait le cœur du saint prieur, et lui faisait entrevoir pour l'Ordre un avenir de ferveur et de prospérité. Il devinait peut-être dans ce modèle des novices, son futur successeur ; aussi, éprouvait-il une suprême consolation, au milieu des soucis de sa charge, à le diriger dans les voies de la perfection religieuse. Mais s'il lui fut donné de semer le bon grain dans cette terre fertile, il n'eut pas la joie d'en recueillir lui-même les fruits abondants qu'il s'en promettait. Ses infirmités, qui étaient nombreuses, l'enlevèrent prématurément à l'affection de son disciple et de tous ses fils spirituels; il mourut le 27 juillet 1137, lorsqu'il n'avait encore que 54 ans, et fut remplacé comme prieur par un religieux du nom de Hugues.

Anthelme fut plus que tout autre affligé de cette perte, et toute sa vie il garda un souvenir pieux et reconnaissant du guide qui l'avait si habilement dirigé. Mais telle fut l'impulsion qu'il en avait reçue, qu'il n'en continua pas moins de marcher à grands pas dans la voie de la perfection, au point de provoquer l'étonnement de ceux qui étaient les témoins de ses progrès. Il leur semblait qu'il devait s'épuiser dans ces efforts sans cesse renouvelés pour monter toujours plus haut.

Rien ne le lassait, et il était évident aux yeux de tous que les forces ordinaires de la nature ne pouvaient suffire à supporter tant de fatigues, à moins d'un secours tout particulier de la grâce. En effet, ses veilles n'étaient interrompues que par un court sommeil, et il les consacrait tout entières, soit à la prière, soit à la lecture, ou bien à la méditation et au chant des louanges de Dieu. Il s'appliquait aussi au travail des mains, pour ne pas laisser un seul instant du jour à l'oisiveté; mais ce n'était pour lui qu'une simple diversion aux exercices de la vie spirituelle qui avaient toutes ses préférences. Par une faveur insigne du ciel, il ne tarda pas à avoir le don des larmes. Elles coulaient abondamment durant ses prières et ses méditations, soit au souvenir de ses propres péchés ou de ceux des autres, soit à l'occasion de quelque calamité publique, soit enfin par le simple désir du ciel qui embrasait son cœur. Elles inondaient son visage et se répandaient jusque sur le pavé qui en était arrosé. Sa piété redoublait pendant qu'il immolait la victime sainte en s'immolant lui-même avec elle. Très-souvent on aurait pu le voir se frapper la poitrine, ou multiplier ses génuflexions, ou se prosterner la face contre terre et la baiser. Il joignait à ces pratiques de dévotion des flagellations sanglantes et si fréquemment répétées, que des plaies nouvelles s'ajoutaient chaque jour aux anciennes non encore fermées, de sorte que sa chair portait constamment des traces visibles et douloureuses de ces saintes rigueurs (1).

Ces œuvres extérieures de ferveur et de pénitence avaient leur racine, leur principe au fond de son âme, dans les vertus intérieures où il faisait des progrès d'autant plus rapides qu'il s'y exerçait davantage. Nous voulons rappeler surtout son amour de la retraite et du silence, son esprit de mortification et d'obéissance et toutes les autres vertus dont l'ensemble constitue la perfection du religieux (2).

C'est ainsi que ce nouvel athlète du Christ se préparait aux combats de l'avenir et, par la discipline sévère de la vie cartusienne, se rendait propre à remplir les différentes missions auxquelles la Providence le destinait.

____

(1) *Vita S. Anthelmi*, apud Bolland.
(2) *Vita S. Anthelmi*, etc.

Cependant, Anthelme ayant achevé l'année de son noviciat dans l'exercice de toutes les vertus d'un bon religieux, demanda, suivant l'usage, au chapitre réuni, la faveur d'être admis à la profession. On répondit d'abord à son désir en lui donnant le choix, ou de se retirer, ou de rester et de distribuer tous ses biens de la manière qui lui conviendrait et à qui il lui plairait. Anthelme dont la résolution était fixée depuis longtemps, « persévéra à frapper pour qu'on lui ouvrît, » et alors on lui remit la formule suivante, qu'il devait transcrire de sa propre main : « Moi, frère « Anthelme, je promets la stabilité, l'obéissance et la « conversion de mes mœurs, devant Dieu, ses saints « et les reliques conservées dans cet ermitage qui « a été construit à l'honneur de Dieu, de la Bien- « heureuse Marie toujours Vierge et de saint Jean- « Baptiste, et en présence du prieur Hugues. »

En promettant la *stabilité*, Anthelme s'engageait premièrement, par un lien indissoluble, dans l'état monastique et cartusien ; il en résultait que, si plus tard, il était élevé à la dignité épiscopale, il devrait retenir de cet état ce qui pourrait s'allier avec ses nouveaux devoirs. Nous verrons qu'en effet il tint cet engagement. Il promettait, en second lieu, de demeurer dans la maison où il avait fait profession, 'à moins que ses supérieurs ne jugent à propos de l'envoyer dans une autre.

L'obéissance par laquelle il enchaînait sa volonté était absolue. Il ne dit pas, en effet, qu'il obéira aux supérieurs *conformément à la règle, juxta regulam,*

Il y a dans ce cérémonial et dans les prières qu'il renferme, nous ne savons quoi d'antique, de simple et de noble, qui est le triple cachet de la beauté dans les choses liturgiques. On sent que le souffle de l'Esprit-Saint a passé là. Aussi, ce point des *Coutumes* cartusiennes a-t-il été, comme beaucoup d'autres, scrupuleusement respecté; et aujourd'hui encore, ce que nous avons vu se pratiquer à la profession d'Anthelme, est exactement ce qui se répète dans les circonstances semblables.

A partir du moment où il est reçu, disent les *Coutumes*, le religieux doit comprendre que désormais il est étranger à tout ce qui est du monde et que, par conséquent, il n'a le droit d'user d'aucune chose, pas même de sa propre personne, sans la permission de son supérieur. « Car, est-il ajouté, si l'obéissance doit être gardée avec un si grand soin par tous ceux qui se sont proposé de vivre régulièrement, à plus forte raison doit-elle être observée pieusement et avec sollicitude par ceux qui ont pris cet engagement d'une manière rigoureuse, de peur que venant à y manquer, au lieu de recevoir la récompense, ils ne méritent que le châtiment de la damnation (1). » Tant il est vrai que, dans l'esprit de l'Ordre, l'obéissance est la substance même de la vie religieuse, et que si rien ne peut la remplacer, elle supplée à tout et caractérise la perfection elle-même.

______

(1) *Consuetudines*, c. **XXV**.

La ferveur d'Anthelme, pendant son noviciat, était une garantie de son zèle à mettre à profit cette sage leçon de la règle. Du reste, s'il était le plus mortifié de tous, c'est précisément parce qu'il était aussi le plus obéissant ; l'esprit a facilement raison des sens, quand il est soumis lui-même à la volonté de Dieu, manifestée par celle des supérieurs.

La nouvelle lumière, qui se levait sur l'Ordre de saint Bruno, ne pouvait rester sous le boisseau. Tant de mérite demandait, en effet, d'être utilisé au profit de tous. Aussi, malgré sa jeunesse, et bien que sa profession fût récente, le prieur, d'accord avec ses religieux, lui confia les fonctions de procureur.

Il est dit au chapitre XVI du livre des *Coutumes* que le procureur sera choisi parmi les religieux les plus diligents, pour être placé à la tête de la maison d'en bas. Sa vigilance doit s'étendre sur tout. S'il se trouve quelque chose d'important ou en dehors de la règle, qu'il soit utile d'entreprendre, il ne le fera pas sans demander l'avis du prieur, de même qu'il ne pourra non plus, sans permission, donner une aumône considérable. A part ces deux points, il exerce en réalité, à la *Correrie*, l'office de prieur. Il reçoit les hôtes, leur donne le baiser à l'arrivée. Si l'heure et l'époque de l'année le permettent, et que d'ailleurs les visiteurs soient des religieux, il prendra son repas avec eux sans encourir aucune censure pour la violation de la loi du jeûne. Il pourra conduire au prieur ceux qu'il en jugera dignes.

On voit, d'après ces indications, qu'Anthelme, en recevant la charge de procureur, recevait une grande part de l'autorité sur la maison inférieure, puisque la direction lui en était pleinement confiée, sauf les cas que nous avons rapportés d'après la règle, et où il devait recourir au prieur. Aussi, effrayé sans doute par la responsabilité qui allait peser sur lui, il ne vit d'abord dans cette charge qu'une diversion importune à ce qui l'occupait uniquement, le salut de son âme. Toutefois, comme personne n'appréciait mieux que lui l'importance extrême de l'obéissance, il sacrifia généreusement à cette vertu ses répugnances les plus vives, en courbant les épaules sous le fardeau qu'on lui imposait, et aussitôt il se mit à remplir tous ses devoirs de procureur avec la même exactitude que nous lui avons vu apporter dans l'accomplissement de ceux de simple religieux.

Il s'agissait d'abord pour Anthelme de faire régner la règle en souveraine dans la maison à la tête de laquelle il avait été placé, en supprimant tout ce qui avait pu s'y introduire de nuisible, ou de contraire à la vie religieuse, ou simplement d'inutile (1). Il le fit sans hésiter et ne laissa rien subsister que la loi n'approuvât d'une manière positive.

____

(1) *Vita S. Anthelmi*, apud Bolland.

Cet ordre matériel a plus d'importance qu'on ne le croirait à première vue, pour la tenue régulière d'un monastère. La ferveur tient surtout au respect absolu des moindres prescriptions, à celles qui règlent les détails de la vie extérieure, aussi bien qu'aux lois qui se rapportent à la vie intérieure. N'est-ce pas une simple différence dans la nourriture, les heures du lever, la fréquence des jeûnes et la disposition des cellules qui a distingué, plus tard, dans le grand Ordre de Citeaux, les religieux dits *de l'étroite Observance* de ceux de l'Observance commune? Anthelme connaissait trop le prix de la fidélité aux coutumes de l'Ordre et l'avait trop bien mise en pratique, pour ne pas obliger tous ses subordonnés à y revenir.

Mais son attention se porta principalement sur la conduite des convers soumis à son autorité. Il réprima toutes les infractions à la règle. Il avertit les négligents, les gourmanda, au besoin, ou les corrigea, ne voulant d'eux qu'une seule chose, l'amendement de leur vie. De la sorte, on vit bientôt ce qu'une volonté énergique et qui ne se propose que le bien général, peut faire pour la prospérité d'une maison religieuse. Tout marcha, en effet, à la *Correrie*, avec la plus grande et la plus exacte régularité, et là, déjà, on put constater par des faits qu'on n'avait pas trop espéré de la venue d'Anthelme à la Grande-Chartreuse.

Au procureur incombait également le soin des

pauvres. Ici, Anthelme n'avait qu'à suivre son penchant. La charité, nous l'avons vu, lui était comme naturelle, et on peut dire qu'elle était née avec lui. Les indigents s'en aperçurent et bientôt ils affluèrent à la porte de la *Correrie*. C'était là, qu'ils devaient se rendre pour solliciter l'aumône des religieux. On ne leur donnait que très-rarement l'hospitalité dans le couvent proprement dit, et même on ne le fit jamais dans les premiers temps. La maison supérieure devait être un véritable ermitage, entouré de silence et entièrement soustrait à tout regard humain, afin que ses habitants pussent, sans trouble d'aucune sorte, se livrer à la contemplation des choses célestes ; c'est évidemment cette pensée qui avait conduit saint Bruno dans le désert, alors à peu près inaccessible, de la Chartreuse.

Mais comme d'un autre côté, le saint patriarche tenait également à observer la loi évangélique de la charité, particulièrement envers les pauvres, il avait fait construire, plus à portée des voyageurs, en un lieu appelé *Correrie*, (d'où la coutume de donner ce nom à toutes les *maisons inférieures* attachées aux autres chartreuses), une maison qui devait être tout à la fois la ferme du monastère et l'hôtellerie des visiteurs et des pauvres. Les malheureux s'y rendaient en grand nombre, comme nous avons dit, surtout quand ils eurent fait l'expérience de la bonté compatissante du nouveau procureur. Ils recevaient de lui la nourriture et les vêtements dont ils avaient besoin, avec cet accueil tendre et ces paroles de consolation que la charité de Jésus-Christ seule sait inspirer.

Anthelme remplissait ainsi sa charge, ne négligeant rien de ce qu'elle lui prescrivait, mais plus empressé encore à rentrer dans sa cellule aussitôt qu'il le pouvait, et à se livrer au travail de sa propre sanctification. Il unissait de la sorte, dit Surius, le ministère laborieux de Marthe à cette part meilleure que Marie s'était choisie : quoique appliqué à une multitude de choses, il se gardait bien de perdre un seul instant de vue l'unique nécessaire. Au lieu de prendre prétexte de ses occupations extérieures pour diminuer ses abstinences, ses veilles et ses austérités, il y trouvait, au contraire, un motif de les multiplier.

Les saints ont cet art merveilleux, de transformer les obstacles en moyens de salut, et de faire tout concourir, suivant le mot de saint Paul, à leur perfection.

CHAPITRE VII

Anthelme devient Prieur de la Grande-Chartreuse.

Il y avait deux ans qu'Anthelme exerçait les fonctions de procureur. Le zèle intelligent qu'il y déploya le fit juger digne de la première place. Qu'on rapproche les dates, celle de son entrée en religion, 1136, et celle où il va devenir prieur de son couvent, 1139, et on estimera sans doute que ce que nous avons dit de la rapidité de ses progrès dans la perfection religieuse n'a rien d'exagéré, puisque ceux qui en furent les témoins crurent pouvoir, sans imprudence, et bien qu'il n'eût encore que 32 ans, lui confier la direction de la première maison de l'Ordre. Ce qui avait surtout frappé les regards attentifs, durant sa procure, c'était l'ascendant qu'il avait acquis sur tous ceux qui dépendaient de lui ; on sentait qu'il était né pour commander. Or, le bien qu'il avait fait en si peu de temps à la maison basse, pourquoi ne le ferait-il pas dans le monastère ? Et s'il fit disparaître si rapidement chez les frères convers ce qu'on avait eu auparavant à leur reprocher, ne pourrait-il pas également inspirer aux religieux eux-mêmes la ferveur des premiers jours de leur institut ?

C'est ce que le prieur Hugues comprit. Aussi,

loin de voir avec quelque regret l'influence croissante d'Anthelme sur ses religieux, il voulut y ajouter le poids de l'autorité suprême, et, dans une réunion du chapitre, pour employer l'expression usitée chez les Chartreux, il *demanda miséricorde*, suppliant ses frères de lui permettre de se désister en faveur d'Anthelme.

Sa proposition fut accueillie et Anthelme dut se soumettre au désir général. Dom Hugues vécut encore jusqu'en 1146, et put ainsi voir de ses yeux les fruits merveilleux du ministère de son successeur, et remercier Dieu de l'heureuse inspiration qui lui avait fait transmettre à un religieux si méritant l'autorité dont il était revêtu.

Le livre des *Coutumes* consacre un chapitre à l'élection du prieur (1). Il indique d'abord un jeûne de trois jours pour tous les religieux, et des prières spéciales qui se récitent en commun et à genoux. Le cinquième jour, on célèbre la messe du Saint-Esprit, après quoi tous se rendent au chapitre. On choisit parmi les anciens et les plus dignes celui qui doit exercer l'office de prieur. La journée se passe dans l'allégresse et on mange deux fois au réfectoire, à moins que ce ne soit l'époque d'un grand jeûne. Tel fut le mode de l'élection d'Anthelme.

Bien que le prieur ait le soin de tout ce qui regarde le monastère, et qu'il soit obligé de pourvoir

____

(1) *Consuetudines,* c. **XV.**

aux besoins de chacun, néanmoins il doit à ses frères l'exemple du calme, de la stabilité et de toutes les vertus d'un bon religieux. Sur cinq semaines, il en passera quatre en cellule, au monastère, et une avec les frères convers dans la maison d'en bas. Pendant cette dernière semaine, il sera remplacé, en haut, par un vicaire. Il ne fera pas cette visite pendant l'avent, ni en carême, afin de garder une plus rigoureuse clôture, comme il convient dans ces temps de pénitence. Aux autres époques de l'année, s'il descend à la *Correrie*, il faut que ce soit toujours pour une raison sérieuse, ou à l'occasion d'une visite, et non légèrement ou sans motif ; en tous cas, il ne dépassera pas les limites du désert.

Il n'aura pas de siége spécial, et il ne se distinguera des autres ni par ses habits ni par aucun signe qui révèle au dehors sa dignité. Les seules marques de respect qu'on soit tenu de lui donner, c'est d'incliner la tête, si l'on passe devant lui, et de se lever en sa présence.

Anthelme, se défiant de ses propres inspirations, crut que le meilleur moyen de ne pas se tromper était de choisir, parmi ses prédécesseurs, un modèle sur lequel il pût régler sa conduite. Or, aucun prieur ne lui parut réaliser ce type de perfection dans l'exercice de sa charge aussi complètement que le vénérable Guigues. Nous connaissons ce saint homme, et ce que nous avons raconté de ses vertus et de ses œuvres suffit sans doute pour justifier le choix d'Anthelme. Mais ce qui le recommandait particulièrement à l'imitation du nouveau prieur, c'était son amour pour les usages cartusiens, qui l'avait porté à les recueillir pieusement. Le service qu'il avait rendu par ce travail à l'Ordre tout entier, est inappréciable; car, en se transmettant sous la forme purement traditionnelle, ces usages eussent échappé difficilement aux altérations que la négligence, ou des superfétations étrangères à l'esprit qui les avait inspirés, n'auraient pas manqué à la longue d'y introduire. Aussi, Anthelme tint le livre des *Coutumes*, légué par Guigues à ses successeurs, comme un trésor, et s'inspirant du zèle qui avait animé son auteur, il se proposa d'en faire la règle inviolable du monastère et de ressusciter, par ce moyen, l'esprit primitif qui, depuis deux ans, avait menacé de s'éteindre.

Quelques-uns des religieux, moins fervents que les autres, s'effrayaient, à la vérité, d'une autorité et d'une fermeté dans le commandement qui s'annonçaient comme inflexibles pour les récalcitrants; mais le plus grand nombre, au contraire, se félicitaient de posséder un tel père et mettaient leur joie à faire des progrès dans le chemin de la perfection.

De son côté, Anthelme aimait ses religieux, les entourait des soins les plus vigilants, et pourvoyait à toutes leurs nécessités temporelles et spirituelles avec la sollicitude d'une mère. Cette affection lui faisait partager leurs joies et leurs tristesses, et ce qui leur arrivait de fâcheux, il le regardait comme lui étant personnel, de sorte qu'il pouvait leur dire comme l'Apôtre : « Qui d'entre vous est malade, sans que je souffre ? Qui est scandalisé, sans que je brûle ? »

Il les visitait fréquemment en particulier, et par la suavité de ses paroles, il apportait le calme dans les esprits agités, veillait à la santé du corps comme au bien de l'âme, se conformant, dans ses avis, au caractère et au tempérament de chacun. Lorsqu'un religieux avait commis une faute, il employait plus volontiers, pour le ramener, la douceur et la mansuétude que la sévérité. Comme il ne se pardonnait rien à lui-même, il se sentait d'autant plus incliné à l'indulgence pour les autres. Aussi, le repentir d'une faute commise était-il toujours assuré du pardon. Ceux surtout qui étaient infirmes, soit dans l'âme soit dans le corps, ou que les tentations jetaient dans le trouble, étaient les objets préférés de ses soins les plus assidus. Il avait un art particulier pour les guérir. Quant aux parfaits, il les jugeait dignes de tous les honneurs : il vénérait en eux Jésus-Christ lui-même et leur donnait toutes les marques extérieures de sa profonde estime, jusqu'à leur céder le pas et à se tenir debout devant eux.

La conduite du nouveau prieur peut donc se résumer ainsi : à l'égard des esprits durs, rebelles, indisciplinés, il agissait avec autorité et, quand il le fallait, avec sévérité ; il voulait que les têtes orgueilleuses se courbassent sous le joug, et il mesurait avec une justice irréprochable le châtiment à la faute.

Mais à ceux qui s'humiliaient dans le sentiment de leur culpabilité et faisaient pénitence, il témoignait une bonté, une miséricorde qui les relevait, et il leur accordait immédiatement le pardon. Du reste, il était évident aux yeux de tous qu'avec un caractère de cette trempe, il était inutile de se mettre en travers de ses ordres ou de chercher à les éluder.

Pour enflammer le zèle de ses religieux et les faire avancer dans la voie de la perfection, il leur montrait les magnifiques récompenses dont ils jouiraient en compagnie du Christ. « Oubliez, leur disait-il parfois avec l'Apôtre, oubliez ce qui est maintenant en arrière et tendez de tous vos efforts vers ce qui est devant vous. » Il introduisit dans le monastère un grand nombre de coutumes excellentes (1). Plein d'une sage et paternelle prévoyance, il n'épargnait rien pour procurer à ses religieux ce qu'il jugeait leur être nécessaire, et il avait soin, en outre, que chacun eût toujours ce qui lui revenait, au temps fixé par la règle. Il agissait ainsi, afin que les moines, dégagés de toute préoccupation ou inquiétude au sujet des choses matérielles, pussent plus facilement et plus librement s'appliquer aux choses divines : excellente maxime qui ne délivre des soins du corps qu'au profit des vrais intérêts de l'âme.

(1) *Vita S. Anthelmi*, apud Bolland.

C'est ainsi que l'habile et saint prieur, toujours attentif à procurer le salut de ses religieux, poursuivait les vices, favorisait les vertus et en provoquait le développement. Ses efforts furent loin d'être stériles. Parmi les religieux qu'il dirigea avec une si grande sagesse, on en remarque plusieurs qui arrivèrent à un haut degré de perfection, et dont les noms sont restés en vénération dans l'Ordre. Nous pouvons citer le bienheureux Udalric, ancien évêque de Die ; Tyndall, qui est mort en odeur de sainteté en 1148 ; l'ancien prieur Hugues I, homme d'une très-grande vertu ; Othmar, qui devint évêque de Grenoble ; le bienheureux Basile de Bourgogne, le successeur d'Anthelme dans la direction générale de l'Ordre ; Jean d'Espagne, qui séjourna quelque temps à la Grande-Chartreuse, avant d'être prieur de la Chartreuse du Reposoir ; Boson, qui avait à un très-haut degré l'esprit de prophétie. Parmi les frères laïques, nous citerons Aynard, qui avait vu, dans sa jeunesse, le patriarche saint Bruno, et Othmar, qui remplit plusieurs missions importantes. Nous ne devons pas omettre de faire observer que, d'après la règle, le nombre des pères était alors fixé à treize, y compris le prieur, et celui des frères laïques, à seize.

L'attention d'Anthelme se portait en même temps sur les intérêts temporels du monastère. Ainsi, il recula les limites de la clôture et les rendit infranchissables aux femmes qui, auparavant, ne les avaient pas toujours respectées. Il améliora également les dépendances, en transforma une partie et en construisit de nouvelles. L'eau manquait ; du moins on n'avait pas pu jusqu'alors l'amener dans tous les endroits où elle était nécessaire. Il fit donc construire à grands frais un aqueduc qui se ramifiait, en entrant au couvent, pour donner de l'eau à toutes les cellules, ainsi qu'aux différents lieux de service. Après avoir été employée à divers usages, cette eau était recueillie au sortir du monastère et mettait en mouvement la roue d'un moulin construit un peu plus bas (1).

C'est par ces travaux intelligents qu'Antheme fit entrer la Grande-Chartreuse dans la voie d'une prospérité matérielle qu'elle n'avait pas encore connue; mais en même temps on y voyait régner la règle de saint Bruno comme aux beaux jours de la ferveur primitive.

Cette application constante aux différents devoirs de sa charge n'empêchait pas Anthelme de porter son attention sur les intérêts généraux de l'Église, et de suivre, en particulier, le mouvement intellectuel qui entraînait alors les esprits vers l'étude des questions les plus ardues de la philosophie et de la théologie. C'était le siècle de saint Bernard, et l'on sait quelle impulsion vigoureuse le grand docteur avait donnée à ces études. Parmi ses contemporains les plus renommés, il faut assurément compter Abailard. Des disciples nombreux et accourus de toutes les nations de l'Europe chrétienne

(1) *Vita S. Anthelmi*, apud **Bolland.**

se pressaient au pied de la chaire du célèbre philosophe, et recueillaient avidement les enseignements qui en tombaient. Malheureusement, l'orthodoxie d'Abailard n'était pas à l'abri de tout soupçon. Un ouvrage sur des matières théologiques, sorti de sa plume, lui attira une première condamnation dans un concile tenu à Soissons en 1122 (1). Il continua néanmoins à enseigner et à écrire. Un de ses livres, entre autres, qui avait pour titre, *Théologie de Pierre Abailard*, fourmillait des erreurs les plus dangereuses sur le mystère de la Sainte Trinité et sur une foule d'autres points de doctrine très-importants. Saint Anthelme en prit-il connaissance ? On peut le croire, puisque, d'après Dom Charles Lecoulteux (2), il demanda instamment, de concert avec saint Bernard, aux évêques que cette affaire regardait, de s'entendre pour couper court à la propagation d'erreurs aussi funestes. Un concile se réunit en effet, à Sens, le 2 juin 1140, et prononça une nouvelle condamnation contre le téméraire philosophe et son enseignement. On sait qu'Abailard finit par se soumettre et qu'il mourut en pénitent sous l'habit religieux des Cisterciens (3).

(1) *Histoire universelle de l'Église catholique*, par l'abbé Rohrbacher, t. **XV**, p. **174.**

(2) *Annales ms sacri Ordinis Cartusiensis*, an. 1140.

(3) Le zèle que notre saint déploya dans cette circonstance pour la pureté de la doctrine, nous fournit l'occasion toute naturelle de rappeler qu'une Chaire a été fondée par le diocèse de Belley, à la nouvelle Université catholique de Lyon, et mise sous le patronage spécial de saint Anthelme dont elle porte le nom.

Mais un de ses disciples, du nom de Pierre Bérenger, ne put supporter la honte que cette dernière condamnation devait faire rejaillir sur la réputation de son maître. Il s'en prit d'abord à saint Bernard et aux évêques qui avaient assisté au concile de Sens, et publia contre eux un écrit rempli des imputations les plus injurieuses; puis, se tournant vers les Chartreux, dont il n'ignorait pas l'intervention dans cette affaire, il les attaqua dans une diatribe acrimonieuse, à travers laquelle, néanmoins, on surprend, de temps à autre, comme le témoignage involontaire d'un reste d'estime et de vénération pour un Ordre si universellement respecté. Nous nous contentons d'indiquer ce *factum* sans entrer dans plus de détails, parce que Dom Lecoulteux, qui le reproduit intégralement, exprime des doutes au sujet de son authenticité, tout en le croyant de cette époque.

CHAPITRE VIII

**Anthelme préside le premier Chapitre général
de l'Ordre.**

Cependant il se préparait dans l'Ordre un changement qui allait lui donner sa forme définitive, et
fournir en même temps au saint prieur l'occasion
d'étendre plus loin son action en augmentant son
autorité.

Comme nous l'avons observé plusieurs fois, les
Chartreux furent d'abord soumis à la juridiction des
évêques diocésains, qui les visitaient dans leurs
cellules et veillaient eux-mêmes au maintien de la
discipline religieuse.

C'est ce qui nous explique, par exemple, l'intervention fréquente de l'évêque de Grenoble dans les
affaires intérieures de la Grande-Chartreuse, en vue
spécialement d'y maintenir la discipline ou de
prendre les moyens convenables de la rétablir,
lorsqu'elle paraissait subir quelque défaillance.

Mais, suivant la remarque de Mabillon (1), les
évêques, trouvant, en général, chez les Chartreux,
plus à admirer qu'à corriger, se lassèrent d'une
surveillance inutile et finirent par offrir spontanément de se dépouiller de leur juridiction sur ces

____

(1) *Ann. Bened.*, VI, App., pag. 585.

saints religieux, en faveur d'un Chapitre général composé des prieurs de toutes les maisons et du prieur de la Grande-Chartreuse, avec pleine liberté de régler la discipline pour l'Ordre tout entier.

D'un autre côté, les prieurs des diverses maisons désiraient eux-mêmes que ces liens de sujétion, vis-à-vis des Ordinaires, fussent rompus. Ils en écrivirent à Anthelme et le pressèrent vivement de réunir à la Grande-Chartreuse, à une époque qu'il fixerait lui-même, un Chapitre général, composé comme nous venons de dire. Ils y revinrent à plusieurs reprises et toujours avec les mêmes instances.

Ce projet était d'une importance extrême, et devait avoir sur les destinées de l'institut de saint Bruno une influence décisive. Non-seulement, s'il se réalisait, les maisons des Chartreux devaient conquérir l'indépendance pour se gouverner elles-mêmes, mais l'établissement d'un Chapitre général, c'était la création d'une nouvelle autorité qui surgissait tout à coup au sein de l'Ordre, et dont les décisions devaient atteindre toutes les maisons. Par conséquent, l'isolement de ces maisons et l'indépendance réciproque dans laquelle elles ont vécu jusqu'ici vont cesser. Elles formeront désormais une association animée du même esprit et soumise à une autorité centrale. Enfin, comme le Chapitre général ne peut se réunir que rarement, et que l'action de l'autorité, pour être efficace, ne saurait être transitoire, le prieur de la première maison de l'Ordre, celui de la Grande-Chartreuse, aura, sur les autres maisons, le pouvoir de juridiction dont les évêques consentent à se dépouiller, et veillera à l'exécution des lois adoptées par le Chapitre général. C'est pourquoi, il prendra désormais le titre de *Général* de l'Ordre. Saint Anthelme sera le premier prieur de la Grande-Chartreuse qui le portera dans l'histoire.

Comme on le voit, rien n'était plus grave que ce que l'on proposait à Anthelme. Précisément parce qu'il était prieur de la maison fondée par saint Bruno, il lui répugnait tout d'abord de consentir à un changement de cette importance, et qui paraissait dépasser le cadre du plan primitif de l'Ordre. D'un autre côté, Guigues était son modèle : était-il certain qu'il se serait prêté, lui si attaché aux anciens usages, à une modification aussi grave des coutumes traditionnelles ? C'était la question que se posait Anthelme. Enfin, on voulait augmenter son pouvoir, et cela suffisait pour effrayer son humilité (1).

---

(1) D. Lecoulteux raconte dans ses Annales, que les prieurs de Portes, de Durbon et de Meyriat, se réunirent à la Grande-Chartreuse, en 1136, pour traiter avec le vénérable Guigues de différentes affaires concernant leurs maisons. Le savant annaliste voit dans cette réunion le prélude de l'institution du Chapitre général. Il croit ainsi en trouver le germe dans ce passage du livre des *Coutumes*, où Guigues, après avoir avoué qu'il a pu commettre plusieurs omissions, ajoute : « mais si quelque chose m'a échappé, on pourra facilement l'indiquer dans la présente conférence. » *Sed facile, si quid effugit, collocutione præsenti poterit indicari.*

Nous pensons que D. Lecoulteux est allé peut-être un peu loin dans

Cette répugnance d'Anthelme n'est pas une supposition de notre part. Il est facile de l'apercevoir dans le préambule des actes du premier Chapitre général, qui ont été retrouvés dans un manuscrit de la chartreuse de Mont-Dieu. « Les prieurs demandaient *depuis longtemps*, y est-il dit, à celui de la Grande-Chartreuse et aux frères qui l'habitent, en vue de maintenir ferme et stable leur institut, de constituer dans ladite maison un Chapitre général qui s'occuperait de la correction et de l'amendement de tout l'Ordre. *Ce ne fut que sur nos instances réitérées et comme vaincus par nos importunités continuelles*, qu'Anthelme, prieur de la Grande-Chartreuse et ses religieux, d'après le conseil de Hugues II, évêque de Grenoble, donnèrent enfin leur consentement (1). »

Anthelme se rangea donc à l'avis des autres

ses conjectures. Qu'on le remarque bien, en effet : dans la réunion de 1136, il n'est question que de s'entendre sur les affaires particulières de certaines maisons de l'Ordre, et si le rédacteur des *Coutumes* convoque une conférence, ce n'est que pour lui venir en aide et contrôler son travail. De là à l'institution du Chapitre général il y a loin. Dans les deux conférences dont il vient d'être question, les membres qui les composent ne sont réunis que pour s'éclairer, et leurs résolutions, s'ils jugent à propos d'en prendre, n'ont par elles-mêmes aucune force obligatoire. Dans le Chapitre général, au contraire, les conclusions adoptées sont de véritables lois qui lient, non-seulement les membres présents, mais encore tous les religieux de l'Ordre, et font cesser l'indépendance réciproque dans laquelle les monastères des Chartreux s'étaient trouvés auparavant. Il n'y a donc aucune similitude, et des deux faits relatés plus haut on ne peut rien préjuger au sujet des dispositions avec lesquelles le vénérable Guigues aurait accueilli la proposition de l'établissement du Chapitre général.

(1) *Statuta antiqua Ordinis cartusiensis, (Ex. ms. cod. Montis Dei)*

prieurs. Mais en homme prudent et sage qu'il était, pour que jamais on ne pût récuser l'autorité du Chapitre général, ni suspecter la légitimité de ses décisions, il mit à son consentement une condition essentielle, c'est que chaque prieur obtiendrait de son évêque diocésain, et des religieux de son monastère réunis en assemblée, des lettres donnant tout pouvoir au Chapitre général pour introduire dans l'Ordre entier la correction et les améliorations qu'il jugerait nécessaires ou opportunes. Ces lettres devaient aussi indiquer le jour de la réunion.

Plusieurs des prieurs, avertis par Anthelme, obtinrent sans peine, et des évêques et des religieux, les pouvoirs indispensables. Ils se mirent aussitôt en route pour se rendre à la Grande-Chartreuse. On croit généralement que le premier Chapitre général se tint le 18 octobre, fête de saint Luc, 1142. Voici les noms des prieurs qui y ont pris part : Bernard de Portes, Soffrède des Ecouges, Lazare de Durbon, Etienne de Meyriat et Jean d'Arvières. Avec Anthelme de la Grande-Chartreuse, ils étaient donc six en tout. Par conséquent, tous ne s'y trouvèrent pas, soit que quelques-uns fussent trop éloignés, comme ceux des deux maisons de Calabre, soit que d'autres n'aient pu obtenir les lettres qu'il était nécessaire de présenter pour avoir le droit de faire partie de l'assemblée.

Chacun de ceux qui furent présents était, en effet, muni d'une lettre de son évêque diocésain et d'une autre de son Chapitre particulier. Elles devaient régulièrement être transcrites les unes et les autres en tête des délibérations, afin de rendre authentiques les pouvoirs de l'assemblée. Mais comme elles se ressemblaient toutes, on se contenta de consigner au procès-verbal celle de l'archevêque de Lyon pour les prieurs de Portes et de Meyriat, qui dépendaient de son diocèse, et celle des religieux de la première de ces maisons.

Ces deux documents sont très-précieux et se rapportent trop directement à notre sujet pour que nous ne les reproduisions pas. Voici le premier : « Au frère bien-aimé Anthelme, Prieur de la Grande-Chartreuse, à tous les Prieurs qui combattent pour Dieu dans l'Ordre des Chartreux, et aux Frères qui, avec eux, travaillent à obtenir du Seigneur le prix de la pauvreté, Falcon, ministre de l'église de Lyon. En vertu de notre autorité épiscopale, nous vous accordons et livrons à perpétuité, pour être corrigées, les maisons de Portes et de Meyriat, émules de votre zèle religieux, conformément à leur vœu et à la demande qu'elles nous en ont faite, pour l'affermissement de votre Ordre, suivant ce qui aura été décrété dans le Chapitre général. »

Voici l'autre document : « Au Prieur de la Grande-Chartreuse, par la grâce de Dieu, aux Pères et Révérendissimes Maîtres, et aux Frères qui sous la conduite du Prieur sont enrôlés dans la milice du Christ, tous les Frères de Portes, paix et salut de la part du Seigneur. Puisque vous avez enfin donné votre consentement pour que notre Prieur et ceux des autres maisons se réunissent, à l'époque fixée, dans votre maison, qui est la mère de tout l'Ordre, afin qu'ils puissent traiter avec le plus grand soin de tout ce qui peut aider à l'*unité*, à la *stabilité* ou à l'*affermissement* de notre Ordre, non-seulement nous donnons notre consentement et nous louons cette résolution, mais nous l'accueillons avec actions de grâce. C'est pourquoi, pour tout ce qui regarde le maintien de notre Ordre et qui aura été décrété par le Chapitre général, nous vous accordons et vous livrons notre maison, à vous et à vos successeurs à perpétuité, pour la garder et la corriger. »

Les termes de cette lettre indiquent très-nettement tout le bien que les Chartreux attendaient de la nouvelle institution. L'isolement dans lequel s'étaient tenues jusque là leurs diverses maisons, n'était pas sans danger. Ils le reconnurent aisément, et peut-être qu'en quelque endroit ils en avaient fait l'expérience. En resserrant les liens de l'unité, on prenait le moyen le plus efficace de maintenir dans l'Ordre l'esprit qui lui avait donné naissance, en même temps qu'on fermait la porte à toutes les innovations qui auraient pu le jeter insensiblement hors de la voie. Le Chapitre général aura une autorité souveraine, non pour innover, mais pour expliquer, amender, améliorer, corriger, et, par conséquent, pour conserver à l'Ordre son caractère essentiel. Cela ressort évidemment des lettres que nous venons de citer.

L'institution une fois établie se maintint. Aujourd'hui elle subsiste encore. Or, personne n'hésite à croire que c'est à la tenue régulière du Chapitre général que l'Ordre des Chartreux doit ce rare, ou plutôt cet unique privilége, de n'avoir jamais eu besoin de réforme. Cela se comprend : il a dans son sein un moyen infaillible de prévenir cette triste nécessité. Si les abus sont toujours possibles à cause de la faiblesse humaine, ils n'ont jamais le temps de s'enraciner, grâce à la vigilance du Chapitre général, toujours prompt à les faire disparaître dès qu'ils lui sont signalés. Le moment où il fut établi est donc capital dans l'histoire de l'Ordre des Chartreux, et cette seule institution eût suffi à illustrer saint Anthelme, qui, s'il n'en eut pas l'initiative, sut prendre toutes les mesures pour en assurer le fonctionnement et la durée.

Il nous reste maintenant à faire connaître brièvement les décrets promulgués dans le premier Chapitre.

Le premier se rapporte aux offices divins, qui doivent être célébrés, dans toutes les maisons, de la même manière et avec les mêmes rites. Le second indique comment un prieur indigne ou coupable doit être remplacé. Le troisième déclare que jamais on ne permettra à un prieur ou aux frères d'une maison d'embrasser la règle d'un autre Ordre s'ils en font la proposition. Le quatrième défend de fonder une nouvelle maison sans le consentement du Chapitre général, et à tout prieur de donner des constitutions autres que celles qui sont en usage dans l'Ordre. Le cinquième établit que dans le cas où la maison de la Grande-Chartreuse, qui est la mère et la nourrice de toutes les autres, serait obligée de prendre un prieur ailleurs que parmi ses religieux, on pourrait appeler qui l'on voudrait des autres maisons, excepté le prieur. Le sixième, que lorsqu'il se présentera, dans une maison de l'Ordre, une affaire importante qu'il soit nécessaire de traiter immédiatement, le prieur de la Grande-Chartreuse, s'il n'est pas en état d'agir seul, convoquera autant de prieurs qu'il le pourra pour résoudre avec eux la difficulté. Toutefois, leur décision ne sera définitive qu'après la ratification du Chapitre général. Enfin le septième et dernier statue que ni le prieur de la Grande-Chartreuse, ni ceux des autres maisons ne pourront rien ajouter aux règles qui se rapportent à l'office divin ni aux autres constitutions de cet institut, comme ils ne pourront également rien en retrancher sans le consentement du Chapitre général. Or, par Chapitre général, on a soin de dire ici qu'il faut entendre la réunion des religieux qui, ayant été convoqués, se sont rendus à l'appel. Par conséquent, l'absence de ceux qui n'ont pu y répondre ne doit pas être un motif de rejeter la décision.

Le procès-verbal de cette première réunion se termine par les paroles suivantes, qui marquent bien l'esprit d'humilité et d'obéissance dont les vénérables prieurs étaient animés : « Pour que ces statuts, qui ont pour but l'affermissement et la stabilité indéfinie de notre sainte institution, et que les pères de cette assemblée, après les avoir mûrement examinés, ont cru devoir adopter, soient à jamais respectés, nous tous, dans le sentiment d'une vraie humilité, avons adhéré avec toute la dévotion possible à cette salutaire discipline, et, nous engageant à effectuer les corrections indiquées, avons déclaré en ces termes vouloir porter le joug suave et le fardeau léger de l'obéissance. » En ce moment tous les prieurs se levèrent, et vinrent successivement devant l'évêque de Grenoble, qui assistait au Chapitre, et à qui on avait remis les statuts ; puis, chacun lui baisant la main et fléchissant le genou, prononça cette formule : « Moi, frère « N..., prieur de N..., je promets obéissance « au Chapitre général (1). »

On voit, d'après ce que nous venons de rapporter, que ce qui a surtout préoccupé la vénérable assemblée des prieurs, dans cette première réunion, a été d'assurer le maintien inviolable de la règle dans les maisons de l'Ordre. Elle devait y être observée intégralement, et personne, pas même le prieur de la Grande-Chartreuse, malgré l'accroissement de son autorité, ne pouvait rien y ajouter, ni en rien retrancher.

C'était entrer dans les vues personnelles du saint

---

(1) *Acta primi Capituli Ordinis Cartusiensis.*

prieur et il est à présumer, qu'ayant dirigé les délibérations de l'assemblée, il en fut aussi l'âme et lui inspira ces sages résolutions. Il se regarda, du reste, comme plus engagé que tout autre à les mettre en pratique, à raison de sa position, et il s'y appliqua avec un zèle que les limites étroites de son monastère ne suffisaient plus à contenir. Du reste, il avait maintenant le droit et le devoir d'étendre sa sollicitude sur toutes les maisons de l'Ordre; il le fit avec la discrétion et la fermeté convenables.

L'année suivante, Anthelme réunit le second Chapitre général. On s'y occupa exclusivement de ce qui se rapporte à l'office divin. Le manuscrit de la chartreuse de Mont-Dieu, dans lequel se trouvent reproduites les décisions de la première de ces assemblées, donne également celles de la seconde. Ces dernières offrent un intérêt particulier en ce qu'elles permettent de constater l'identité parfaite qui existe entre les différentes parties des offices de certaines fêtes, telles qu'on les célèbre aujourd'hui dans toute l'Église, et ce qui était en usage pour les mêmes solennités, il y a plus de sept siècles, dans l'Ordre des Chartreux. Qu'il nous suffise de citer, comme exemple, l'introït, l'oraison, l'épitre et l'évangile de la messe de Noël.

Ces deux premiers Chapitres généraux sont les seuls que saint Anthelme ait réunis pendant son administration. Le troisième, dont le manuscrit de Mont-Dieu rapporte les actes, a été tenu, en effet, par le successeur d'Anthelme, Basile de Bourgogne, qui régla que désormais ces assemblées se réuniraient tous les ans à la Grande-Chartreuse, le jour de la Saint-Luc. L'auteur des annales manuscrites des Chartreux pense que si la tenue du Chapitre général fut interrompue, à partir de 1143 jusqu'à l'entrée en charge de Basile, il faut l'attribuer, comme l'absence de certains prieurs lors de la première convocation, à la difficulté que plusieurs d'entre eux éprouvèrent d'obtenir de leurs évêques les lettres qui devaient leur donner le droit de siéger, ou à tout autre motif qu'il n'a pu découvrir.

L'impulsion plus vigoureuse imprimée par l'institution du Chapitre général au zèle des Chartreux pour la perfection de leur état, coïncide avec un nouveau développement de l'Ordre.

Il existait alors en Provence, dans le diocèse de Vaison, un couvent de religieuses dédié à l'apôtre saint André et qui avait successivement été fixé en deux endroits différents, bien que rapprochés, nommés Pré-Bayon et Rumières, de sorte qu'on le désigne indifféremment par l'une ou par l'autre de ces deux localités. Ce couvent avait été fondé au commencement du VIIe siècle par une parente de sainte Radegonde et avait été érigé en abbaye. Il paraît s'être maintenu dans une certaine régularité jusqu'au XIIe siècle, c'est-à-dire, pendant plus de 500 ans ; c'est un signe que l'esprit de Dieu y régnait.

La réputation d'austérité dont jouissait l'Ordre

des Chartreux attira l'attention des religieuses de Saint-André ; bien plus, elle excita leur émulation au point de leur faire souhaiter de se mettre sous sa dépendance et d'en adopter la règle. Elles exposèrent leur désir au prieur du principal monastère. Anthelme accueillit favorablement leur demande, et après l'avoir mûrement examinée, il déclara ce couvent incorporé à l'Ordre dont il était le chef. En même temps, il donna au prieur de la chartreuse de Montrieux près de Toulon, Jean d'Espagne, ainsi nommé à cause de sa nationalité, la charge de modifier la règle cartusienne de manière à la rendre praticable pour les femmes.

On remarque, en effet, dans le travail du religieux, la préoccupation constante d'alléger le fardeau et d'en proportionner le poids aux forces et aux aptitudes de celles qui devaient le porter. Ainsi, tout en maintenant les jeûnes, l'abstinence absolue et l'office de nuit, Jean d'Espagne fait prendre aux religieuses le repas en commun et le sommeil dans des cellules séparées, mais contiguës ; de plus, il leur permet de parler chaque jour pendant le temps de la récréation, pourvu qu'elles s'entretiennent de sujets de piété qui les édifient. La communauté est divisée en diverses classes correspondant à celles qui existent chez les Chartreux. Elle a, pour la gouverner, non une abbesse, mais une prieure élue par les religieuses. Celle-ci, en entrant en charge, promet, en son nom et au nom du mo-

7

nastère, obéissance au Chapitre général, et chaque
année, comme cela se pratique chez les Chartreux, elle doit *demander miséricorde*, c'est-à-dire
offrir sa démission. Il y eut d'abord près du couvent, pour l'administration des sacrements, un religieux de la classe de ceux qu'on désignait sous
le nom de *Clercs rendus* (1). Cette classe a été
supprimée depuis. Plus tard les mêmes fonctions
furent remplies par un vicaire dont la nomination est réservée au Chapitre général. Quelques
moines et plusieurs convers lui sont adjoints
pour l'aider dans l'administration temporelle du
monastère. Ils ont tous ensemble leur habitation
dans des édifices séparés et à proximité du couvent.
Mais le vrai supérieur est le religieux chargé de
visiter la maison deux fois chaque année (2).

Telles sont les principales dispositions de la
règle qu'Anthelme fit donner aux anciennes religieuses de Pré-Bayon. Leur incorporation à l'Ordre
des Chartreux fut solennellement approuvée par
deux papes, Eugène III et Alexandre III, et
l'un et l'autre, dans les Bulles qu'ils publièrent
à cette occasion, déclarèrent qu'ils mettaient
les *Moniales Chartreuses* sous la protection spéciale du Saint-Siége.

Elles ne tardèrent pas à se multiplier, au grand
profit des âmes qu'elles attirèrent à elles, car

(1) *Cleri redditi.*
(2) *Annales ms. sacri Ordinis Cartusiensis*, an. 1145.

plusieurs portèrent la vertu jusqu'à l'héroïsme et méritèrent les honneurs du culte public. Mais la surveillance des maisons qui se fondaient ainsi successivement, incombant aux Chartreux, menaçait de leur devenir trop onéreuse, surtout par l'obligation où ils se trouvaient de sortir souvent de leur solitude pour les visiter. C'est pourquoi, deux siècles environ après l'acte d'union que nous avons rapporté, ils prirent le parti d'interdire la fondation de nouvelles chartreuses pour les femmes. Elles étaient au nombre de dix, quand le Chapitre général porta ce décret. Il fallut le renouveler plusieurs fois afin de couper court aux tentatives qu'on ne manqua pas de réitérer souvent, depuis la première prohibition, pour faire revenir sur cette mesure. On ne croyait pas, du reste, qu'il fût prudent de rendre trop facilement accessible à de faibles femmes l'entrée d'un Ordre si sévère, en multipliant les maisons qui leur étaient destinées. Chose singulière, plus le régime d'un institut religieux est austère, plus la discipline y est strictement observée, et plus les âmes y sont attirées. En dehors de l'appel de Dieu, qui a ici la part principale, il y a au fond de la nature humaine, même déchue, un instinct généreux qui trouve, dans les rigueurs de la vie religieuse, une satisfaction d'un caractère héroïque ; il y rencontre, en tout cas, le moyen de réprimer efficacement les appétits grossiers que nous sentons se remuer en nous, et de grandir lui-même sur les ruines du viel homme, abattu et dompté. N'est-ce pas là du reste le but de toute vie religieuse digne de ce nom ? On comprend alors ce mouvement des grands cœurs qui les entraine de préférence dans les arènes de la mortification chrétienne, où la victoire est d'autant plus certaine que la lutte est plus vivement engagée.

Cependant l'autorité d'Anthelme n'était pas acceptée seulement de tous les religieux ; elle le fut également par les gens du monde, tant la sainteté de sa vie la rendit recommandable. Les visiteurs, attirés par les merveilles que son génie suscitait dans le désert, étaient plus nombreux que jamais : ce que la renommée leur en apprenait, les rendait avides de voir de leurs yeux tant d'austérité unie à une vie si pure. D'autres, et ils étaient en aussi grand nombre, laïques et ecclésiastiques, venaient prendre conseil sur l'affaire de leur salut. Anthelme voulait qu'ils fussent tous bien accueillis. Enflammé du zèle des âmes, il les voyait lui-même et leur parlait avec feu de la nécessité de la pénitence pour gagner le ciel, proportionnant toujours ses exhortations à la condition de chacun. Parfois, il donnait à ses paroles, bien qu'elles fussent toujours inspirées par la charité, un accent spécial de gravité ; c'est lorsqu'il avait affaire à quelque pécheur scandaleux et peu disposé à s'amender. Il ne ménageait pas alors les reproches, et mettait hardiment le doigt sur la plaie, sans faire acception des personnes. On remarquait qu'il était particulièrement sévère pour les gens instruits ; sans doute, parce que, connaissant mieux la loi, ils étaient plus coupables en la violant.

Les désordres, nous aurons occasion d'y revenir et d'en indiquer la cause, pénétraient même jusque dans le sanctuaire. Anthelme les y poursuivait et les flagellait impitoyablement, quelle que fut la dignité de ceux qui les entretenaient.

Cette manière d'agir, à l'égard des pécheurs obstinés et scandaleux, finit par inspirer à tous un sentiment de crainte révérentielle pour le prieur de la Grande-Chartreuse. Mais tandis que chez les uns, comme l'observe Surius (1), cette impression était tempérée par l'amour, chez les autres, au contraire, elle était envenimée par la haine, de sorte qu'aux témoignages de confiance que donnaient les premiers, les seconds répondaient par des blasphèmes : contradiction éternelle que la vertu a toujours suscitée, même quand elle a été professée par un Dieu. Il s'en trouvait dans le nombre qui tenaient le saint pour un homme importun et difficile; mais personne n'aurait osé révoquer en doute son équité, pas plus que la sincérité de son zèle. Si les remontrances qu'il adressait à tous indistinctement n'obtinrent pas toujours un plein succès, que d'âmes cependant il sut ramener dans le chemin de la vertu et qui lui durent leur salut éternel! Combien d'autres, aussi généreuses qu'il le souhaitait, renoncèrent au monde pour venir se ranger sous sa conduite et partager ses austérités!

(1) *Vita sanctæ memoriæ Anthelmi.*

Ici nous touchons à un événement qui fut pour Anthelme, dès ce monde, une douce récompense de ce zèle des âmes dont il était dévoré. Cet évènement tient à une tendance trop noble et trop générale des esprits à cette époque, pour que nous ne nous y arrêtions pas quelques instants.

CHAPITRE IX

**La féodalité et les monastères.— Le seigneur de Chignin
et ses fils.**

Dans le sixième volume de son grand ouvrage
sur les moines d'Occident, M. de Montalembert a
rendu à la féodalité la justice qui lui est due, en
prouvant qu'à l'époque où elle jeta le plus d'éclat,
c'est-à-dire pendant les Xe, XIe et XIIe siècles, aucune
des puissances qui ont régné sur le monde n'a attri-
bué à l'Église une aussi large part d'autorité, de
richesses, d'honneur, et surtout de liberté ; aucune
ne l'a dotée de monuments si gigantesques, si ad-
mirables, si prodigalement répandus sur la face de
la terre, de domaines aussi considérables pour être
transformés en lieux de prière; aucune surtout n'a
peuplé ses sanctuaires et ses couvents d'une si
grande foule de fidèles et de saints. Ce n'est pas que
l'illustre auteur veuille oublier, comme, du reste, il
s'en défend, en rappelant tant de bienfaits et des
exemples si nombreux de vie religieuse, les excès,
les violences, les crimes atroces commis à cette
époque de guerres continuelles ; mais ce qu'on n'a
jamais vu au même point, ajoute-t-il, c'est le rachat
constant de ces violences, c'est l'expiation immé-
diate de ces crimes par des merveilles d'humilité,
de pénitence et de pieuses largesses. On trouve les

noms les plus illustres à l'origine des grandes institutions religieuses du moyen âge : ou ils en sont
les fondateurs, ou ce sont eux qui en ont construit
les principales maisons ; et la plupart des saints
moines, la très-grande majorité des abbés dont le
souvenir est resté, étaient issus de la plus haute noblesse féodale. Nous pourrions en citer un très-
grand nombre dans toutes les nations de l'Europe
chrétienne ; mais nous préférons nous renfermer
dans le pays et dans l'époque où s'est écoulée
la vie de notre saint ; et même, pour plus de brièveté encore, nous nous contenterons de rappeler
les fondations des premières chartreuses pendant le
cours du XIIe siècle.

Ainsi, en 1116, Ponce de Balmey, chanoine de
l'église de Lyon, fonde en Bugey la célèbre chartreuse de Meyriat ; la même année, Thierry, frère
de l'empereur Frédéric-Barberousse fondait celle de
Sylve-Bénite, en Dauphiné. En 1138, ce sont les
sires de Langin, de Ballaison et de Corvenc qui fon-
dent en Chablais celle de Vallon, la cinquième ou
sixième de l'Ordre. En 1144, le comte Amédée III,
avant de se rendre en Palestine pour la croisade,
avait fondé en Valromey celle d'Arvières. En 1151,
nous verrons Aymon, sire de Faucigny fonder celle
du Reposoir dans la vallée de l'Arve ; en 1171,
Hugues d'Arvillards, appartenant à l'une des plus
antiques races du *Pagus Savogiensis*, fonde celle de
saint Hugon sur la frontière du Dauphiné. En 1179,
Guillaume, comte de Genève, voulant rendre grâces

à Dieu de l'avoir délivré de ses ennemis qui le tenaient assiégé dans le château de la Roche, fonde,
sur le penchant du Salève, celle des Pommiers. Enfin,
en 1180, Humbert III, comte de Maurienne et marquis d'Italie, pour le salut de ses père et mère et
de ses autres parents, donne à la maison de Sainte-
Marie d'Aillon, de l'Ordre des Chartreux, par l'intermédiaire de Guigues, alors prieur de Meyriat et
plus tard évêque d'Aoste, l'universalité de ce qu'il
possédait sur le territoire d'Aillon ; il a soin de rap-
peller que c'est lui qui a été le fondateur de ce monastère.

Et qu'on ne croie pas que ce soit seulement le malheur, les déceptions, si fréquentes ici-bas, le besoin
d'expier une vie de brigandage et de rapine qui aient
inspiré de si généreux sacrifices, ou jeté tant de
grands personnages dans le cloître comme dans un
abri contre les reproches de leur conscience.

C'est plus haut qu'ils vont chercher les motifs qui
les font agir : car tantôt c'était du sein de la prospérité et de la puissance que sortaient ces offrandes
spontanées, abondantes, ces actes de générosité
et de dévouement qui étaient aussi des actes de
foi et d'humilité ; tantôt c'était une inspiration
subite et irrésistible ; tantôt c'était pour sanctifier
leur entrée dans l'ordre de la chevalerie ; d'autres
fois c'était pour expier de coupables prodigalités
ou pour sceller le pardon généreux d'une offense
mortelle. Mais souvent, très-souvent c'était le
pur amour de Dieu qui les arrachait eux-mêmes au

monde et faisait leur oublier tout pour ne plus aspirer qu'aux biens éternels. Ou s'ils ne peuvent exécuter ce généreux projet, et que des raisons graves les retiennent dans les liens du siècle, ils veulent, du moins, par leurs libéralités en faveur des maisons religieuses qui sont à leur portée, s'assurer, comme ils le disent dans les actes de fondations et de donations, soit le pardon d'anciennes iniquités, soit le secours des prières des âmes religieuses entièrement consacrées à Dieu. Quelquefois ils veulent simplement rendre à Dieu une part des dons qu'ils déclarent tenir de sa bonté ; ou, comme nous venons de le voir en rappelant les fondations de plusieurs chartreuses, au XIIe siècle, réclamer sa protection dans une expédition lointaine, et témoigner leur gratitude pour un bienfait obtenu.

A cette époque, où l'esprit de foi pénétrait et animait la société tout entière, Dieu gardait sa place dans les âmes, et c'était la première. Aussi, quelle moisson de vertus sublimes! quels prodiges de sainteté ! Mais, encore une fois, c'était des plus hauts degrés de l'échelle sociale que descendaient les plus grands exemples. Le seigneur faisait la part de Dieu dans ses biens ; ou, déposant le glaive avec lequel il avait guerroyé, tantôt contre ses ennemis personnels, tantôt contre ceux de l'Église, il se donnait lui-même et rachetait, par une humilité qui ne se démentait jamais, les violences dont il avait pu se rendre coupable.

Il faudrait sans doute, ici encore, citer des noms
et des faits à l'appui de tout ce que nous venons
de dire ; les uns et les autres sont innombrables.
Mais nous ne pouvons que renvoyer le lecteur à
M. de Montalembert, dont l'érudition saura bien le
satisfaire.

On aurait pu craindre, en voyant ces hommes de
fer, accoutumés au commandement, impatients de
toute sujétion, et ne demandant ordinairement de
protection qu'à leur épée, on aurait pu craindre,
disons-nous, en les voyant entrer dans le cloître
avec ces dispositions et de telles habitudes, qu'ils n'y
apportassent, non la paix, mais le trouble, et que la
discipline monastique ne parvînt jamais à leur rendre son joug supportable. Loin de là : ils étaient souvent, au contraire, les plus humbles, les plus ardents
au travail. Nous en citerons tout à l'heure un admirable exemple. Ils obéissaient fréquemment à des
supérieurs qui avaient pu être leurs serfs, et parmi
les occupations extérieures du cloître, ils sollici-
taient, comme une faveur, les plus répugnantes à
l'orgueil du sang, comme de laver la vaisselle ou de
nettoyer les chaussures des frères.

Et qu'on le remarque bien, ce n'étaient pas là
des cas isolés : ces conversions éclatantes étaient
innombrables ; elles se produisaient partout dans
l'Europe chrétienne, au nord comme au midi ; là
où l'Église avait établi son salutaire empire, l'aristocratie peuplait de ses plus illustres représentants
les monastères qu'elle avait fondés.

Ne serait-ce pas l'une des causes principales de l'union qui existait à cette époque entre le paysan et le seigneur, entre le vassal et son suzerain? La division ne vint que plus tard les séparer et les armer l'un contre l'autre; mais, au XIIe siècle, c'était la paix fondée sur le respect d'une part et la protection de l'autre. Le respect, on comprend que l'inférieur l'accorde aisément à son maître, quand il voit en lui, non-seulement la croyance aux mêmes vérités, mais encore la pratique des vertus les plus héroïques que l'on puisse proposer au courage de l'homme. Mais que sera-ce si le maître se dépouille de tous ses biens et descend librement et par choix jusqu'à se confondre avec ses propres serviteurs? Cet abaissement spontané n'est pas une chute, il s'en faut, l'homme du peuple le comprend. Ce pauvre volontaire grandit, au contraire, à ses yeux, d'autant plus qu'il le voit s'abaisser d'avantage, et lui-même se sent relevé dans sa condition, dès lors que l'homme riche et puissant en vient partager les rigueurs et les humiliations. Si la séparation entre les clases est aujourd'hui plus profonde que jamais, malgré tant de belles et retentissantes théories sur l'égalité, ne serait-ce pas parce qu'il n'y a plus guère de pauvres que ceux qui le sont forcément, et que le château moderne à trop oublié les traditions de dévouement personnel que lui avait léguées celui d'un autre âge?

Nous ne pouvons mieux faire, ce nous semble, en terminant cet aperçu sur le mouvement général des esprits, surtout dans l'aristocratie féodale, vers l'état religieux, au XII⁰ siècle, que de donner la conclusion de M. de Montalembert sur le même sujet. La magnificence de son langage nous fera sans doute pardonner la longueur de la citation.

« Donc répétons-le sans cesse, ce n'était pas seulement ses biens, son argent, ses châteaux, ses terres, que donnait à Dieu cette chrétienne noblesse, c'était encore et surtout sa personne et sa vie. Sur les pierres des autels monastiques élevés par ses mains, elle immolait non pas seulement son avarice, mais encore les habitudes de la vie et les distinctions du rang, mais la mollesse, mais le luxe, mais l'orgueil, cette suprême et indomptable passion ! Certes, ce n'était pas exclusivement pour le commun des hommes, pour les pauvres, les vassaux et les inférieurs, mais pour eux-mêmes aussi, que, sous le régime féodal, les chevaliers, les grands seigneurs, les princes du sang royal fondaient et dotaient des monastères. Ce n'était pas non plus pour y rester simples spectateurs de l'autorité et de la vertu d'autrui : c'était pour renoncer à toutes les séductions d'une pompe et d'une grandeur dont la société moderne ne saurait offrir même l'image, elle qui n'a pas laissé debout une seule grandeur qui mérite d'être sacrifiée; c'était pour échanger les richesses et la puissance contre les joies austères du travail, de la mortification, de la solitude, pour substituer à leur sauvage et belliqueuse nature la douce et humble nature du cloître. Ce qu'ils voulaient, et ce qu'ils ont obtenu, c'était de labourer, avec les plus humbles et les plus obscurs chrétiens, le champ de la pénitence ; de revendiquer, là comme ailleurs, la primauté du courage, du dévouement, de l'honneur ; d'être à l'avant-garde dans la guerre contre le péché, contre les oppresseurs de l'Église, et d'y porter les premiers et les plus rudes coups aux ennemis de Dieu et des âmes (1). »

Dans ce beau portrait du seigneur devenu moine, on n'hésitera pas sans doute, après ce que l'on en sait déjà, à reconnaître notre saint. La guerre contre le péché, qui l'a menée plus vigoureusement que lui ? Qui a mieux soutenu l'effort de la bataille à cette avant-garde de l'armée qui défendait l'Église contre les entreprises sacriléges de la puissance civile ? La suite de cette histoire nous l'y montrera au premier rang. Qui a été plus dur à la souffrance, plus doux envers les pauvres, plus anxieux en face d'une âme souillée et dont le repentir est encore douteux ? Il prie, il conjure, il tonne ; il veut à tout prix son salut, et jamais son bonheur n'est si grand que lorsqu'il peut l'arracher, non-seulement au mal qui la tue, mais encore au monde qui lui prépare des défaites, pour l'offrir à Dieu, sous les livrées de la pénitence, comme les dépouilles opimes de sa victoire.

Il n'est pas toutefois le seul représentant de la noblesse à la Grande-Chartreuse. Nous avons déjà

____

(1) *Les Moines d'Occident*, t. VI, pag. 217 et 218.

signalé celui qui doit être son successeur, Basile, d'une des premières familles de Bourgogne. Et parmi les frères convers on pouvait contempler, avec autant d'étonnement que d'admiration, Guillaume II, comte de Nevers, appliqué aux travaux les plus pénibles et les plus rebutants, comme s'il n'eût jamais su manier que la pelle et le hoyau. Voici, du reste, les circonstances extraordinaires au milieu desquelles s'est manifestée sa vocation.

Le 16 février 1147, le roi Louis VII réunit à Étampes les nobles et les prélats de son royaume pour s'entendre avec eux au sujet de la croisade. Saint Bernard, dont la parole ardente avait donné le branle à la société tout entière pour cette expédition, se rendit à l'assemblée afin de prendre part à ses délibérations. La croisade était déjà résolue; il ne pouvait être question que des moyens d'en assurer le succès. On s'en occupa à ce point de vue pratique. Ensuite on dut faire le choix des gardiens du pays pendant l'absence du roi. Louis laissa ce soin aux prélats et aux seigneurs. Or, parmi les grands feudataires de la couronne, aucun ne jouissait d'une considération plus méritée que le comte de Nevers. Aussi fut-il désigné unanimement par ses pairs avec Suger, abbé de Saint-Denis. Saint Bernard fut chargé de porter le vœu de l'assemblée à l'approbation du roi. Montrant de la main les deux élus, il dit : « Voici deux glaives et c'est assez. » Tous applaudissent. Mais, chose étrange, et qui jeta toute la réunion dans le plus profond étonnement,

aussitôt que le murmure approbateur cessa, on entendit tout à coup une voix qui protestait. C'était
celle du comte de Nevers : il déclara qu'ayant fait
vœu d'entrer chez les Chartreux, il ne pouvait accepter l'honneur qu'on lui offrait. Le roi et toute
l'assemblée le conjurèrent d'abandonner un projet
qui devait céder devant l'importance du service
réclamé de son dévouement, ou du moins de
surseoir à son exécution jusqu'au retour des
croisés. Guillaume fut sourd à toutes les prières.
Il partit peu de temps après et vint frapper à la
porte du monastère de la Grande-Chartreuse. Anthelme ouvrit à ce transfuge des grandeurs terrestres en bénissant Dieu, et le puissant comte Guillaume, qui venait de renoncer au gouvernement du
plus beau royaume de la chrétienté, s'ensevelit pour
toujours et sans regret dans l'obscurité la plus
humble et la plus mortifiée (1).

Un jour, son fils Guillaume III vint à la Grande-
Chartreuse pour le voir. Ayant fait connaître le but
de sa visite, il apprit que son père était sur les hauts
pâturages de la montagne, occupé à la tonte des
brebis. Après l'avoir longtemps attendu, il le vit enfin
descendre, revêtu de pauvres habits et la tête chargée
d'un fardeau de laine. Il ne le reconnut pas d'abord ;
mais averti par les religieux que c'était réellement
son père, il courut à lui, et le prenant dans ses bras, il
le couvrit de ses baisers et de ses larmes. Puis

----

(1) *Histoire universelle de l'Église catholique,* par l'abbé Rohrbacher, t. **XV,** p. 455.

remarquant, à travers les démonstrations de tendresse, qu'il lui prodiguait, comme une fourmilière d'insectes dont le cou et la poitrine de son père étaient dévorés, il s'exclama d'horreur et voulut les chasser de la main. « Laissez-les, mon fils, lui dit le saint religieux, laissez-les prélever leur proie sur celle qui était réservée au ver qui ne meurt pas. Leurs morsures me sont profitables, car elles me sauveront, Dieu aidant, de celles dont souffrent les damnés dans la géhenne éternelle (1). »

Mais voici qu'on vient frapper de nouveau à la porte du monastère. C'est un homme dans toute la vigueur de l'âge qui se présente. Il est de noble race, on le devine aisément. Il vient, non en visiteur qui ne veut que s'édifier un moment pour retourner ensuite à sa vie ordinaire; autre est son dessein, on le lit dans la gravité ferme et joyeuse de son mâle visage : il vient solliciter la grâce d'être admis, lui aussi, au nombre des serviteurs du Christ. Le prieur accourt à la rencontre du noble arrivant et reconnaît en lui son frère! Son frère que l'amour du Christ avait entraîné jusque sur les champs de bataille de l'Orient pour combattre les ennemis du nom chrétien, et que le même amour attire aujourd'hui dans le cloître pour y livrer d'autres

(1) Dorlandus, *Chronicon cartusiense*, t. I, p. 204.— Le jeune comte avait observé, dans cette visite, que le monastère offrait partout le spectacle de la pauvreté, excepté à la bibliothèque qui était riche en ouvrages précieux. Étant de retour chez lui, il envoya à la Grande-Chartreuse une forte somme d'argent et des rouleaux de parchemin. Anthelme refusa l'argent et garda les rouleaux.

assauts et remporter sur lui-même des victoires plus certaines. Ils vont se trouver enrôlés dans cette sainte milice, non pas deux seulement, mais trois de la même famille, car un autre frère d'Anthelme l'avait précédé lui-même à la Grande-Chartreuse.

Voilà le fruit des prières d'Anthelme, de son exemple surtout. Ce n'est pas encore son plus beau triomphe.

Le chef de la famille restait engagé dans les liens du siècle. Il avait donné à Dieu, il est vrai, trois de ses fils; mais tant qu'il ne s'est pas donné lui-même, le sacrifice est-il complet ? Anthelme ne le croit pas; aussi, il redouble ses prières et ses mortifications, pour obtenir du ciel que le père vienne rejoindre ses fils dans cette voie royale de la souffrance et du renoncement. Soit que le vieux seigneur de Chignin aimât à les visiter dans le désert où ils s'étaient voués au service de Dieu, soit qu'Anthelme le rencontrât en d'autres lieux, le saint prieur profitait de toutes les occasions pour traduire les vœux secrets de son cœur par les exhortations les plus vives et les plus pressantes. Ce ne fut pas en vain. Le père de tels fils ne pouvait être insensible à cette voix si puissante sur tant d'autres. Il céda et, non moins généreux que ses enfants, il quitta le château de ses ancêtres pour venir à son tour solliciter la faveur de finir ses jours sous le froc, dans la pratique de la pénitence la plus austère.

Quel ne dut pas être le bonheur d'Anthelme, quand, au pied de l'autel, il étendit, en sa qualité de prieur, les mains sur ces têtes si chères, au jour de la profession, et appela sur elles toutes les bénédictions du ciel ! Puis, spectacle digne des anges, on vit le père, simple moine, et deux de ses fils, dociles aux ordres du troisième qui avait l'autorité suprême, se lever devant lui, et écouter humblement ses remontrances.

C'est ainsi que la grâce, quand elle était libre d'agir sur ces races fortes, anéantissait tous les droits de la nature pour ne plus laisser debout que ceux qui découlaient de la foi (1).

____

(1) Voir la note C.

CHAPITRE X

Troubles occasionnés par l'élection de l'évêque de Grenoble. — Démission d'Anthelme.

Depuis dix ans, Anthelme dirigeait son monastère avec une sagesse qui ne s'était jamais démentie. A mesure qu'il avançait dans la vie, il redoublait de zèle et d'efforts afin de faire tous les jours de nouveaux progrès dans la perfection de son état, persuadé d'ailleurs que son exemple aurait encore plus d'efficacité autour de lui que ses exhortations. Il arriva même que ses devoirs de prieur, en le distrayant sans cesse de ce travail secret et personnel, finirent par revêtir à ses yeux les apparences d'un obstacle au but qu'il ambitionnait d'atteindre, et il en vint à désirer d'en être déchargé, afin de pouvoir se livrer plus librement à l'impétuosité de son ardeur pour sa propre sanctification. Telles étaient ses dispositions quand tout à coup un orage se forma dans le sein même de l'Ordre, et menaça de l'ébranler jusque dans ses fondements.

L'évêque de Grenoble, Hugues II, avait été appelé à gouverner l'église archiépiscopale de Vienne. Il s'agissait donc de lui donner un successeur pour le siége qu'il abandonnait. Cette élection parait avoir été laborieuse, car ce ne fut que pendant le cours de la seconde année de la vacance qu'une majorité réussit à se former dans le Chapitre. Le choix des électeurs se porta sur un moine de la chartreuse de Portes nommé *Natalis* ou Noël. Ce fut l'occasion de troubles et même de divisions intestines dans l'Ordre des Chartreux. On comprend l'intérêt que ceux-ci pouvaient avoir à cette élection, puisque le choix était tombé sur un des leurs, et qu'il était question d'un siége épiscopal, auquel se rattachaient pour eux les souvenirs les plus chers. Mais qu'ils se soient divisés, dans cette circonstance, au point que nous allons dire, c'est ce dont il est assez difficile de se rendre compte aujourd'hui, les documents que nous avons entre les mains ne nous faisant pas clairement connaître le fond même de la querelle. Ce qui est certain, c'est l'importance réelle de cette affaire, puisque nous allons voir intervenir les personnages les plus considérables de l'époque.

On sait déjà combien l'abbé de Cluny, Pierre le Vénérable, appréciait l'Ordre des Chartreux. Il nous est apparu dans cette histoire, gravissant avec saint Bernard la montagne de Portes, pour voir les nouveaux solitaires qui y avaient élevé leurs cellules, et dont la renommée publiait des merveilles. Plus tard il avait entretenu avec Guigues un commerce épistolaire très-suivi, et il est à croire que des rapports semblables existaient entre lui et saint Anthelme. Toujours est-il qu'il fut mis au courant de l'émotion causée chez les Chartreux par l'élection du moine de Portes à l'évêché de Grenoble. Il en fut d'autant plus affecté, qu'il professait une plus grande estime pour leur institut. L'affaire lui parut assez grave pour qu'il se décidât à en écrire au pape Eugène III, qui occupait la chaire de saint Pierre. Après un long préambule où il s'excuse de porter cette cause au tribunal suprême du Saint-Siége, il expose le fait en quelques mots, puis il parle ainsi de la division qui a éclaté dans l'Ordre des Chartreux : « Jusqu'alors l'union la plus parfaite avait régné dans cet institut religieux; mais aujourd'hui on voit d'un côté la Grande-Chartreuse, Ecouges et Durbon, et de l'autre Portes, Meyriat, Sylve-Bénite et Arvières; et s'il est d'autres maisons appartenant à cet Ordre, elles se tiennent vis-à-vis les unes des autres comme des murs opposés que rien ne peut rapprocher. Les uns disent que l'élu ne doit pas être consacré et ils allèguent des motifs qu'il ne me convient pas de reproduire. Les autres disent : Que nous importe? les règles cartusiennes permettent sans doute de faire connaître ce que l'on sait, mais non de plaider. Nous n'avons pas quitté le monde pour y rentrer par la voie des procès. — Telle est la cause de cette brouille qui jusqu'à présent, toutefois, est restée secrète. Je pourrais en indiquer plus clairement les vrais motifs; mais je ne puis le faire par écrit, et le frère Arnaud, qui est chargé de remettre cette lettre à votre Majesté, pourra les lui expliquer de vive voix (1). »

(1) *Annales ms sacri Ordinis cartusiensis*, an. 1149.

Il résulte de cette lettre que les Chartreux étaient divisés en deux partis opposés, les uns ne se bornant pas à improuver le choix qui avait été fait de Noël de Portes comme évêque de Grenoble, mais voulant en empêcher le résultat qui est la consécration de l'élu ; les autres blâmant le zèle des premiers et les accusant de s'ingérer dans une question qui n'était pas de leur compétence.

Pierre le Vénérable en écrivit également à saint Bernard, mais sans être plus explicite, car, pour ce qu'il pense, au fond, de cette affaire, il prie son saint ami de s'en rapporter entièrement à ce que le messager qu'il lui envoie est chargé de lui dire de sa part. Saint Bernard se félicite dans sa réponse de connaître la vérité, au sujet des difficultés occasionnées par l'élection de l'évêque de Grenoble, puis il se contente d'ajouter qu'il a été profondément affligé en entendant le récit qui lui en a été fait.

On ne doit pas s'étonner de voir saint Bernard prendre à son tour un si vif intérêt à la situation périlleuse où se trouvait en ce moment l'Ordre des Chartreux. Non moins que Pierre le Vénérable, il l'avait en très-haute estime, et nous avons rappelé les circonstances solennelles dans lesquelles il en donna des preuves éclatantes. Il n'avait pas seulement visité la chartreuse de Portes ; le désir de s'édifier le fit pénétrer jusqu'au désert de Grenoble ; il voulait y contempler, au lieu même où elle avait commencé et comme à sa source, la vie austère de ces nouveaux anachorètes, émules de ceux de la Thébaïde. Il vint donc à la Grande-Chartreuse en 1123.

C'est alors qu'eut lieu ce fait qui met en si vive lumière son admirable simplicité et la réserve dans laquelle il tenait ses sens extérieurs. Il était arrivé au monastère, monté sur un cheval richement caparaçonné. Un chartreux de la maison en fut scandalisé. Il ne comprenait pas qu'un religieux dont la réputation de sainteté était si grande, et qui, d'ailleurs, avait fait vœu de pauvreté, pût chevaucher ainsi comme un grand seigneur. Il en fit la remarque à un moine de la suite du saint qui ne tarda pas lui-même à en être instruit. Saint Bernard demanda sur-le-champ à voir sa monture, avouant avec une ingénuité qui ravit tous les assistants, qu'il n'y avait pas pris garde et qu'il avait accepté le cheval sur lequel il était venu, tel qu'un moine de Cluny le lui avait prêté (1).

Depuis cette visite, des rapports épistolaires s'étaient établis entre la Grande-Chartreuse et Clairvaux. Un religieux de saint Bruno avait même été un jour député par ses frères pour aller constater de ses yeux, dans la *Vallée d'Absinthe*, les miracles de pénitence et de sainteté qu'on racontait du célèbre abbé et de ses disciples.

Il existait donc des relations suivies et affectueuses entre les deux monastères, et par conséquent

____

(1) *Histoire universelle de l'Église catholique*, par l'abbé Rohrbacher, t. XV, p. 211.

rien de plus naturel que saint Bernard se soit vivement ému des troubles qui mettaient en péril l'union
des différentes maisons de l'Ordre des Chartreux.

Du reste, le mal était loin de diminuer avec le
temps; il prenait, au contraire, tous les jours des
proportions de plus en plus inquiétantes. Parmi
ceux qui soutenaient la cause du moine de Portes et
qui étaient de la Grande-Chartreuse, quelques-uns,
prenant trop à cœur son parti, s'oublièrent au point
de quitter un jour le monastère sans la permission
du prieur, dans le but d'aller le défendre devant
les tribunaux chargés d'examiner cette affaire. Mais
sur ces entrefaites, on apprit que l'élection de Noël
avait été cassée par le Souverain Pontife. Une lettre
de saint Bernard au prieur de Portes, qui s'était plaint
près de lui de cette décision, nous fait connaître les
motifs qui avaient incliné le pape à se prononcer
dans ce sens : c'était l'entrée trop récente de l'élu
dans la vie religieuse et la crainte que le souvenir
de certains écarts de jeunesse, non encore suffisamment expiés, ne l'exposât à la critique malveillante
du public. Du reste, saint Bernard ne l'en tient pas
moins pour un bon religieux, et il déclare que si,
plus tard, l'occasion se présentait, il aiderait lui-
même des deux mains à le faire arriver aux honneurs de l'épiscopat. Un autre chartreux, du nom
d'Othmar, fut élu à la place de Noël et prit immédiatement possession du siége de Grenoble.

Cependant les moines déserteurs, confus mais
trop peu repentants de leur faute, vinrent solliciter

la faveur de rentrer dans leur monastère. La violation de la règle avait été flagrante ; aussi Anthelme
refusa nettement de les recevoir avant qu'ils eussent
fait une réparation suffisante. Au lieu de se soumettre, ils prirent immédiatement la route d'Italie et
allèrent trouver le pape Eugène III, pour obtenir
leur réintégration pure et simple. Ils plaidèrent
leur cause avec tant d'habileté et firent si bien, soit
directement et par eux-mêmes, soit par les influences qu'ils mirent en œuvre, que le Pape trompé leur
accorda ce qu'ils demandaient.

Ils se hatèrent de revenir et présentèrent au prieur
les lettres pontificales qui les autorisaient à rentrer
dans leur monastère, sans leur imposer aucune
satisfaction préalable. Anthelme vit aussitôt les graves conséquences d'un retour si contraire à toutes
les règles. La loi, en effet, était formelle : « Quiconque, est-il dit dans le livre des *Coutumes*, sera sorti
de lui-même ou aura mérité d'être expulsé du monastère, s'il désire y rentrer, promettra de se corriger de la faute ou du vice qui aura été cause de sa
sortie, et on le recevra au dernier rang pour éprouver son humilité (1).

Ne voulant donc pas, en se prêtant à la violation
de cet article des *Coutumes*, aider à la destruction de
toute discipline et préparer ainsi peut-être la ruine
plus ou moins prochaine de l'Ordre lui-même ; et,
d'un autre côté, ne pouvant se résoudre, par respect

____

(1) *Consuetudines*, c. 77.

pour l'autorité pontificale, à désobéir aux injonctions qui en émanaient, Anthelme convoqua le Chapitre et donna sa démission de prieur, en déclarant qu'il se retirerait du monastère plutôt que de consentir à cette infraction de la règle ou d'en être seulement le témoin. Cette détermination jeta l'assemblée dans une vraie consternation. Tous se montrèrent aussitôt décidés à le suivre s'il se retirait, ce qui le fit renoncer à cette résolution dont les conséquences pouvaient être si graves; mais il n'en maintint sa démission de prieur qu'avec plus de fermeté, et tous les efforts qu'on put faire, pour changer sa volonté sur ce point, furent en pure perte. Il n'y avait qu'un seul moyen de sortir heureusement de cette crise, c'était que le Pape révoquât les lettres que les coupables avaient obtenues de lui en le trompant. Or un seul homme pouvait amener Eugène III à revenir sur sa décision : c'était saint Bernard, son ancien supérieur, le conseiller toujours écouté des papes et des rois. D'ailleurs, la cause d'Anthelme était celle de la justice et de la discipline monastique ; cela eût suffi pour décider l'illustre abbé de Clairvaux à prendre sa défense, si déjà il n'y eût été disposé par la vieille affection qu'il portait aux Chartreux.

Il écrivit donc au Pape une lettre très-vive, dans laquelle il peint d'abord le trouble qui agite ses clients, par suite du retour des coupables ; il expose ensuite qu'ils sont sortis contre toutes les règles, et qu'ils ne les violeraient pas moins en rentrant sans avoir auparavant expié leur faute. Il signale enfin les graves

inconvénients qui résulteraient du maintien de la
décision, et, parmi ces inconvénients, il place la démission définitive du prieur dont il fait le plus grand
éloge. Cette lettre est la 270e de la collection, et elle
est de l'année 1150 (1).

On ne connaît pas la réponse du Pape à la lettre
de saint Bernard, mais on ne peut douter que l'intervention du saint abbé de Clairvaux n'ait été
efficace, soit parce que le Saint-Siége, comme
il le dit lui-même, n'a jamais hésité à revenir
sur une mesure, lorsqu'il découvre que sa bonne
foi a été surprise, soit parce que saint Anthelme
consentit à reprendre pour quelque temps encore
le fardeau du commandement, ce que certainement il n'aurait pas fait, s'il n'avait pas obtenu
justice.

Tout rentra immédiatement dans l'ordre; avec
la paix, l'union se rétablit, et dans l'intérieur du
monastère de la Grande-Chartreuse, et entre les
différentes maisons. Loin d'avoir perdu de sa vigueur par suite de la secousse qu'elle venait
d'éprouver, la discipline n'en devint que plus forte
et plus respectée, grâce à l'énergie qu'Anthelme
avait déployée pendant la crise où elle avait failli
périr. C'est la remarque de plusieurs auteurs, en
particulier du biographe de saint Hugues de Lincoln,
qui fut témoin de la ferveur des moines de la
Grande-Chartreuse, sous le successeur immédiat

(1) Voir la note D.

d'Anthelme, et qui leur rend ce témoignage : « Les religieux qui habitent ce monastère, tant les laïques que les clercs, brillent de l'éclat d'une sainteté admirable. » La sainteté, personne ne l'ignore, n'est pas l'œuvre d'un jour et si, loin d'être une exception glorieuse pour quelques-uns, dans une maison, elle est commune à tous, il faut bien admettre que depuis longtemps elle est l'unique et constant objet des efforts de chacun.

Anthelme commençait à jouir du spectacle consolant que lui donnait l'ardeur de ses religieux pour leur propre sanctification, lorsque la mort de son père vint ouvrir dans son cœur une nouvelle source de douleurs. Il est vrai que la mort du religieux n'est pas sans d'ineffables consolations pour les survivants, aussi bien que pour celui qui entend l'appel de son Dieu, et Anthelme, mieux que tout autre, était préparé à les goûter. Ce qu'il avait désiré si vivement pour son père, en le sollicitant d'embrasser la vie religieuse, n'était-ce pas de lui ménager quelques jours de pénitence sur la fin de sa vie, afin qu'il pût, en sortant de ce monde, se présenter devant le tribunal de Dieu après avoir expié ses fautes et payé toute sa dette? Si donc la nature gémissait en lui quand il reçut le dernier soupir de son père, son âme, éclairée des lumières de la foi, tressaillait en le voyant entrer dans la jouissance des biens éternels, dont il avait contribué si efficacement à lui assurer la possession.

(1) *Vita S. Hugonis, episcopi Lincolnensis*, cité par D. Lecoulteux.

C'est pendant cette même année où il perdit son père et qui fut la dernière de son priorat, qu'il fonda une nouvelle chartreuse en Savoie.

Depuis longtemps déjà, Aymon, seigneur de Faucigny, demandait instamment à Anthelme de lui donner des religieux pour les établir sur une propriété qui lui appartenait, et qui portait le nom de *Béol.* C'était une vallée profonde, entourée de tous côtés par de hautes montagnes. Aucun arbre fruitier ne pousse en ce lieu sauvage, ni rien de ce qui est nécessaire à la vie. Au milieu, sur une éminence entièrement isolée et dont le pied est contourné par un cours d'eau, se trouve une plateforme qui peut servir de base aux constructions qu'on voudrait y élever. De belles forêts de sapins couronnent les sommets qui la dominent, et de vastes pâturages s'y étendent au loin. D'ailleurs, il y règne un hiver presque perpétuel. En un mot, dit l'annaliste auquel nous empruntons cette description, la rigueur de son climat et sa solitude profonde en font un lieu très-propre à l'établissement d'une chartreuse (1).

Anthelme aurait volontiers accepté l'offre d'Aymon de Faucigny ; mais à l'époque des premières ouvertures qui lui furent faites, les sujets manquaient pour peupler immédiatement la nouvelle maison.

Dans l'intervalle, vers 1149, on vit arriver à la

____

(1) *Annales ms sacri Ordinis Cartusiensis,* an. **1151.**

Grande-Chartreuse Jean d'Espagne, le rédacteur de la règle des religieuses cartusiennes. Il fuyait, avec une partie du personnel de son monastère, les persécutions d'un seigneur de ses voisins qui cherchait à le troubler dans la possession des biens appartenant à son monastère. Au lieu de plaider, il avait préféré, conformément à l'esprit de l'Évangile, céder devant la violence et couper court à toute contestation en se retirant. Anthelme, qui appréciait les vertus du prieur fugitif, l'accueillit avec bonté et lui offrit un asile, ainsi qu'à ses compagnons, en attendant qu'ils pussent retourner dans leur monastère. Mais les difficultés, qui les avaient obligés de le quitter, ne paraissaient pas près de se résoudre, et il y avait déjà plus d'un an qu'elles duraient, lorsqu'Aymon de Faucigny fit de nouvelles instances au sujet de la fondation qu'il avait en vue. Or, dans le moment où Anthelme en était saisi, il examinait avec son Conseil ce qu'il pouvait être opportun de faire pour Jean d'Espagne et ses religieux. Il vit dans cette coïncidence une indication du ciel, et, sans hésiter plus longtemps, il accepta l'offre qui lui était faite. Il désigna, pour former la nouvelle communauté, Jean d'Espagne, avec le titre de prieur, et les religieux de son ancien monastère qui l'avaient suivi dans sa retraite.

On dressa un acte de fondation qui porte la date du 22 janvier 1151, et dans lequel Aymon, après avoir rappelé ses instances réitérées et longtemps infructueuses près d'Anthelme, pour l'amener à consentir à son projet, exprime sa joie de voir enfin son vœu réalisé. Il donne ensuite les noms des moines désignés pour habiter le nouveau monastère et les qualifie de religieux *éprouvés*. Il enjoint à ses descendants, non-seulement de respecter les volontés de leur ancêtre en maintenant la fondation, mais encore de s'abstenir de toute entreprise qui rendrait impossible aux religieux la pratique des coutumes de leur Ordre, ou qui les mettrait dans la nécessité de les enfreindre. Cette préoccupation, au sujet de la règle, indiquerait à elle seule qu'Anthelme intervint dans la rédaction de cette charte, si d'ailleurs son nom, qui figure le premier parmi ceux des témoins, n'était une raison suffisante de le conclure.

Jean d'Espagne et ses religieux quittèrent la Grande-Chartreuse pour aller prendre possession du nouveau monastère. En pénétrant dans ce lieu solitaire, perdu au milieu des montagnes et fermé à tous les bruits de ce monde, ils se crurent arrivés au terme de l'exil auquel ils s'étaient volontairement condamnés par amour de la paix, et ils lui donnèrent le gracieux nom de *Reposoir*.

Anthelme soupirait, lui aussi, après le repos. S'il avait repris ses fonctions de prieur, après que la tourmente dont nous avons raconté les incidents fut apaisée, ce n'avait été que par dévouement pour son Ordre et pour assurer à la discipline une victoire définitive. Mais il n'en gardait pas moins, au fond du cœur, la résolution de remettre les rênes de l'autorité en d'autres mains, aussitôt qu'il pourrait le faire sans rien compromettre.

Quand il vit l'ordre rétabli et les religieux reprendre avec zèle l'accomplissement exact de tous les devoirs de leur sainte vocation, il crut le moment favorable pour exécuter son projet, et il donna sa démission.

Toutefois, soucieux plus que jamais de la prospérité de l'institut, il aida efficacement au choix de son successeur. Basile de Bourgogne réunissait toutes les qualités qui font les bons supérieurs; aussi obtint-il d'abord le suffrage d'Anthelme; tous les autres vinrent s'y ajouter, en sorte que, du vœu unanime des religieux, il fut revêtu de l'autorité de prieur.

CHAPITRE XI

Anthelme est rappelé à Portes pour y exercer les fonctions de prieur.

Heureux de n'avoir plus à commander, mais seulement à obéir, Anthelme se hâta de s'enfermer dans sa cellule, pour jouir en paix des douceurs de la contemplation. Il y puisa de nouvelles grâces et acquit, dans les voies de Dieu, une expérience de plus en plus consommée, dont il était juste que d'autres, moins avancés, profitassent avec lui. Le vase de son cœur, qu'il remplissait dans ses entretiens secrets avec son Créateur, il l'apportait au milieu de ses frères réunis en conférence spirituelle, et là, avec [une charité infatigable, il laissait s'en échapper les flots d'une éloquence toute pleine de suavité, et qui semblait avoir sa source dans le ciel (1).

Cependant, il ne fut pas longtemps à s'apercevoir qu'on attendait de lui d'autres secours que ceux que l'on retirait déjà de ces doux et utiles entretiens. Son successeur, Basile, l'estimait trop pour ne pas profiter de sa présence et de ses lumières. Le nouveau prieur avait donc, comme tout son monastère, l'œil toujours fixé sur ce parfait modèle, et ne voulait rien entreprendre sans lui demander conseil. Malgré

(1) *Vita S. Anthelmi*, apud Bolland. — Surius.

ses répugnances à rentrer dans la vie active, l'amour qu'Anthelme avait pour son institut lui faisait un devoir de répondre à l'attente générale et de se prêter à ce qu'on réclamait de lui. Aussi rendait-il tous les services qui étaient en son pouvoir. Les fautes qu'il remarquait, soit contre la loi de Dieu, soit contre la règle, enflammaient son zèle comme autrefois, et il ne pouvait se défendre de reprendre les délinquants. En un mot, il fut toujours, tant qu'il vécut, le gardien vigilant, le protecteur et le défenseur de son Ordre. Suivant son biographe contemporain, à qui nous empruntons ces détails, on eût dit qu'il le portait tout entier dans ses entrailles, et que tous les religieux étaient ses enfants ; car sa sollicitude embrassait et les constitutions, qu'il protégeait contre toutes les entreprises capables d'en affaiblir le nerf ou d'en altérer l'esprit, et les personnes dont le salut le tenait constamment en éveil. C'est pourquoi le même auteur et, après lui, Surius n'hésitent pas à affirmer que, si Anthelme n'avait pas été chartreux, l'Ordre ne se serait pas maintenu dans sa régularité primitive, et que, peu à peu, il en serait sorti pour entrer dans la voie du relâchement.

Certes, il est difficile de faire d'un religieux, fûtil un saint, un éloge plus complet. L'un de ces vénérables auteurs a vu de ses yeux les effets merveilleux de la vertu d'Anthelme ; l'autre est venu cinq siècles après ; et même à une si grande distance, telle était la vérité de cette assertion, qu'il a

pu la reproduire sans crainte, parce que les faits qui
s'étaient passés dans cette période cinq fois séculaire, la vénération que l'Ordre conservait pour la
mémoire de celui qu'il regardait comme son second
fondateur, les bienfaits immenses de l'institution du
Chapitre général, tout prouvait que l'éloge était mérité. A notre tour, nous sommes heureux de l'en-
registrer, d'abord parce que saint Anthelme nous
appartient, et que sa gloire nous est chère ; ensuite
parce que son souvenir, après huit siècles écoulés,
est toujours vivant, toujours efficace, et que son
œuvre persévère. Aussi ne craignons-nous pas, nous
non plus, qu'on en appelle de nos jours, ni dans
l'avenir, du jugement de ses deux vieux historiens.

Et encore nous n'avons pas tout dit, car ils ajou-
tent que sa sollicitude atteignait jusqu'aux Ordres
qui lui étaient étrangers, et qu'il usait de la grande
autorité qu'on s'accordait universellement à lui reconnaître, pour les empêcher de déchoir, ou pour
y établir une plus exacte observance des règles qui
leur étaient propres. Plusieurs d'entre eux, qui
s'étaient relâchés, lui furent redevables du renou-
vellement de la discipline ou du retour à la ferveur.

C'est ainsi qu'Anthelme utilisait la liberté qu'il
avait reconquise. L'Ordre n'y perdait rien ; dans
des conditions différentes, le saint religieux continua le bien qu'il faisait auparavant avec l'autorité de prieur.

Le fondateur et premier prieur de Portes, Bernard
de Varey, vivait encore. Les miracles qu'il fit pen-

dant sa vie et après sa mort, aussi bien que les autres œuvres qu'il accomplit, prouvent assez son grand mérite devant Dieu, et expliquent la vénération dont ses contemporains et la postérité l'ont entouré. Il enrichit de grandes propriétés le monastère qu'il avait construit et le laissa largement doté. Portes était en même temps une des maisons les plus régulières de l'Ordre, grâce au bons exemples et à la vigilance du saint prieur. La main de celui-ci était toujours ouverte pour donner aux pauvres, et plusieurs institutions religieuses, qui manquaient du nécessaire, furent soutenues par sa charité.

Or, étant fort avancé en âge, il désirait vivement être déchargé du fardeau de l'administration pour s'appliquer plus librement au service de Dieu. Du reste, il regardait comme nuisible de toujours commander ; obéir lui paraissait de beaucoup préférable. Il se démit donc de la charge de prieur. Bernard de Portes qui, après avoir été évêque de Belley, de 1135 à 1138, et probablement aussi de Saint-Jean de Maurienne, de 1138 à 1146, était rentré dans son monastère, fut choisi pour le remplacer (1). Il exerça les fonctions de prieur jusqu'en 1152 qui fut l'année de sa mort (2). Bernard de Varey lui

(1) Lecoulteux dit : *Domus Portarum prioratus onus a S. Anthelmo sibi impositum ferre non recusavit* (an. 1147), ce qui semble indiquer une intervention directe d'Anthelme pour décider Bernard à accepter la charge de prieur.

(2) Bibl. pp. XXIV, 1463, *ex Manuali Solitariorum, cura et studio* P. F. Chifletii *edito*, inséré dans le t. CLII de la Patrologie de Migne.

survécut. Se souvenant du mérite d'Anthelme, qu'il avait autrefois reçu comme novice, et dont il avait pu apprécier par lui-même les qualités, il le demanda au général de l'Ordre pour prieur de la maison de Portes, persuadé que ce monastère ne verrait jamais décroître la ferveur dans laquelle il avait persévéré jusque-là, si les rênes de l'autorité étaient remises en des mains aussi fermes et aussi expérimentées.

Le sacrifice qu'on demandait à Anthelme était d'autant plus pénible pour lui, qu'en quittant de nouveau la paix de sa cellule où il aurait voulu qu'on l'oubliât, il allait quitter aussi la tombe de son père et cesser de vivre sous le même toit que ses frères.

On ignore dans le monde ce qu'une vocation commune entre les membres d'une même famille ajoute aux affections de la nature, et combien celles-ci, en se transformant sous l'action de la grâce, acquièrent de profondeur et de vivacité. L'union n'est plus seulement dans la communauté du sang et des intérêts, mais encore dans les pensées, les aspirations du cœur, le but à atteindre par des moyens identiques.

Anthelme sentait la douceur de cette union parfaite. Comment alors se résigner à la séparation? De leur côté, ses frères, habitués à sa direction, et sans nul doute les plus empressés à recueillir ses enseignements dans les conférences spirituelles dont nous avons parlé, durent recevoir comme un coup de foudre la nouvelle de son départ. Le sacrifice se fit néanmoins, et l'historien, qui en a été peut-être le témoin, a gardé le silence sur cette douleur, parce qu'elle-même resta muette et résignée devant la volonté de Dieu.

Anthelme quitta donc la Grande-Chartreuse, en 1152, pour revenir au lieu où la grâce l'avait subjugué et tiré du milieu du monde pour le donner à Dieu. Il venait ainsi commander là où il avait appris à obéir (1).

Par ce que nous avons dit de son gouvernement à la Grande-Chartreuse, le lecteur peut sans doute pressentir celui qu'il exerça à Portes. Il n'avait pas, en effet, deux manières d'agir, parce qu'il n'avait pas non plus deux principes d'action. Cependant, il eut tout d'abord à faire tomber un préjugé qui s'était formé à son sujet dans l'esprit de ses nouveaux subordonnés. Sa vigilance à maintenir la discipline lui avait créé une réputation de sévérité qui l'avait précédé à Portes. Il fut donc reçu par les religieux de ce monastère avec quelque appréhension. Mais l'expérience que l'on fit de sa bonté dissipa bientôt toutes les craintes, et finit par lui concilier l'affection générale. On le trouva beaucoup plus compatissant, et surtout beaucoup plus saint qu'on ne s'y attendait. Les religieux goûtèrent en particulier la douceur de sa parole, l'aménité de ses conversations; car loin d'affecter une austérité intempestive, il ad-

(1) Voir la note E.

mettait volontiers, dans ses rapports avec eux, une certaine familiarité de bon ton qui n'excluait pas même de joyeux propos. Il était pour tous plutôt un frère qu'un supérieur, et ne cherchait à l'emporter sur les autres que par une plus grande humilité. Ainsi, on raconte que, pendant qu'il était prieur à Portes, il y avait, dans cette maison, un religieux aussi éminent en sainteté qu'en science ; c'était Jean de Chalmet. Chaque fois qu'Anthelme se trouvait en sa présence, on lui voyait renouveler l'acte de déférence qu'il avait accompli à la Grande-Chartreuse dans des cas semblables : il se tenait debout devant son inférieur, en témoignage de l'estime et de la vénération qu'il professait pour un si parfait religieux, et il ne craignait pas d'agir ainsi, même quand il se rencontrait là des personnages de haut rang, tels que des évêques ou des abbés.

Les nombreux écrits sortis de la plume de Jean de Chalmet, et ceux de son frère Étienne, qui était venu le rejoindre, sont une preuve que, sous l'administration d'Anthelme, le point des *Coutumes*, relatif à l'étude et à la transcription des manuscrits anciens, était fidèlement observé. Plusieurs des ouvrages de Jean de Chalmet ont été retrouvés par le P. Chifflet à la bibliothèque du monastère de Saint-Claude, où ils gisaient dans l'oubli depuis longtemps (1).

Les cœurs troublés et affligés étaient également

(1) *Essais hist... Portes*, par l'abbé Nyd, p. 40.

assurés de trouver près d'Anthelme la compassion et les secours qui relèvent les courages abattus. Une occasion mit bientôt en évidence cette ardente charité du prieur. L'année avait été mauvaise et la disette de blé, en particulier, était grande. Cependant, comme on approchait de la moisson, on commençait déjà à prélever, sur la récolte nouvelle, ce qui était nécessaire pour combler les vides de la précédente, lorsqu'une suite d'orages funestes ruinèrent tout à coup les espérances du laboureur, à l'exception des champs des religieux qui furent épargnés. Les malheureux habitants du voisinage n'eurent, ainsi, ni pain à manger, ni blé pour ensemencer leurs terres.

Le monastère de Portes, outre ses récoltes de l'année, regorgeait de froment et de toutes sortes de provisions, grâce à la sage prévoyance de ses prieurs. Il avait de plus une réserve d'argent considérable. Que faire de toutes ces richesses, sinon les prêter au ciel avec usure en les versant dans le sein des pauvres ? C'est ce qu'Anthelme ne manqua pas de faire, donnant avec discernement à tous ceux qui étaient dans le besoin, aux uns plus, aux autres moins, suivant les nécessités de chacun, ne comptant, d'ailleurs, pour la récompense, que sur Dieu en vue de qui seul il donnait. Il y mit une si grande générosité que la provision du monastère fut vite épuisée. Le procureur ne voyait pas sans inquiétude se vider ainsi les greniers ; il crut devoir avertir le prieur que, tout ayant été donné, il fallait renvoyer

désormais ceux qui viendraient solliciter des secours. Anthelme, plein d'espérance en la bonté de
Celui qui multiplie le grain confié à la terre, ne
peut se résoudre à cette dure nécessité, et devant
ces affamés qui demandent du pain, son cœur ému
lui dit que Dieu ne saurait être sourd à leur cri de
détresse. Il ordonne donc d'aller chercher du blé,
comme auparavant, au lieu où on le tenait en réserve.
On lui réitère la triste observation qu'il ne s'en
trouve plus nulle part. Anthelme insiste en disant :
« Allez ! » Sur cet ordre formel on monte au grenier
et, chose merveilleuse, il était plein comme le jour
où les distributions avaient commencé. Si on a connaissance de ce prodige, on le doit, non à l'historien contemporain qui ne le mentionne pas, mais à
la mémoire reconnaissante du peuple secouru qui
en a gardé fidèlement le souvenir.

Grâce à la bonté de Dieu, qui avait si visiblement
justifié la confiance de son serviteur, Anthelme put,
non-seulement pourvoir aux besoins du moment,
mais encore assurer l'avenir, en distribuant ce blé
miraculeux pour ensemencer les terres.

La disette se faisait également sentir dans les
autres maisons religieuses du pays, où l'on n'avait pas
été aussi prévoyant que les prédécesseurs d'Anthelme à Portes. Instruit de la détresse qui y régnait,
le compatissant prieur n'hésita pas à leur envoyer
tout l'argent dont il pouvait disposer. Il fit plus :
ce qu'il jugea inutile, soit parmi les ornements
de l'église, soit dans le mobilier du monastère, il le

distribua aux maisons religieuses auxquelles cette aumône pouvait apporter quelque soulagement.

Mais s'il ne voulait pas qu'on thésaurisât au détriment des pauvres, il savait aussi créer des sources nouvelles de richesse, se ménageant de la sorte la joie de pouvoir toujours donner, en même temps qu'il pourvoyait à la prospérité de sa maison. La Chartreuse de Portes était alors trés-riche en forêts, mais fort peu en terres cultivables. Les arbres couvraient toutes les pentes de la montagne sur une immense étendue, et arrivaient jusqu'aux portes du monastère. Anthelme en fit abattre une grande partie et convertit, soit en prairies, soit en champs, le terrain qu'ils occupaient. Il fit semer, parmi les arbres qui avaient crû spontanément et qu'il conservait, des essences nouvelles que le pays ne fournissait pas, et, en outre, il créa un grand verger. Nous pensons ne pas nous tromper en supposant que le sapin était à peu près l'unique espèce d'arbres qui couvrait alors tout le désert, et que le hêtre est l'une des espèces étrangères qu'Anthelme y introduisit. Ce qui nous incline à le croire, c'est que la tradition locale, voulant consacrer le souvenir de ces travaux intelligents d'Anthelme, a donné son nom à un hêtre très-ancien, le plus beau de la forêt, qui se trouve entre le monastère et la *Correrie*.

Cependant Anthelme, tout en remplissant avec zèle ses fonctions de prieur, ne cessait de soupirer après le moment où il lui serait permis de *deman-*

der miséricorde et de rentrer dans le rang des simples religieux. A peine la seconde année de son administration à Portes fut-elle écoulée, qu'il sollicita et obtint la faveur qui faisait l'objet de tous ses désirs. Aussitôt il se hâta de gagner sa cellule de la Grande-Chartreuse, la regardant comme un port assuré contre toutes les agitations de la terre et contre la dissipation qu'elles entraînent après elles.

Le court séjour qu'Anthelme fit à Portes, comme prieur, n'y a pas moins laissé, malgré sa brièveté, un souvenir impérissable. On se rappelle que saint Bernard de Varey se fixa d'abord au lieu désigné, encore aujourd'hui, sous le nom de *Correrie*, et que ce fut en 1118 qu'il l'abandonna pour construire le monastère un peu plus haut. Cette première station servit depuis d'hôtellerie pour les étrangers, et c'est là que les frères laïques, chargés des intérêts temporels du monastère, continuèrent à séjourner avec le procureur. Ils y avaient une église et des cellules occupées primitivement par les religieux. De toutes ces constructions, il ne reste plus que les murs extérieurs de l'église transformée en maison d'habitation et, à côté, une petite chapelle qui est dédiée à saint Anthelme et qui aurait été sa cellule.

Comme on le voit, parmi tous les personnages illustres en sainteté qui ont vécu ou passé là, saint Anthelme est le seul dont le nom ait traversé les siècles et que le peuple connaisse encore. Il semble que sa grande mémoire plane toujours sur les ruines de la *Correrie* de Portes, pour les préserver de l'oubli ou de l'indifférence. On raconte que jusqu'à la Révolution, les religieux descendaient quatre fois par an pour célébrer solennellement, le divin Sacrifice, dans la vieille église, en l'honneur de saint Anthelme.

Mais puisque le monastère avait déjà été transféré quand saint Anthelme revint à Portes pour y exercer les fonctions de prieur, et même quand il y entra comme novice, comment accorder avec ce fait incontestable la tradition populaire qui lui attribue une cellule à la *Correrie*?

Il nous semble qu'on peut facilement justifier cette tradition et faire disparaître la contradiction, qui n'est qu'apparente, si l'on se souvient que, d'après la règle, le prieur, sur cinq semaines, devait en passer une à la maison d'en bas avec les frères convers. Saint Anthelme, étant prieur, devait donc avoir à la *Correrie* une cellule qui lui servait d'habitation pendant les huit jours qu'il y passait chacun des mois de l'année. Ce n'est là, il est vrai, qu'une conjecture ; mais comme elle est fondée sur la règle et sur la fidélité de saint Anthelme à l'observer, elle ne paraîtra pas téméraire.

Du reste, saint Anthelme avait donné à Portes, par le court séjour qu'il y fit, une illustration nouvelle qui explique la reconnaissance de la postérité. C'est, en effet, à partir du temps qu'il y fut prieur, que ce monastère acquit dans l'Ordre, et même dans l'Europe chrétienne tout entière, une notoriété exceptionnelle et vraiment extraordinaire.

Ainsi, il avait le premier rang immédiatement après les deux maisons fondées par saint Bruno. Si son ancienneté lui assurait cette place d'honneur, il la devait plus encore à l'empressement que saint Anthelme avait mis à lui faire accepter, avec la plus entière soumission, les règlements adoptés par les Chapitres généraux. Les Papes lui prodiguèrent les faveurs spirituelles, et les dons les plus généreux lui vinrent des premières familles de l'époque.

CHAPITRE XII

La Papauté et l'Ordre des Chartreux.

Cependant, la réputation de sainteté qu'Anthelme s'était acquise dès son entrée en religion et qui, depuis, n'avait fait que croître, était trop répandue pour que son retour à la Grande-Chartreuse restât longtemps ignoré. Aussi, n'obtint-il pas l'oubli qu'il croyait y trouver. Bientôt, en effet, il vit revenir des foules de visiteurs laïques et ecclésiastiques qui voulaient contempler la merveille du désert, ou qui cherchaient la paix de leurs âmes dans les pieux entretiens du saint religieux.

Mais son action ne devait pas se borner à opérer, chez ces étrangers de tout rang et de toute condition, des conversions plus ou moins nombreuses, ou bien à entretenir, parmi ses frères, l'émulation et la pratique fervente de toutes les vertus du cloître. D'ailleurs, bien que perdus, en apparence, au milieu des rochers de la Chartreuse et séparés du reste du monde, les fils de saint Bruno étaient loin de se désintéresser des luttes que soutenaient alors les Souverains Pontifes, et dont le bruit arrivait jusqu'à leur solitude. Le dévouement au Saint-Siége était une tradition qu'ils tenaient de leur fondateur et qui devait rester la gloire de leur Ordre. Quand ils jugèrent que leur concours pouvait aider au triomphe de l'Église, ils n'hésitèrent jamais à le lui donner. Or, c'est en saint Anthelme que cette action de l'Ordre se personnifie, à l'un des moments les plus critiques de l'histoire de l'Église. Le théâtre sur lequel il apparaîtra un moment, étant celui où s'agitaient alors les destinées de l'Europe chrétienne, qu'on nous permette d'étudier les intérêts qui étaient en jeu; nous apprécierons mieux, par là, l'importance du service que notre saint va rendre à la cause sacrée de la justice et de la liberté des consciences, aussi bien que de l'honneur de l'Église et de la Papauté.

Nous n'avons vu qu'un côté du tableau qu'offre le moyen âge au XII⁰ siécle, lorsque nous avons constaté, après M. de Montalembert, la tendance généreuse de la féodalité vers les monastères, soit pour les fonder ou les doter, soit pour les peupler de ses plus illustres représentants. Il en est un autre moins consolant qu'il nous faut également faire connaître.

Sous le régime féodal, les évêques et les abbés, particulièrement en Allemagne, possédaient, à titre de fiefs, non seulement des terres et des forêts, mais encore des châteaux et des villes qui relevaient de l'empire. D'après la législation en vigueur, les vassaux de la couronne ne pouvaient prendre possession d'un fief, sans venir auparavant prêter le serment de foi et hommage entre les mains de l'empereur. Cette mesure obligeait les seigneurs ecclésiastiques aussi bien que les autres grands vassaux. L'abus était tout près. Par une usurpation

de pouvoir, les princes, confondant avec la juridiction domaniale la puissance spirituelle, prétendi-
rent conférer l'une et l'autre par l'investiture. Ils
ordonnèrent qu'à la mort d'un évêque ou d'un abbé,
on remît entre leurs mains le bâton pastoral et
l'anneau, insignes du pouvoir spirituel, et s'arrogè-
rent le droit de les donner à qui bon leur semblaît.
C'est ce qu'on appela *l'investiture par la crosse et
l'anneau.*

On enlevait ainsi, au mépris de toutes les règles
canoniques, l'élection des évêques au clergé du
diocèse et au métropolitain, et celle des abbés aux
religieux de leurs communautés. L'empereur, ou le
roi qui remettait les insignes du pouvoir, fut censé
conférer le pouvoir lui-même, et la barrière qui
sépare les deux juridictions spirituelle et temporelle
fut ainsi rompue (1).

La tyrannie laïque osa davantage. Favorisée par
les circonstances, elle porta une main sacrilége
jusque sur la première dignité du monde pour en
disposer à son gré. Et, en effet, dès le règne
d'Othon-le-Grand, les empereurs d'Allemagne
s'attribuèrent la principale part dans l'élection des
Papes, excepté quand les comtes de Tusculum,
voisins puissants et dangereux de Rome, substituè-
rent à la domination étrangère leur influence non
moins violente et funeste.

Le mal était arrivé à son apogée sur la fin du

____

(1) *Histoire générale de l'Église,* par **M.** l'abbé **Darras,** t. **III,** p. 76.

XIe siècle, et, comme une gangrène, il avait envahi et infecté de son venin tout le corps de l'Église. De là, comme de sa source, étaient sortis trois fléaux redoutables, sous lesquels toute autre institution aurait infailliblement succombé : la simonie, l'incontinence des clercs, et l'anéantissement de la liberté et de la pureté des élections, à tous les degrés. On comprend, en effet, que les princes, avides d'argent, aient voulu profiter de ce prétendu droit d'investiture pour remplir leurs coffres vides, en donnant au plus offrant les évêchés et les abbayes. C'est ce qu'ils firent. Il s'en suivit que des sujets indignes et sans vocation envahirent, par pure ambition, les plus hauts rangs des dignités ecclésiastiques. A leur tour et pour se dédommager, ils vendirent jusqu'au moindre bénéfice rural. Évêques au même titre que les seigneurs étaient comtes ou barons, ils en prirent les mœurs et, à l'exception de quelques-uns d'entre eux et des moines, le clergé tout entier, dit M. de Montalembert, vivait dans un concubinage permanent, systématique (1).

Quant à la pureté des élections, on voit, par ce que nous venons de dire, ce qu'elle devait être, ou plutôt qu'elle n'existait plus et que toutes les lois canoniques qui s'y rapportaient, étaient partout violées.

Nous n'hésitons pas, non-seulement à signaler le mal, mais encore à en sonder toute la profondeur,

____

(1) *Les Moines d'Occident*, t. **VI**, pag. 341.

d'abord pour rendre plus visible l'action de la Providence, qui veille sur l'Église et la sauve de dangers aussi redoutables; ensuite, parce que ces dangers lui viennent, non d'elle-même et du jeu régulier de la vie qu'elle tient de son divin Fondateur, mais de l'intrusion d'un agent étranger, la puissance civile, qui fausse sa mission vis à vis de l'épouse du Christ, quand, au lieu de protéger sa liberté, elle prétend en régler l'exercice. Mais ce qui surtout met à l'aise le catholique, c'est que, s'il constate que le mal vient du dehors, il constate également que c'est de sa propre énergie que l'Église tire le remède nécessaire à sa guérison, et qu'elle n'a pas besoin d'autre médecin que d'elle-même.

Le remède, elle le trouva pendant la période la plus aiguë de la maladie, et celui qui devait l'appliquer, la Providence le suscita dans la personne de saint Grégoire VII, le plus grand des Papes, au jugement de M. de Montalembert, et le plus indomptable adversaire des ennemis de l'Église.

Le premier but à atteindre était la liberté du Souverain Pontife, la délivrance du chef suprême de la hiérarchie sacrée. Saint Grégoire prépara cette victoire sous les Pontifes qui le précédèrent, et quand il monta lui-même sur la chaire de saint Pierre, elle était déjà assurée, et par les règlements qu'il avait fait adopter au sujet des élections des Papes, et par les soins vigilants qu'il avait déployés chaque fois qu'une vacance s'était produite, pour en amener l'observation. Le principe était donc posé, souvent appliqué, et s'il pénétrait lentement dans les esprits, c'était par des progrès irrésistibles.

Mais il fallait des soldats à ce chef intrépide. Ils se trouvèrent en grand nombre et vraiment dignes de lui : ce furent les moines. Eux seuls, comme corps et malgré quelques défections, avaient échappé à la contagion universelle. L'Ordre monastique s'appuyait d'ailleurs, ainsi que le fait remarquer avec beaucoup de justesse M. de Montalembert, sur trois principes diamétralement opposés à ceux qui dominaient dans le monde. Ils se résumaient dans les trois vœux de pauvreté, de chasteté et d'obéissance. La simonie trouvait sa condamnation dans le premier, l'incontinence dans le second, et le troisième, en soumettant la volonté du moine à l'autorité de son chef spirituel, le soustrayait, par là même, à la tyrannie civile qui pesait alors sur la hiérarchie sacrée. Il est vrai que ce chef pouvait lui être imposé par le prince, et sa nomination être entachée de simonie. Mais d'abord, le vice du chef ne changeait rien à la condition du subordonné, relativement à son vœu de pauvreté, et, en cas de conflit entre les deux pouvoirs, ecclésiastique et civil, son vœu d'obéissance le portait naturellement, et comme par habitude, à préférer l'autorité spirituelle de l'Église. De plus, le mal n'avait pas pénétré si avant dans les monastères que dans le clergé séculier. Ainsi en France, dès l'avènement des Capétiens, les rois renoncèrent, pendant deux ou trois siècles, à la nomination des abbés.

C'était donc là, dans ces asiles de la pauvreté, de la chasteté et de l'obéissance, que s'étaient réfugiés l'honneur et la liberté de l'Église. Les Papes le comprirent. Aussi pour soustraire les monastères, autant que possible, à une influence qui pouvait, vu les circonstances, altérer leur caractère, ils leur accordèrent volontiers, à partir de cette époque, l'exemption de toute autre juridiction que la leur. Ils devaient, au moment voulu, trouver dans les rangs des moines, l'armée dont ils avaient besoin pour défendre le sanctuaire et reconquérir la liberté de l'épiscopat lui-même.

Ce fut la gloire de l'Ordre de saint Benoît, dont les monastères couvraient l'Europe entière, de fournir partout des champions, aussi nombreux que dévoués et intrépides, à cette armée de Dieu. Il y a plus, c'est du sein de cet ordre illustre que sortit le héros de la lutte, saint Grégoire VII.

Nous outrepasserions les limites de notre plan, même à n'indiquer que sommairement les phases diverses d'une lutte aussi compliquée et qui fut plus que séculaire. Qu'il nous suffise de nous arrêter un instant sur les faits auxquels l'Ordre plus récent de saint Bruno prit une part active. Nous justifierons ainsi ce que nous avons dit, au commencement de ce chapitre, d'une manière générale, du concours donné par les Chartreux à l'Église dans les combats qu'elle eut à soutenir pour sa liberté.

Urbain II, le promoteur de la première croisade et l'un des pontifes les plus fidèles à marcher

sur les traces de saint Grégoire VII, avait été dans
sa jeunesse le disciple de saint Bruno, lorsque
celui-ci était à Reims et y dirigeait l'école épiscopale. Devenu pape, il se souvint de son premier
maître et voulut l'attacher à sa personne, afin de
pouvoir le consulter à son aise au milieu des graves
difficultés où se trouvait l'Église. Il l'appela donc
à Rome, et tout le temps qu'il parvint à le garder
près de lui, il s'inspira de ses conseils dans le travail de réformation entrepris par ses prédécesseurs
et qu'il poursuivait à son tour avec tant de zèle (1).

Ce fait était décisif pour la direction que pren-
drait le nouvel Ordre et l'esprit qui le guiderait
au milieu des conflits de cette époque agitée. Il
avait trouvé dans son berceau le dévouement aux
souverains pontifes; il devait en garder la tradition avec une fidélité inviolable.

Les occasions de le prouver ne manquèrent pas
dès les premières annés de son existence. Un des
grands moyens employés par les empereurs allemands, dans leurs luttes contre le Saint-Siége
au sujet des investitures, avait été d'opposer aux
Papes légitimes qui leur déplaisaient, des usurpa-
teurs désignés par eux au choix de quelques dissi-
dents, ou simplement intronisés de leur chef. Ce
fut en particulier la tactique de Henri IV contre
saint Grégoire VII, et de son fils Henri V contre les
papes Gélase II et Calixte II.

____

(1) *Annales cart. ms., an.* 1100.

Quand saint Bruno fut appelé à Rome par Urbain II, l'antipape Guibert, que Henri IV avait opposé à saint Grégoire VII, vivait encore. Or, le successeur de saint Bruno à la Grande-Chartreuse, le prieur Lauduin, étant allé en Italie dans le but de visiter le fondateur de son Ordre, qui se trouvait alors en Calabre, tomba entre les mains d'une troupe de sicaires appartenant au parti de l'antipape. Ceux-ci le conduisirent dans une forteresse située au pied du Soracte et, désireux de le gagner au schisme, ils employèrent tous les moyens pour l'y amener: mais, ni les promesses, ni les menaces, ni les mauvais traitements ne parvinrent à l'ébranler. Lauduin souffrait ainsi pour la bonne cause au fond d'un obscur cachot, quand Guibert fut frappé de mort subite sans avoir pu donner aucun signe de repentir. Le prisonnier en fut instruit et versa des larmes sur la fin misérable du persécuteur de l'Église; puis, sept jours après, lui-même mourut dans les fers, victime de sa fidélité à l'autorité du Pape légitime. On ne pouvait entrer plus glorieusement dans la voie de dévouement au Saint-Siége ouverte par le patriarche des Chartreux.

Cependant la funeste querelle des investitures sembla prendre fin, en 1122, à la diète de Worms, et il y eut, dans toute l'Europe chrétienne, comme une explosion de joie à la nouvelle de la paix que le pape et l'empereur y avaient solennellement jurée. Mais il fallut du temps pour en assurer les fruits, et principalement pour rétablir partout la

régularité dans les élections aux dignités ecclésiastiques.

Sous le pape Innocent II, en 1130, un nouveau
schisme éclata et vint mettre en péril les résultats
déjà obtenus. L'antipape Pierre de Léon, choisi par
quelques factieux, rallia à sa cause tout ce qu'il y
avait de corrompu et qui redoutait les conséquences
du rétablissement des lois canoniques. Le premier
évêque des Gaules qui condamna l'antipape et reconnut Innocent II, fut saint Hugues, évêque de
Grenoble, l'ami de saint Bruno et de ses disciples.
Après l'élection du pape Innocent II, et avant même
que ses nonces fussent arrivés en France pour y
faire condamner le schisme de l'antipape, saint
Hugues, qui était au courant de tout ce qui s'était
passé, se rendit au Puy en Velay (1), avec d'autres
évêques, nonobstant ses infirmités et son grand âge,
car il avait environ 78 ans; et, sans tenir compte
des rapports d'amitié qu'il avait eus autrefois avec
Pierre de Léon, il l'excommunia comme schismatique (2). Cet acte de vigueur fut d'un grand poids
pour la bonne cause; il décida, en particulier, de
la conduite des religieux de la Grande-Chartreuse,
et, par suite, de celle de tout l'Ordre, car tous
se déclarèrent des premiers pour Innocent II.
Nous en trouvons un témoignage dans une lettre
que saint Bernard écrivit aux évêques d'Aquitaine, pour les encourager à soutenir le bon droit,

(1) *Annales cart.*, p. 272.
(2) *Annales cart.*, p. 272.

malgré le duc Guillaume et les persécutions qu'il pourrait susciter. Après leur avoir dit que les évêques des grands siéges d'Allemagne et tous ceux de France avaient pris le parti d'Innocent, il ajoute ces paroles : « Mais je ne dois pas passer sous silence tant de saints religieux qui, morts au monde, mènent une vie cachée en Jésus-Christ ; n'ayant plus d'autre souci que celui de plaire à Dieu, ils étudient sa volonté et ils croient la connaître. Les religieux Camaldules, ceux de Vallombreuse, *les Chartreux,* ceux de Cluny et de Marmoutier, nos frères de Citeaux, etc., en un mot, tout le clergé et tous les Ordres religieux recommandables par leur sainteté suivent leurs évêques, comme les brebis suivent leur pasteur ; de concert avec eux, ils défendent Innocent avec zèle, ils lui obéissent et le reconnaissent pour le légitime successeur des apôtres (1).

Pour bien juger du rang honorable que les Chartreux occupent dans cette énumération des Ordres religieux dévoués à la bonne cause, il faut se rappeler qu'en 1132 le nombre de leurs monastères était encore fort restreint et se réduisait à douze. Si leur sentiment, dans une question de cette importance, attirait l'attention de saint Bernard et pouvait être présenté, avec celui des grands Ordres de l'époque, comme décisif pour entraîner les fidèles et les évêques de toute une

_____

(1) **S. Bernard.,** *Epist.,* **126.**

contrée, il faut évidemment l'attribuer, non à leur nombre, mais à l'admiration universelle provoquée par l'austérité de leur vie, et à leur réputation de sainteté. Nous pouvons citer un autre témoignage du même saint Bernard en leur faveur.

Dans une conférence qui eut lieu à Salerne, en présence du roi Roger, avec le célèbre cardinal Pierre de Pise, qui soutenait encore le parti de l'antipape, le saint abbé de Clairvaux répondit au discours de son adversaire en faveur d'Anaclet, par un argument d'une force invincible et d'une simplicité saisissante. « Il n'y a, dit-il, qu'une foi, qu'un baptême. Il n'y a eu non plus qu'une seule arche au temps du déluge. Huit personnes s'y sauvèrent : tous ceux qui étaient dehors périrent. Que cette arche soit la figure de l'Église, personne n'en doute. Or, tout récemment, on en a fait une nouvelle ; puisqu'il y en a maintenant deux, nécessairement l'une d'elles est fausse et destinée à être engloutie. Si donc l'arche que gouverne Pierre de Léon est de Dieu, celle que gouverne Innocent doit nécessairement périr. Ainsi donc, conclut le grand Docteur, périra l'Église orientale, périra tout l'Occident !... Les Ordres religieux des Camaldules, des *Chartreux*, de Cluny, de Cîteaux, de Grand-Mont, de Prémontré et une infinité d'autres compagnies de serviteurs et de servantes de Dieu seront nécessairement, par le même naufrage, précipités dans l'abîme !... » L'absurdité de la conséquence sautait aux yeux et Pierre de Pise se rendit.

Telle était donc l'estime que saint Bernard accordait au nouvel Ordre qu'il le place, cette fois encore, au premier rang parmi ceux qui ont adhéré au Pape légitime et dont la conduite doit être offerte en exemple. Aussi, Innocent II, dans la Bulle qu'il adresse à Guigues, vers la fin de l'année 1133, et par laquelle il approuve le livre des *Coutumes* des Chartreux, leur rend ce témoignage : « Nous nous souvenons de votre amour et de celui de votre Ordre pour le siége apostolique, ainsi que des services et de l'honneur que vous nous avez efficacement rendus jusqu'ici ; à l'exemple de nos prédécesseurs d'heureuse mémoire, Urbain, Pascal, Calixte et Honorius qui ont loué et approuvé vos saintes coutumes et constitutions etc. (1). »

Jusqu'à présent, c'est l'Ordre tout entier, sans distinction d'aucun de ses membres et concuremment avec les plus célèbres de ce siècle, que nous voyons dans les rangs des défenseurs des vrais Papes. Mais le moment approche où le péril devenant plus pressant, ils prendront une part prépondérante dans la lutte, grâce à l'énergie qu'y déploiera notre saint. C'est ce que nous verrons dans le chapitre suivant.

----

(1) *Annales ms. sacri Ordinis Cartusiensis*, an. 1133.

CHAPITRE XIII

Le Schisme d'Octavien.

Frédéric Barberousse avait succédé à son oncle Conrad, en 1153. Trois ans plus tard, il fut couronné, de la main du pape Adrien IV, empereur des Romains, dans l'église de Saint-Pierre, au milieu de troubles et de scènes de violence qui présageaient ce que serait son règne. En effet, à quelque temps de là, un légat apostolique fut victime, en Allemagne, d'une odieuse attaque que Frédéric, bien qu'il eût le devoir de la punir, affecta d'ignorer. L'empereur étant venu à Besançon en 1157, vers la mi-octobre, afin de recueillir l'héritage que sa femme Béatrix de Bourgogne lui apportait en dot, le Pape crut devoir profiter de cette circonstance pour lui envoyer les cardinaux Roland et Bernard, avec ordre de réclamer justice pour la violation du droit des gens qui avait été commise sur la personne du légat.

Mais en même temps que les envoyés du Pape, arrivèrent une foule de seigneurs et de prélats, entre autres Héraclius, archevêque de Lyon, pour rendre hommage au nouveau souverain du royaume de Bourgogne. Nous croyons que saint Anthelme y vint aussi, dans le même but, comme représentant de l'Ordre des Chartreux et principalement de leur maison du désert de Grenoble. Voici sur quoi nous nous appuyons pour l'affirmer.

Nous lisons, dans une charte de Frédéric Barberousse, de cette même année, 1157, et datée de Besançon, en faveur de la chartreuse de Meyriat, le passage suivant : « C'est pourquoi, nos fidèles sujets et la postérité sauront que, par l'affection que nous portons à l'Ordre des Chartreux, et pour récompenser Nantelme, vénérable prieur de cette maison, de son dévouement pour nous et de la fidélité qu'il nous a témoignée, nous prenons sous notre protection le monastère de Meyriat, etc. (1). »

Comment expliquer qu'il soit fait mention de Nantelme, ou Anthelme, dans une charte qui est octroyée en faveur d'une autre maison que celle qu'il habite, si lui-même n'a pas sollicité cette grâce ? Et pourquoi ajouter que sa fidélité est le motif déterminant de la bienveillance de l'empereur, si ce n'est parce qu'il vient d'en donner une preuve en rendant hommage à ce prince, comme on semble le dire en termes presque équivalents ?

Il est vrai qu'il est qualifié de prieur de la Grande-Chartreuse; or on sait qu'il ne l'était plus depuis cinq ans. Mais il se peut que cette erreur vienne de l'omission, dans les copies qui ont été faites de cet acte, du mot *autrefois*, *olim*, avant le mot *prieur*, ou que saint Anthelme, ayant porté ce titre longtemps, on continuât à le

____

(1) Voir la note F.

lui attribuer encore après sa démission, soit par habitude, soit pour l'honorer.

Quoi qu'il en soit, nous pensons qu'il fut député vers l'empereur, et que c'est à ses bons offices que la chartreuse de Meyriat, dont les voisins étaient passablement incommodes, dut cette charte de protection. Il sera donc témoin de la scène que nous allons rapporter, et apprendra ainsi à connaître le caractère des principaux personnages qui vont jouer leur rôle dans l'affaire du schisme d'Octavien.

L'empereur, entouré de ses barons et d'un grand nombre de prélats allemands, reçut en audience publique les deux légats du Pape. Ceux-ci lui donnèrent lecture d'une lettre, par laquelle Adrien IV engageait vivement l'empereur à punir le crime commis, dans ses États, sur le légat du Saint-Siége. Pour déterminer plus efficacement Frédéric à le faire, il lui rappellait la bienveillance qu'il lui avait témoignée lors de son sacre, ajoutant que, loin de s'en repentir, il voudrait lui accorder encore de plus grands bienfaits. Ce dernier mot, en latin *beneficia*, traduit en allemand par l'interprète, devant l'empereur et toute sa cour, avait quelquefois, dans cette dernière langue, le sens de *fiefs* ou *bénéfices féodaux*. Il fut entendu dans ce sens et souleva une tempête de réclamations et d'injures, comme si le Pape avait voulu dire que l'empire était un fief de l'Église romaine, ce qui n'était pas plus dans sa pensée que dans le terme latin dont il s'était servi.

11

Les légats eurent beau s'ingénier à faire saisir le sens naturel de ce mot ; ils n'y réussirent pas, et la querelle s'échauffa au point que le cardinal Roland courut risque de la vie. C'est pourquoi ils se hâtèrent de quitter l'assemblée et s'en retournèrent directement en Italie, sans s'arrêter nulle part sur les terres de l'empire (1).

Il faut voir ici autre chose qu'une querelle de mots. Dans cette obstination à donner un sens faux et odieux à la parole du Pape, se révèle le fond de la pensée du despote et de ses partisans. S'il était empereur, c'était, non pas en vertu de son titre de roi de Germanie, mais parce qu'il avait été agréé et sacré par le Pape. Il le savait bien ; et le devoir qui en résultait pour lui était déterminé par la promesse qu'il avait faite, le jour de son couronnement, d'être le fidèle patron et le défenseur armé de l'Église romaine et de son chef. Ce qui ne le rendait pas feudataire du Pape au sens ordinaire de ce mot.

Or, Frédéric Barberousse, dont l'ambition n'avait pas d'autre but que celui de soumettre à son autorité la chrétienté tout entière, surtout depuis qu'il venait de joindre à son empire les immenses possessions des ducs de Bourgogne, rêvait d'intervertir les rôles ; de sorte qu'au lieu d'être secondé par l'empereur dans le gouvernement spirituel de l'Église, le Pape lui prêtat son concours, c'est-à-dire, comme s'exprime un auteur

(1) *Histoire universelle de l'Église catholique*, par l'abbé Rohrbacher, t. **XVI**, p. 78-81.

du temps, Jean de Salisbury, que le Pape frappât du glaive spirituel tous ceux contre lesquels serait tiré le glaive matériel de l'empereur.

Cette soif de domination universelle dont la Papauté eût été l'instrument, les prédécesseurs de Frédéric l'avaient éprouvée, mais aucun n'en avait été dévoré au même degré que lui. Aussi l'occasion lui paraissant favorable, il publia dans ses états un manifeste des plus violents, dans lequel il reproduisit les mots employés par le Pape, mais en leur donnant le sens faux que les Allemands y avaient attaché ; et il partit de là pour se répandre en récriminations contre l'ambition d'Adrien. C'est ainsi qu'il attribuait à autrui le vice qui lui était propre et qui lui inspirait toutes ces calomnies.

Mais avant de continuer ce récit, il faut suivre Anthelme dans son retour vers le désert de Grenoble, emportant du spectacle auquel il avait assisté une impression qui ne dut pas s'effacer de sitôt et qui, plus tard, le mettra sur la voie pour découvrir la vérité dans une question de la dernière gravité.

Comme il devait passer non loin de Portes, il se détourna un peu de son chemin, pour revoir cette maison qui lui était restée particulièrement chère. Nous l'y retrouverons, en effet, dans un instant.

Héraclius, de son côté, était également rentré dans la ville de Lyon. Il avait obtenu de Frédéric Barberousse, comme un témoignage de satisfaction pour son empressement à venir lui rendre hommage, l'investiture du temporel de son Église, et tous les droits de souveraineté sur ses possessions.

Malheureusement Gui II, comte de Forez, prétendit que les droits conférés à l'archevêque lésaient les siens, et, sans autre formalité, à peine Héraclius était-il de retour, que le comte envahit brusquement Lyon, se jeta en furieux sur la demeure du Prélat et sur toutes celles de son clergé pour y mettre le feu et les ruiner de fond en comble.

Les victimes de cet acte de violence n'échappèrent qu'à grand'peine aux mains du comte. L'archevêque, accompagné de ses chanoines, de tout son clergé et des magistrats de la ville, tous à cheval, se dirigèrent au plus vite vers la montagne de Portes, espérant y trouver un sûr asile. Ils arrivèrent dans le désordre d'une fuite précipitée aux portes du monastère. Les religieux vinrent les recevoir, ayant Anthelme à leur tête comme s'il eût encore été leur supérieur. Ce fut lui qui invita en ces termes les fugitifs à recevoir l'hospitalité qu'on leur offrait : « Veuillez, je vous en prie, Messei-
« gneurs, ne pas errer davantage dans votre fuite;
« demeurez chez nous, et si vous voulez faire
« quelques voyages pour vos affaires, revenez à
« nous. Nous vous nourrirons, ainsi que vos
« prêtres et vos clercs, vos chevaux exceptés. Il
« nons sera très-agréable de vous offrir une hospi-
« talité que les convenances vous permettent de
« recevoir. Nous donnerons, avec la plus grande

« joie, tous nos soins pour que tous ceux de votre
« suite, tant ceux qui resteront constamment avec
« nous que ceux qui iront et reviendront, soient
« bien et abondamment nourris, jusqu'à ce que, —
« et nous ne demandons pas au ciel un miracle
« pour cela, — vos ennemis soient terrassés, et
« que vous et vos clercs puissiez retourner en
« vos demeures (1). »

Telle fut la générosité avec laquelle les fugitifs
furent accueillis à la Chartreuse de Portes et dont
personne mieux qu'Anthelme, ne pouvait être le
fidèle interprète. Tous furent logés au monastère.
On aura sans doute remarqué l'exclusion des
chevaux, probablement parce que le fourrage pour
les nourrir faisait défaut, et peut-être aussi les
écuries, pour les loger.

Bientôt, par l'effet d'une intervention toute
particulière de la Providence, les ennemis de l'archevêque furent chassés de Lyon et les exilés
rentrèrent paisiblement chez eux.

Nous avons là un de ces exemples de violence
brutale comme il s'en commettait au moyen âge,
ainsi que nous l'avons dit après M. de Montalembert; on y voit apparaître le fond de barbarie qui restait dans ces hommes aux passions
vives et irrésistibles. Heureusement, et c'est la
gloire aussi de cette époque, il y avait en très-
grand nombre, sur toute la surface de la chrétienté,

____

(1) *Recherches historiques sur le département de l'Ain*, par **L.** de
Lateyssonnière, t. II, p. 120.

des asiles inviolables où la faiblesse se hâtait de fuir et trouvait un refuge assuré. Et ce ne sont pas ces forteresses, aux hautes murailles et aux tours crénelées, qui se dressaient partout également, jusque sur le sommet des montagnes; ou si l'on veut que ce soient des forteresses, ce sont celles de la prière, de la pénitence et du dévouement. Elles ne sont défendues contre les envahisseurs que par de simples portes, faciles à rompre. Néanmoins, c'est dans l'un de ces asiles qu'Héraclius et ses compagnons d'infortune viennent se réfugier, et ils s'y croient plus en sûreté que derrière les plus épaisses murailles. Et, en effet, nous ne voyons pas que leur ennemi ait fait mine de venir les inquiéter dans leur retraite. Sa fureur s'arrêta aux limites du désert de Portes sans oser les franchir.

Pendant qu'Anthelme quitte à son tour les religieux de Portes, pour regagner sa cellule de la Grande-Chartreuse, nous allons reprendre la suite du récit que cet incident nous a forcé d'interrompre.

L'année suivante, 1158, l'empereur Frédéric s'était rendu en Italie dans le but de soumettre les milanais soulevés contre lui. Mais, alors, il était préoccupé de trouver les moyens de faire prévaloir ses idées de monarchie universelle et absolue, tout autant que du succès de ses armes. Aussi, Adrien IV étant venu à mourir le 1er septembre 1159, il prit immédiatement ses dispositions pour que les autres États, tels que les royaumes de France et d'Angle-

terre, ne reconnussent aucun Pape qui n'aurait pas
été agréé par lui. En même temps, il fit intriguer
à Rome et préparer l'élection du cardinal Octavien qu'il savait lui être dévoué. Mais la très-
grande majorité des électeurs se déclara pour le
cardinal Roland, l'un des deux envoyés d'Adrien IV
près de l'empereur à Besançon. Deux voix seulement avaient été données au candidat de Frédéric.
Octavien s'en contenta et, au milieu de la cérémonie
d'intronisation du cardinal Roland, qui prit le nom
d'Alexandre III, il se revêtit lui-même, avec une
précipitation ridicule, de la chape rouge, se proclama
le vrai pape et prit le nom de Victor. Le Pontificat
d'Alexandre III s'ouvrit donc avec un schisme.

L'empereur convoqua une réunion des évêques
allemands et italiens à Pavie pour prononcer entre
les deux élus. Ils s'y trouvèrent au nombre de cinquante seulement. Ce fut en présence de Frédéric,
entouré d'une armée de cent mille hommes, c'est-à-
dire, dans l'antre même du lion que la délibération
eut lieu : on peut juger si elle fut libre. La pluralité
des suffrages se porta naturellement sur Octavien.
L'empereur s'empressa d'adhérer à cette décision
et de la faire connaître à tous les rois, princes,
évêques et simples fidèles de la catholicité.

Alexandre III répondit à cette acte schismatique
par une sentence d'excommunication contre Octavien, contre Frédéric qu'il déclarait déchu de la
dignité impériale, et contre tous les partisans de
l'antipape.

Le schisme était consommé. Quoique frappés
par la sentence d'Alexandre, ses fauteurs mirent
un tel zèle à répandre sur cette affaire toutes sortes
de bruits faux, incohérents, souvent contradic-
toires, que tout d'abord les populations et leurs
chefs spirituels et temporels, incertains de la vérité,
ne savaient auquel croire, ni à qui, d'Alexandre ou
de celui qui se faisait appeler Victor, il fallait
obéir.

L'adhésion de l'empereur au parti d'Octavien
pouvait avoir une grande influence sur les simples.
Le trouble était donc partout. D'un autre côté, Frédéric avait signifié à tous les évêques de ses États
qu'ils eussent à reconnaître Octavien, sous peine,
pour ceux qui s'y refuseraient, de bannissement
perpétuel. Or, on savait qu'il était homme à dépasser, dans l'exécution, les menaces qu'il faisait.
Maintenant donc qu'il avait un pape tel qu'il le
voulait, il allait peut-être voir se réaliser son rêve
de monarchie universelle. L'instrument, il est vrai,
était faussé et pourrait percer la main qui s'en
servirait ; mais la puissance dont Frédéric dispo-
sait alors ne lui permettait pas d'entrevoir un
échec.

Alexandre pénétra les desseins de son ennemi.
Il les dévoile clairement dans une lettre à Arnoul,
évêque de Lizieux, qui s'était informé près de lui
des circonstances de son élection. Mais que peut
contre la force le droit le plus sacré, s'il est désarmé ?
Que pouvait donc Alexandre contre le tout-puissant

empereur Frédéric? Depuis deux siècles, l'Église avait souvent couru les plus grands dangers; mais jamais peut-être, durant cette période tourmentée de son existence, elle ne s'était vue dans une pareille extrémité. C'est alors que le ciel va se déclarer, et il le fera par des moyens qui rendront d'autant plus manifeste son intervention, qu'ils seront par eux-mêmes plus impuissants.

Dès l'origine même du schisme, pendant qu'Arnoul de Lizieux agissait près du roi d'Angleterre en faveur d'Alexandre, Anthelme, du fond de sa solitude, aperçut immédiatement les maux qui allaient fondre sur la chrétienté tout entière. De concert avec un de ses frères en religion nommé Geoffroi, homme d'une grande érudition dans les lettres sacrées et d'une éloquence admirable (1), et lorsqu'autour d'eux, tous hésitaient encore, il se déclara nettement pour Alexandre et entreprit aussitôt de le faire reconnaître pour le vrai Pape dans chacune des maisons de son Ordre.

Quels avaient été ses moyens d'information? Et comment au milieu des obscurités entassées par les adversaires sur cette question, parvint-il à découvrir la vérité? Lui fut-elle apportée par quelque frère envoyé d'Italie vers les maisons de l'Ordre des divers pays, pour les renseigner sur le véritable état de chose? Ou bien lui suffit-il de se rappeler la célèbre discusion de Besançon, et l'insigne mau-

____

(1) *Vita S. Anthelmi*, apud Bolland.

vaise foi de l'empereur et de ses barons dans cette circonstance, pour se défier aussitôt, ou mieux pour pressentir de quel côté était le droit? Quoi qu'il en soit, il ne se permit aucun délai dans cet acte de soumission au Pape légitime, et avec un zèle, une activité admirable, il écrivit les lettres les plus pressantes à tous les prieurs de son Ordre et leur fit connaître la vérité sur l'importante question qui divisait alors tous les esprits. Or, il ne faut pas oublier que presque toutes les maisons des Chartreux, en particulier la maison-mère, étaient comprises dans les possessions de l'empereur et, par conséquent, relevaient de son autorité au temporel. Cette considération ne pouvait arrêter un homme du caractère d'Anthelme; dès que la vérité avait lui à ses yeux, il allait droit à elle sans se soucier des obstacles. Il faut ajouter que tous les Chartreux furent dignes de celui qu'ils regardaient toujours comme leur chef, bien qu'alors il fût comme le dernier d'entre eux. Pleins de confiance en ses lumières et de respect pour sa personne, il reçurent ses instructions avec la plus grande docilité, et l'on sut bientôt que l'Ordre tout entier, fidèle à ses traditions, se déclarait en faveur du pape canoniquement élu, Alexandre III, et le tenait pour le vrai chef de l'Église.

C'était le premier de tous les Ordres religieux qui se prononçait ouvertement, dans le schisme actuel, pour la bonne cause, et l'honneur, on ne l'ignorait pas, en revenait à l'ancien prieur de la Grande-Chartreuse. Cet exemple fut suivi de près par l'Ordre de Citeaux, grâce aux efforts de saint Pierre de Tarentaise. Les partisans d'Alexandre III, comme autrefois ceux d'Innocent II, purent s'applaudir de voir venir à eux, les premiers, ces fils de saint Bruno qui honoraient l'Église par leur vie pénitente, et se trouvaient à ses côtés pour la défendre toutes les fois que sa liberté était compromise.

Anthelme ne renferma pas son action dans les limites de son Ordre. Profitant des relations nombreuses qu'il avait avec les évêques, il écrivit à ceux qu'il croyait hésitants et les engagea vivement à se rallier au Pape légitime. Cette démarche fut décisive aux yeux d'un grand nombre et suffit à dissiper tous leurs doutes.

Lorsque Frédéric eut connaissance de l'adhésion que l'Ordre des Chartreux avait donnée au parti d'Alexandre, il sentit aussitôt le tort qui en résulterait pour celui d'Octavien, et en témoigna le plus vif mécontentement. Comme il apprit en même temps que cette résolution leur avait été suggérée par Anthelme, dans un premier mouvement de colère, il déféra le principal coupable au tribunal de l'antipape qui prononça contre lui une sentence d'excommunication. Ces foudres impuissantes produisirent, comme on le suppose bien, une médiocre impression sur le saint religieux; elles furent loin surtout d'ébranler ses convictions et de lui faire changer de conduite.

Mais au point de vue de la tranquillité dont les Chartreux avaient joui jusqu'à ce moment, la colère de Frédéric était beaucoup plus redoutable. Ainsi, pour se venger des Cisterciens, qui avaient suivi les Chartreux de si près dans la même voie, il publia une ordonnance en vertu de laquelle ils devaient ou sortir de son royaume, ou reconnaître l'anti-pape Victor; ce qui obligea un grand nombre d'abbés, avec leurs communautés entières, de se réfugier en France (1). Nous ne voyons pas qu'il ait pris la même mesure de rigueur à l'égard des Chartreux. Il semble qu'en frappant, par l'inter-médiaire de l'antipape, le plus illustre d'entre eux, il se persuada les avoir assez punis.

Cependant, l'exemple donné par les Chartreux et les Cisterciens produisait son effet sur les populations. On ne pouvait croire que de si saints religieux se fussent trompés dans leur choix, ou qu'ils eussent embrassé un parti plutôt que l'autre, par d'autres motifs que ceux de la justice. Aussi la cause d'Alexandre faisait-elle des progrès rapides, et bientôt la France, l'Angleterre et l'Espagne le reconnurent dans des assemblées spéciales qui se tinrent à ce sujet en chacun de ces États.

Toutefois, afin de donner plus de solennité à cette reconnaissance, les rois de France et d'Angleterre résolurent, de concert, de réunir un grand concile composé des prélats des deux royaumes. Ce con-

---

(1) *Vita S. Petri Tarent*. Acta Sanct. Maii.

cile se tint, en effet, à Toulouse, en 1161. Il s'y trouva cent prélats, tant évêques qu'abbés ; les deux rois y étaient en personne avec plusieurs seigneurs. On y vit arriver aussi des envoyés de l'empereur Frédéric et du roi d'Espagne, ainsi que des légats du pape Alexandre et de l'antipape Octavien. On peut lire le détail de ce qui s'y passa, dans une lettre de Fastrade, abbé de Clairvaux, à Omnibon, évêque de Vérone, qui l'avait prié de l'en instruire. Or, sur la fin de sa lettre, après avoir dit que l'avis commun des deux rois et des églises de leurs royaumes, a été de rejeter le schismatique Octavien et de recevoir Alexandre comme vrai Pape, et que plusieurs partisans de l'antipape l'ont aussitôt abandonné pour rentrer dans l'unité, Fastrade ajoute que lui-même, à la prière des Chartreux, a dû intercéder en faveur de l'évêque de Grenoble, qui tenait de près à ces religieux, afin que le concile l'admît à la réconciliation.

Rien ne prouve que ce ne fut pas de vive voix et pendant les opérations du concile, que les Chartreux, peu habitués sans doute à ces grandes assemblées, prièrent l'abbé de Clairvaux de parler pour leur ami, l'évêque de Grenoble, et nous serions portés à croire qu'eux aussi y envoyèrent des représentants de leur Ordre. Ce qui est beaucoup plus certain, c'est que si l'évêque de Grenoble, pour qui ils intervinrent, reconnut l'illégitimité de l'élection de l'antipape, au sujet de laquelle il paraît d'abord avoir été trompé, ce fut à eux et probablement à saint Anthelme qu'il le dut. Mais lors même qu'ils n'auraient pas été représentés au concile, on peut affirmer sans témérité que leur nom y fut prononcé et acclamé, comme il l'avait été par saint Bernard dans des circonstances semblables, et probablement aussi celui d'Anthelme, l'inspirateur de leur conduite. N'avaient-ils pas pris, sous la direction de ce chef, l'initiative du mouvement qui ramena au vrai pasteur les brebis indécises ou égarées ? Et cette assemblée elle-même, ne pouvait-on pas dire qu'elle était le résultat de leurs travaux ? Mais ils allaient recevoir de cette estime universelle un autre témoignage non moins éclatant.

Le roi de France, Louis VII, voulut passer par le Dauphiné pour retourner dans son royaume. Son projet était de visiter le célèbre désert que saint Bruno avait sanctifié par sa vie pénitente et qui lui apparaissait, après ce qui venait de se passer, comme l'un des boulevards les plus fermes de la liberté de l'Église. Il voulait surtout voir de ses yeux ce religieux dont il avait entendu prononcer le nom avec tant de respect et de reconnaissance au milieu du concile, et dans lequel le fondateur des Chartreux semblait revivre.

Il s'engagea, en effet, dans la gorge étroite et hérissée de rochers qui conduit au monastère, et vit ces lieux froids et arides, sans charme pour les yeux comme sans fécondité. Arrivé au terme de son voyage, il fut reçu par les religieux, plus édifiés encore de la piété du monarque que surpris de l'honneur qu'il leur faisait. Il visita Anthelme dans sa cellule, et à la suite des longs et pieux entretiens qu'ils eurent ensemble, il se forma, entre le puissant roi de France et l'humble religieux, une de ces amitiés saintes comme il n'en existe guère que dans le cloître, amitiés dont la foi est la racine, et la divine charité le parfum. C'est ce que nous apprend saint Anthelme lui-même dans une lettre qui nous reste de lui et qu'il adressa à Louis VII, lorsqu'il venait d'être élu à l'évêché de Belley. En voici la traduction littérale :

« Au très-excellent seigneur Louis, par la Providence divine, roi des Français : N., humble évêque de Belley, lui souhaite de gouverner son royaume terrestre de telle sorte qu'il aille régner avec les saints dans le ciel. »

« Depuis que votre sublime Sérénité, ô Roi très-illustre, a daigné visiter l'humble maison des Chartreux et nous honorer du bienfait de sa présence, nous vous avons voué dans le secret le plus intime de notre cœur, la plus grande affection ; vous vous êtes alors, pour ainsi dire incorporé à nos entrailles, et il ne serait pas facile de vous en arracher. Destiné depuis peu, et quoique indigne, à gouverner l'église de Belley, soit par une disposition particulière de Dieu, soit par une simple permission de la Providence, nous mêlons assidûment votre souvenir aux prières que nous lui adressons pour vous et pour la stabilité de votre royaume. C'est pourquoi, nous engageons votre Magnificence à ne pas vous confier en la prospérité de ce monde plus qu'en vous-même. Exercez la miséricorde et la justice, la bonté et la mansuétude, ainsi que les autres vertus qui sont l'ornement de la dignité royale. Enfin nous supplions votre Majesté qu'elle daigne venir en aide, pour l'amour de Dieu et de nous, à un certain neveu, notre parent selon la chair, qui est à Paris pour y faire ses études, afin qu'il puisse s'appliquer à la sagesse et qu'il ait de quoi subsister. Portez-vous bien. » (1).

Cette lettre ne renferme, il est vrai, que l'initiale du nom de son auteur, mais comme le fait observer avec justesse l'estimable auteur de l'ouvrage qui a pour titre : *Quelques notes sur la vie de saint Anthelme,* en rapprochant les dates, il n'est pas possible de l'attribuer à un autre qu'à saint Anthelme dont le vrai nom était Nantelme, car de 1137 jusqu'en 1180, époque de la mort de Louis VII, aucun autre évêque sorti de la Grande-Chartreuse n'a occupé le siége de Belley. Du reste, elle porte avec elle son caractère d'authenticité, nous voulons dire la simplicité antique, la noblesse, la gravité, l'élévation des sentiments. L'affection qui unit les cœurs du monarque et du moine y parle un langage aussi vrai que touchant. Louis VII était digne de la tendresse que lui témoigne Anthelme, par son zèle pour la cause de la liberté de l'Église, et par le concours efficace qu'il lui donnait dans ses efforts pour

____

(1) Voir la note **G.**

la réformation des mœurs publiques et privées de ses enfants.

Il n'est pas inutile de faire remarquer, dans la démarche de ce jeune homme qui rompt avec les habitudes guerrières des seigneurs de son rang, et qui vient, du fond des montagnes de la Savoie, dans la ville de l'Europe la plus célèbre par le nombre et la réputation de ses écoles, pour suivre les leçons de tant de maîtres habiles, la preuve évidente que le goût des lettres n'était pas alors le partage exclusif des gens d'église ou des moines. Ce goût délicat et élevé pénétrait aussi jusque dans l'enceinte de ces forteresses, d'ailleurs si bien gardées, et en arrachait parfois quelques-uns de leurs défenseurs pour les vouer aux labeurs moins bruyants de l'étude. Si maintenant l'on s'étonnait de voir notre saint attirer l'attention d'un roi sur un simple écolier, fût-il de haute race, et lui demander non-seulement de le protéger, mais encore, il faut bien le dire, de pourvoir à sa subsistance, nous répondrions que le fait n'est pas sans précédents. On a conservé, en effet, plusieurs lettres adressées au même roi Louis VII par des princes ou des magistrats d'Italie, pour recommander à sa bienveillance des jeunes gens qui venaient également s'instruire à Paris ; ce qui prouve qu'en ces siècles, que l'on qualifie quelquefois de barbares, les rois eux-mêmes attachaient la plus grande importance aux lettres, et qu'ils tenaient à en favoriser les progrès, puisque des recommandations de cette nature ne risquaient pas d'être indiscrètes.

Cependant Alexandre III avait été obligé de quitter l'Italie et de se réfugier en France, où il arriva en 1162. Il y fut accueilli par le roi avec les plus grands honneurs, et séjourna successivement dans différentes villes, notamment à Tours où il tint un concile, à Bourges et à Sens. Pendant qu'il était dans cette dernière ville, c'est-à-dire vers 1164 ou 1165, il reçut de saint Arthaud, qui était prieur de la chartreuse d'Arvières, une lettre par laquelle celui-ci l'engageait à essayer l'emploi des moyens de conciliation pour faire cesser le schisme, et en particulier, à permettre un nouvel examen de son élection pour en démontrer la légitimité.

La réponse d'Alexandre laisse très-facilement entrevoir que tel fut le sens de la lettre de saint Arthaud.

Bien qu'ici il ne soit pas fait mention de saint Anthelme, nous ne croyons pas cependant sortir de notre sujet en traitant ce point de l'histoire du schisme. L'intervention de saint Arthaud indique, en effet, que les Chartreux continuaient de travailler à son extinction, et par conséquent, de marcher dans la voie où les avaient engagés saint Anthelme. Chacun d'eux, du reste, agissait suivant son caractère, les uns, comme saint Arthaud, attendant le succès de quelques concessions, les autres, du maintien absolu des droits de la justice, et on peut croire que saint Anthelme était de ces derniers. eAlxandre avait une si grande considération pour l'Ordre des Chartreux, qu'il crut devoir expliquer en détail, à celui d'entre eux qui lui en offrait l'occasion, les raisons très-graves pour lesquelles il ne lui paraissait pas possible de faire les concessions qu'on lui suggérait.

Ainsi, après avoir rendu hommage à la pureté des intentions de saint Arthaud, il lui dit d'abord que la persistance du schisme est pour lui également l'objet constant de toutes ses préoccupations, et qu'il cherche à voir lequel est le plus expédient, ou de se soumettre au jugement de ceux qu'il a le droit et le devoir de juger lui-même, et lorsque la cause a déjà reçu une solution définitive, ou bien de demeurer ferme à défendre son droit au milieu des tribulations qui l'accablent, et d'attendre le salut de Dieu seul. Qu'on n'objecte pas, ajoute-t-il, l'exemple de Jésus-Christ qui a consenti, non-seulement à être condamné, mais même à être ignominieusement crucifié; car ici, ce n'est pas le cas d'imiter cet exemple divin : lui, Pape, ne le pourrait faire qu'en sacrifiant en même temps la liberté de l'Église dont la garde lui a été confiée. Pour prouver qu'en effet, toute concession n'aboutirait pas à un autre résultat, il montre par des faits la pensée secrète de Frédéric Barberousse, et fait voir ainsi que le vrai but, poursuivi par ce prince, est de réduire l'Église tout entière, au moyen du mensonge, de la fourberie et de la violence, à une telle sujétion et à une servitude si complète et si misérable, qu'il ne lui resterait pas même la faculté de respirer pour

se consoler de sa liberté perdue. Il se défend ensuite de ne résister, comme il le fait, que par des
vues ambitieuses, protestant qu'il ne veut que sauver l'honneur de l'Épouse du Christ, et que, pour y
parvenir, il ne reculera devant aucun sacrifice, fût-
ce même celui de la vie.

Cette lettre témoigne de la plus grande vigueur,
d'une perspicacité à laquelle les desseins inavoués
de l'empereur ne sauraient échapper, et de l'amour
le plus ardent et le plus désintéressé de l'Église.
Elle est, en même temps, un honneur pour Alexandre III qui l'a écrite, et pour saint Arthaud à qui
ce grand Pape l'a adressée (1).

----

(1) *Maxima Bibliotheca Patrum*, t. **XXIV**, p. 1519, et pour la
date de cette lettre, p. 1467.

CHAPITRE XIV

Nous avons cherché, au chapitre précédent, à
mettre en lumière la part considérable qui revient
à saint Anthelme dans l'extinction du schisme
d'Octavien. En le faisant, nous ne pensons pas avoir
exagéré l'importance du rôle qu'il remplit dans cette
crise, car tous les historiens de l'Église, à la suite
de Baronius (1), n'hésitent pas à attribuer à l'influence qu'il exerça sur les religieux de son Ordre,
et sur les fidèles d'une partie de l'Europe chrétienne, l'adhésion prompte et décisive que la
France, l'Angleterre et l'Espagne donnèrent au
parti d'Alexandre III. C'était un premier service
qu'il rendait à la cause sacrée pour laquelle saint
Grégoire VII avait combattu et dont il avait légué
la défense à ses sucesseurs, la liberté de l'Église par
l'indépendance du Saint-Siége. Du haut de la montagne où il avait cherché un refuge contre les agitations du monde, Anthelme suivait d'un œil anxieux
les péripéties d'une lutte si longue et si acharnée, et
s'efforçait d'en hâter le dénoûment par ses lettres et
par sa parole. Comme un autre Moïse, il priait pour le

____

(1) *Ann.* t. XII, p. 459.

triomphe du chef héroïque du véritable peuple de Dieu, qui combattait si vaillamment dans la plaine.

Mais le moment approche où il lui faudra quitter sa chère solitude, descendre sur le champ de bataille pour prendre une part plus directe à cette lutte du bien contre le mal, et combattre en personne.

Les moines étaient, nous l'avons vu, les vrais soldats de l'Église, et c'est par eux que les Papes devaient non-seulement briser le joug que voulait leur imposer le pouvoir civil, mais encore rendre à la hiérarchie ecclésiastique son lustre ancien obscurci, depuis plus d'un siècle, par la simonie et l'incontinence. Aussi, les choisissaient-ils de préférence pour conseillers, comme fit Urbain II à l'égard de saint Bruno, ou en qualité de légats dans les missions les plus difficiles et les plus délicates.

Mais surtout, à l'inverse des souverains qui n'en voulaient pas pour évêques, les Papes, au contraire, firent tous leurs efforts pour pourvoir les principaux siéges de sujets sortis des monastères. C'était le moyen le plus efficace de n'y plus voir bientôt que des prélats de mœurs exemplaires et dont l'élection n'aurait pas été entachée de simonie. Le diocèse de Belley, en particulier, ne tarda pas à offrir ce consolant spectacle. Ainsi, avant saint Anthelme, Ponce II et Bernard de Portes avaient été choisis parmi les Chartreux, et en 1142, comme nous l'avons déjà fait remarquer, Innocent II, dans la Bulle qui constituait le chapitre de Belley en chapitre régulier, ordonnait que désormais on ne pourrait élire pour chefs de cette église que des religieux.

Ponce III, de l'illustre famille de Thoire, gouvernait alors l'église de Belley. Il remplissait certainement la condition qui vient d'être rappelée; seulement, on n'est pas d'accord pour déterminer l'Ordre religieux auquel il appartenait. Il mourut en 1162. Le chapitre procéda à l'élection de son successeur; mais la division ne tarda pas à se mettre parmi les chanoines et fit traîner l'opération en longueur. Ce fut l'année suivante seulement que la majorité se prononça pour un adolescent de race noble et le mit immédiatement en possession de la demeure épiscopale.

Le nouvel élu appartenait-il à un Ordre monastique? Ce n'est guère probable, car ceux qui ne lui avaient pas donné leurs voix, mécontents du choix de la majorité, n'en tinrent aucun compte et se décidèrent en faveur d'un religieux. Ils envoyèrent aussitôt une députation au pape Alexandre III, qui se trouvait alors en France, pour lui demander de confirmer cette élection. La députation avait pour chef un certain Sigibald ou Sigibaud, très-éloquent et très-versé dans les lettres. On espérait que ses discours étudiés et ses manières insinuantes gagneraient la Cour romaine à la cause du candidat de la minorité. Mais quand le Pape eut pris connaissance des deux élections, au lieu de se montrer favorable ou pour l'une ou pour l'autre, il condamna la première, sans doute parce qu'elle ne remplissait pas la condition imposée par la Bulle d'Innocent II, et d'un autre côté, il parut disposé à casser également la seconde. Toutefois, espérant que d'autres envoyés ne tarderaient pas à venir et lui fourniraient de nouveaux éléments d'instruction pour une solution équitable, il refusa d'abord de donner une réponse définitive et l'affaire demeura en suspens.

Pendant que ceci se passait à la Cour pontificale, les deux partis, à Belley, restaient toujours en présence sans qu'aucun d'eux voulût céder. Plusieurs toutefois, d'abord peu nombreux, mais des plus modérés, et qui trouvaient à redire aux deux élections, travaillaient à rétablir la concorde. Dans l'espoir d'y arriver, ils s'avisèrent de mettre en avant le nom vénéré d'Anthelme, faisant valoir la sainteté de sa vie, sa discrétion, son affabilité et toutes les autres qualités qu'il possédait, de l'aveu de tout le monde, à un degré éminent. A peine ce nom fut-il prononcé que la division, qui durait depuis si longtemps, cessa comme par enchantement. L'éloge qu'on fit de ses qualités ne rencontra aucun contradicteur, et bientôt tous, d'une voix unanime, acclamèrent le nouveau candidat en faisant éclater la joie la plus vive.

Le premier élu, qui était parent d'Anthelme, donna immédiatement son adhésion au choix qui venait d'être fait. Mais comme on savait qu'il ne serait pas facile d'arracher le saint religieux de sa cellule, on résolut d'envoyer au Pape pour lui demander de confirmer l'élection, avant même que celui en faveur de qui elle était faite en apprît la nouvelle.

Le Pape accueillit avec bienveillance cette deuxième députation, qui venait si heureusement confirmer son attente. Quand il sut ce qui s'était passé et comment Anthelme avait réuni tous les suffrages, il témoigna la plus grande satisfaction, félicita les envoyés du chapitre, les assurant que cette élection était pour l'église de Belley la garantie des faveurs célestes les plus signalées ; car, à ses yeux, elle était une inspiration d'en haut et ne pouvait avoir que Dieu pour auteur.

Une approbation aussi explicite et tombée d'une telle bouche, en comblant de joie les députés, aurait dû, ce semble, faire cesser toute opposition. Néanmoins Sigibaud, qui se trouvait présent et qui poursuivait la cause dont il était chargé, ne la tint pas pour entièrement désespérée. Il renouvela les arguments précédemment employés, au sujet de l'élection qu'il défendait, et mit en œuvre tous les moyens qu'un esprit délié comme le sien peut inventer, pour battre en brèche celle qui venait de se produire si inopinément. Mais tous ses efforts, dignes d'une meilleure cause, furent vains. A la fin cependant, grâce à la bonté dont le Pontife usa envers lui, il consentit à se désister et se rangea de l'avis commun.

Cela fait, le Pape, de son autorité apostolique confirma l'élection d'Anthelme et ordonna par ses lettres à l'élu d'avoir à prendre en main, sans le moindre délai, le gouvernement de l'église de Belley. Il enjoignit également, par les mêmes lettres, au prieur et au Chapitre de la Grande-Chartreuse, de remettre Anthelme aux envoyés du chapitre de cette église, ajoutant que s'il refusait de partir avec eux, il fallait l'y contraindre en vertu de la sainte obéissance.

Lorsqu'Anthelme eut enfin connaissance de ce qui s'était passé à son sujet, et de l'arrivée de ceux qui venaient le chercher, il prit immédiatement la fuite et alla se cacher dans la montagne. Il ignorait que le doigt de Dieu était dans ce choix qui l'effrayait : autrement, dit son vieil historien, il n'aurait pas essayé de s'y soustraire, malgré la vive répulsion intérieure que la perspective des dignités ecclésiastiques excitait en lui.

Les religieux se mirent à sa recherche et, l'ayant trouvé, ils l'obligèrent à comparaître devant le Chapitre. Là, on lui mit sous les yeux les ordres du Pape. Le prieur, usant de son autorité, lui commanda d'obéir ; de leur côté, les envoyés de l'église de Belley le suppliaient d'avoir pitié d'eux, et ses frères lui représentaient que refuser, c'était résister positivement à la volonté de Dieu.

Mais tous ces ordres, mêlés de supplications et de remontrances, ne paraissaient avoir aucune prise sur la résolution d'Anthelme. Comme le dit son biographe, il savait par expérience combien le Seigneur est doux : enivré de l'amour de Dieu, il comptait le reste pour rien. De plus, dans son humilité, il protestait qu'il n'avait aucune aptitude pour accomplir une tâche aussi ardue, et opposant aux sollicitations qu'on lui adressait son vœu de stabilité, il déclara que jamais il ne quitterait le désert où il avait juré de mourir.

Il parlait ainsi en versant des torrents de larmes et en témoignant une répugnance qu'on jugea pour le moment invincible.

Le prieur et ses religieux, en présence de ces dispositions d'Anthelme, usèrent d'adresse et lui dirent : « Vous avez, frère, le choix entre deux partis : ou bien soumettez-vous à l'ordre du Pape, ou bien allez le trouver, et quand il connaîtra votre résolution, sans doute il ne voudra pas vous contraindre. »

Anthelme, se flattant de l'espoir de faire revenir le Pape sur sa décision, consentit à l'aller trouver. Les envoyés de Belley se gardèrent bien de le laisser aller seul ; ils l'accompagnèrent sous prétexte de lui venir en aide durant le voyage, mais en réalité dans l'espoir de le ramener au peuple qui l'attendait comme son pasteur.

Alexandre, avec toute sa Cour, était arrivé à Bourges dans les derniers jours de juillet 1163 ; ce fut là qu'il reçut Anthelme et la députation qui l'accompagnait. Il accueillit l'illustre religieux avec les plus grands honneurs. C'était même, pour le Pape, une véritable satisfaction de pouvoir témoigner personnellement son estime et sa reconnaissance au vaillant champion de sa cause, qui était aussi la cause de l'Église et de la liberté des consciences.

La modestie d'Anthelme l'empêchait de voir que de telles dispositions ne seraient guère favorables à son dessein. Quand il fut question de l'objet de son voyage, il déclara donc qu'il n'était venu que pour *demander miséricorde*, et qu'on ne pouvait pas le forcer à prendre un parti qui n'était utile ni à l'Église ni à lui-même. Sur cela, il chercha à se rabaisser aux yeux de tous, et à détruire dans l'esprit des assistants l'estime qu'on paraissait lui témoigner, affirmant qu'il n'était qu'un illétré, un ignorant, absolument dénué de toute instruction, incapable de quoi que ce soit, et surtout de porter le poids de la dignité épiscopale ; qu'enfin il avait fait vœu de ne jamais sortir de son désert, et qu'en conséquence on ne pouvait rien lui ordonner de contraire.

Il accompagnait ses discours de supplications et de larmes ; mais plus il se déclarait indigne de l'épiscopat, plus le Pape se persuadait, au contraire, que personne n'était plus en état d'en remplir toutes les charges. Aussi, après l'avoir laissé parler quelque temps et comme pour jouir de son humilité, il l'interrompit en lui disant : « Cessez, mon fils, cessez de chercher des prétextes et d'opposer des excuses qui sont sans valeur. Nous connaisssons trop bien votre mérite pour que vous puissiez nous faire illusion. Pourquoi tant de pusillanimité ? Votre devoir est d'obéir. Ce que j'ai écrit, est écrit. Vous savez ce que dit l'Écriture : On immole aux idoles quand on refuse l'obéissance ; c'est encore tomber dans une espèce de superstition. Rappelez-vous la grandeur de cette vertu que vous avez promis de pratiquer. En vous renonçant vous-même pour suivre le Christ, vous vous êtes engagé à suivre sa volonté et non la vôtre. »

C'est par ces paroles et d'autres semblables que le Pape cherchait à guérir Anthelme de cette frayeur excessive de l'épiscopat qui troublait son esprit et abattait son courage.

Anthelme, en entendant ce discours, était tout confus et gardait le silence, le respect lui interdisant de continuer la discussion. Il finit par céder à l'autorité du Souverain Pontife et courba les épaules sous le fardeau qu'on lui imposait, et auquel il comprit qu'il ne pouvait se soustraire plus longtemps.

La consécration fut fixée au 8 septembre 1163, en la fête de la Nativité de la Bienheureuse Vierge Marie, qui tombait cette année un dimanche. Elle se fit dans la cathédrale de Bourges et par les mains d'Alexandre III : c'était une nouvelle marque d'estime que ce grand Pape voulait donner publiquement au saint religieux.

Sur les instances d'Alexandre, Anthelme resta quelques jours à la Cour pontificale après la cérémonie. Dans les conversations auxquelles il eut ainsi l'occasion de prendre part, il lui arriva fréquemment de citer, et toujours à propos, des textes de l'Écriture sainte ; ce qui fit dire à ceux qui étaient présents que loin d'être un ignorant et un illétré, comme il le prétendait, il était, au contraire, plein de sagesse et d'érudition. Il ne tarda pas cependant à prendre congé du Pape qui le renvoya comblé de témoignages de sa bienveillance et de bénédictions.

On avait été instruit à Belley de ce qui s'était passé et comment le Pape, au lieu de céder aux prières d'Anthelme qui ne voulait pas d'abord de l'épiscopat, l'avait contraint de l'accepter et l'avait sacré de ses propres mains.

Ces nouvelles avaient comblé de joie la ville entière, et quand on sut que le nouvel évêque était proche, les habitants se portèrent en foule à sa rencontre et firent retentir les airs de leurs acclamations.

Anthelme, en se présentant devant son peuple, n'avait rien de ce faste extérieur qui peut éblouir un instant. Il lui apparut, en effet, tel qu'il avait vécu dans son monastère, sous l'humble habit des Chartreux.

Mais cette simplicité austère ne faisait que rendre plus visible l'auréole de sainteté qui illuminait son front. On l'avait vu jeune encore, dans cette même ville où il rentrait maintenant avec l'autorité épiscopale, se faire des amis nombreux par ses manières affables et sa générosité ; puis, tout à coup, foulant aux pieds l'orgueil de la naissance, les honneurs et les richesses, dire adieu à ce monde qui lui souriait, et s'ensevelir dans un désert.

On rappelait les charges importantes qu'il avait remplies dans son Ordre, ce qu'il y avait fait pour lui donner une organisation complète, l'éclat que son nom avait acquis dans l'Église. Les pauvres surtout se disaient les miracles de charité qui avaient signalé son administration à Portes. Tout ce passé glorieux lui faisait, pour ainsi dire, un cortége d'honneur et le désignait au respect et à l'amour de tout ce peuple qui accourait à sa rencontre.

C'est ainsi qu'Anthelme prit possession de son siége. Cette joie universelle, avec laquelle il fut accueilli, était d'un heureux augure. En tout cas, il put y voir un témoignage des bonnes dispositions de son peuple et comme un gage de la docilité avec laquelle il se laisserait conduire dans les voies du salut.

Le diocèse de Belley comprenait alors le pays situé entre la montagne d'Innimont au couchant, le Mont-du-Chat au levant et le Colombier au nord. Au midi, il pénétrait dans le Dauphiné et la Savoie jusqu'à la montagne des Échelles. Il existe, dans le *Pouillé* du diocèse de Belley, un inventaire des bénéfices attachés aux titres de la ville et des villages de la circonscription déterminée par ces limites (1). Or, après la liste des titres de la cité et celle des maisons religieuses, vient l'énumération des paroisses répandues dans le diocèse. Celles-ci sont au nombre de 53, sans compter trois granges. Voilà

____

(1) *Pouillé du diocèse de Belley*, Bibliot. nat. n. 1004 du mst.

quelle était l'étendue du champ confié au zèle du saint religieux.

L'église cathédrale était dédiée à saint Jean-Baptiste. L'historien de la vie de saint Hugues, évêque de Lincoln, raconte que le vénérable prélat, à l'occasion d'un voyage à la Grande-Chartreuse où il avait été religieux avec saint Anthelme, voulut passer par la ville de Belley, dans le dessein de vénérer les reliques qui pouvaient s'y trouver. C'était peu de temps après la mort de notre saint. Or, la cathédrale de Belley possédait, dit-il, la moitié de la main droite du saint précurseur, revêtue de sa chair, avec trois doigts entiers, celui du milieu et les deux inférieurs. Cette insigne relique était renfermée dans un vase, lequel était enveloppé d'un voile ; et depuis bien longtemps, ajoute l'historien, personne n'avait osé l'en tirer pour la voir à découvert. Saint Hugues, fidèle imitateur de saint Jean-Baptiste, et plein d'amour pour lui, exprima le désir de la contempler de ses yeux. Les chanoines, à qui la garde en était confiée, y consentirent avec le plus grand empressement; ils se félicitaient de ce qu'il s'était enfin trouvé un homme d'une assez grande pureté pour qu'on pût le lui permettre. Toutefois, le saint évêque crut devoir s'y préparer par une confession de ses fautes, suivie de l'absolution, et par des prières ferventes.

C'est alors seulement qu'en présence d'une nombreuse assistance, attentive à ce qui allait se passer, le reliquaire, débarassé de son voile, lui fut présenté. Saint Hugues reçut dans ses mains, avec le plus profond respect, les doigts sacrés qui avaient touché le front du Sauveur au moment de son baptême, et les couvrit de ses baisers ; puis, les élevant au-dessus de sa tête, il traça avec eux le signe de la croix sur la foule émue et prosternée. Il coupa un lambeau de l'étoffe très-ancienne qui revêtait le reliquaire à l'intérieur, dans l'intention de le conserver comme souvenir, et le donna à baiser au moine, témoin de cette scène, qui nous en fait le récit (1).

Au moment où saint Anthelme prit possession de son siége, cette relique si vénérable et si précieuse appartenait donc au trésor de sa cathédrale, car tous les détails que nous venons de rapporter, d'après l'historien de la vie de saint Hugues de Lincoln, indiquent qu'elle y reposait depuis longtemps. Lui aussi, comme on le dit de saint Hugues, devait reproduire quelque chose des vertus du patron de sa cathédrale ; pénitent comme Jean-Baptiste, il imitera sa fermeté à l'égard des puissants de la terre. Ce n'est pas une supposition gratuite de croire qu'il alla souvent prier devant cette main sacrée du grand précurseur et que, là, s'enflammait en lui de plus en plus ce double amour de la pénitence et de la justice qui l'avait caractérisé comme simple religieux, et qui inspirera également toute sa conduite pendant son épiscopat.

(1) *Sancti Hugonis... Vita.* (Voir le t. **CLIII**, col. **1088**, de la Patrologie de **Migne.**

Mais avant de raconter les quelques actes de son ministère pastoral dont le souvenir a été conservé, il convient de dire un mot du genre de vie qu'il adopta dès son entrée dans sa nouvelle carrière.

Comme nous l'avons remarqué, en parlant de la règle de saint Bruno, à propos du vœu de stabilité, le religieux, en le prononçant, le jour de sa profession, s'engageait à continuer de vivre en chartreux, lors même qu'il serait élevé plus tard à la dignité épiscopale. Anthelme ne changea donc rien à sa manière de vivre et s'appliqua, étant évêque, et quoiqu'il fût hors de son monastère, à mettre en pratique les coutumes de son Ordre, du moins en ce qu'elles avaient de compatible avec ses nouveaux devoirs.

Il se choisit d'abord pour demeure, au haut d'une tour de son palais qu'on appela, depuis, la tour de saint Anthelme, une petite pièce isolée dans laquelle il se retirait habituellement, et où il pouvait croire qu'il avait retrouvé sa cellule de la Grande-Chartreuse. Là, il se livrait à la contemplation et renouvelait sur sa propre chair les saintes rigueurs dont nous l'avons toujours vu si prodigue.

Il en sortait, comme Moïse du nuage qui couvrait le Sinaï, le visage transfiguré par ses entretiens intimes avec son Dieu, et reproduisait dans tout son extérieur, naturellement déjà très-imposant, cette gravité douce qui est comme une ombre de la majesté divine. Aux heures de l'office canonial, il se rendait au chœur de la cathédrale et y retrouvait, au milieu de son chapitre, les solennités de son monastère. Il ne manquait pas de célébrer la sainte messe presque chaque jour, avec de grands sentiments de dévotion et une grande abondance de larmes. Du reste, la dignité dont il venait d'être revêtu, loin de l'avoir exalté dans sa propre estime, n'avait produit d'autre effet que de le rendre plus humble, au point que tous ceux qui étaient témoins de cet accroissement de vertu, provoqué plutôt que gêné par l'accumulation des honneurs, en étaient dans l'admiration.

Toutefois, il n'ignorait pas que son zèle devait aller au delà du soin de sa propre sanctification. Il était évêque, par conséquent, pasteur des âmes, chargé de procurer leur salut. C'est à quoi il s'appliqua avec une ardeur qui allumait sa flamme au foyer de l'amour divin. Son attention se porta d'abord sur les ministres sacrés, de quelque ordre qu'ils fussent, et principalement sur ceux qui étaient honorés du sacerdoce. Persuadé que le succès de leur ministère dépendait en très-grande partie de l'estime et de la considération qu'ils se concilieraient de la part des fidèles confiés à leurs soins, il voulait, avant tout, qu'ils s'en montrassent dignes par une conduite irréprochable. Il cherchait à les y amener en leur recommandant de la manière la plus pressante d'agir de telle sorte qu'on ne pût jamais les soupçonner de faute grave, et de se montrer partout chastes et réservés, comme il convient aux dispensateurs des mystères de Dieu. Il ne tarda pas à apprendre que ses exhortations n'étaient que trop motivées.

Plusieurs ecclésiastiques du diocèse de Belley n'étaient pas exempts, en effet, des vices qu'on reprochait, en général, au clergé séculier de cette époque, et qui tenaient en grande partie, comme nous l'avons dit, à l'influence exorbitante que le pouvoir civil exerçait sur les élections aux dignités de l'Église, à tous les degrés de la hiérarchie. La simonie ouvrait trop souvent la voie à ces dignités pour que des désordres d'une autre nature ne vinssent pas ensuite ajouter leur flétrissure à celle de ce crime. La discipline du célibat, si salutaire et si essentielle à l'honneur du clergé, avait donc fléchi sous le poids de la corruption. Aussi, ce fut à la rétablir dans son intégrité première que les Papes s'appliquèrent avec tant de zèle et de fermeté, en même temps qu'ils s'efforçaient de reconquérir la liberté qui en est la garantie la plus efficace. Pendant les XIe et XIIe siècles, il ne se tint pas un concile, soit général, soit particulier, sans qu'on y renouvelât les anciens canons contre la simonie et le mariage des prêtres.

Parmi les conciles qui s'occupèrent de ces graves questions, il en est un qui se tint à Belley même, vers 1144, et dans lequel Etienne I, archevêque de Vienne, dut comparaître pour se justifier de certaines accusations très-graves qui pesaient sur lui. Les auteurs du *Gallia Christiana*, où nous avons trouvé la mention de ce concile (1), se contentent

____

(1) T. XVI, col. 80.

de dire que l'archevêque de Lyon s'y montra très-
hostile envers l'accusé et qu'il le fit condamner.
Quant aux autres actes de l'assemblée, ils n'en disent rien, sans doute parce qu'ils ont été perdus.
La sentence qui fut portée contre l'accusé ne paraît
pas avoir été ratifiée par le Pape ni par aucun des
personnages considérables de l'époque, comme le
successeur de celui qui l'avait provoquée, et Pierre
le Vénérable. Peut-être voulait-on, en usant de cette
sévérité envers un haut dignitaire de l'Église, frapper de terreur ceux qui se trouvaient dans le
même cas. Ce qui est certain, c'est que le désordre
des mœurs, au lieu de s'étendre encore davantage,
comme dans le siècle précédent, tendait, au contraire, à diminuer, et que les efforts constants de
l'Église, pour se débarrasser de cette lèpre, étaient
loin de rester infructueux.

Toutefois, vers la fin du XIIe siècle, lorsque saint Anthelme devint évêque de Belley, il
en restait des traces assez visibles dans son
clergé pour attrister ses regards et, surtout, pour
enflammer son zèle. Quelques prêtres, en effet,
s'autorisant d'exemples encore trop nombreux et
déjà anciens, avaient rompu leurs engagements et,
par le genre de vie tout mondain qu'ils menaient,
ils paraissaient avoir complètement oublié la
sainteté de leur état avec les lois de la discipline
ecclésiastique.

Dans le but de porter un prompt et efficace remède à un état de choses si funeste au bien de la

religion, Anthelme réunit ses prêtres dans un synode, l'année même de sa consécration épiscopale ;
et mêlant habilement les menaces aux prières, il
leur tint ce discours : « Ecoutez-moi, tribu de Lévi,
« race saderdotale, génération sainte, vous qui
« êtes les chefs et les conducteurs du troupeau du
« Christ, écoutez-moi vous suppliant, vous aver-
« tissant. Considérez votre dignité, la grandeur de
« votre ministère. Comme le dit l'apôtre saint
« Pierre : Vous êtes une race choisie, un sacerdoce
« royal. Vous êtes placés entre Dieu et les hom-
« mes comme des médiateurs ; ou plutôt, vous
« êtes des dieux, si on vous compare aux autres
« hommes, et on a raison de vous appeller des
« anges, car vous consacrez et vous immolez sur
« l'autel Celui-là même que les anges adorent en
« tremblant. Mais n'est-il pas juste que les mérites
« accompagnent une telle prérogative? Il convient,
« en effet, que vous gardiez cette dignité sacerdo-
« tale, dont vous êtes revêtus, de telle sorte qu'on
« ne puisse jamais vous appliquer cette parole re-
« doutable : Comme il était élevé au sommet des
« honneurs, il a manqué d'intelligence et s'est rendu
« semblable aux animaux privés de raison. Je le dis,
« la douleur dans l'âme et en gémissant : il y en a
« plusieurs parmi vous qui n'ont du prêtre que le
« nom; leur profession est divine et leurs œuvres
« sont criminelles; leur dignité est sublime et
« leur chute d'autant plus profonde. Ils ne rougis-
« sent pas d'allier ce qu'il y a de plus auguste avec

« les impuretés du paganisme. A l'autel ils sont
« prêtres, je me trompe, ils sont de vrais bour-
« reaux ou des histrions. Qu'ils s'arrêtent enfin
« dans cette voie et qu'ils s'appliquent, je les en
« conjure, à amender leur vie. Ils mériteraient,
« sans doute, d'être privés des biens ecclésiastiques
« et des pouvoirs de leur ordre ; mais pour le mo-
« ment je ne leur impose que le changement de
« leur conduite ; la punition viendra si mes priè-
« res ne sont pas écoutées. Quiconque, en effet,
« refusera de s'amender, qu'il sache que je ne lui
« épargnerai pas le châtiment qu'il mérite, car je
« croirais, en m'abstenant de les punir, me
« souiller moi-même de leurs péchés. Epargnez-
« vous donc vous-mêmes et Dieu aura pitié de
« vous (1). »

L'année suivante, comme plusieurs, au lieu de
quitter leurs criminelles habitudes, continuaient à
se déshonorer par les mêmes excès, il les frappa
des censures ecclésiastiques et les priva de leurs
bénéfices. Ils n'étaient toutefois qu'au nombre de
six ou huit, ce qui prouve que le désordre était déjà
singulièrement réduit, comme nous l'avons dit précédemment, et que le saint évêque ne tarderait pas
à le voir disparaître entièrement du milieu de son
clergé. Aussi on ne remarque pas que, pendant
tout le reste de son pontificat, il ait dû réitérer cet
acte de sévérité.

------

(1) *Vita S. Anthelmi,* apud Bolland.

CHAPITRE XV

**Anthelme est choisi comme arbitre
dans plusieurs affaires et, en particulier, dans la
querelle du roi d'Angleterre
avec saint Thomas de Cantorbéry.**

Le diocèse de Belley était, à cette époque, souvent
infesté par des bandes de malfaiteurs et de brigands,
qui portaient leurs ravages jusque dans le comté
de Savoie. Non-seulement ils s'emparaient des biens
des séculiers et de leurs personnes, mais ils n'é-
pargnaient pas davantage les prêtres, les clercs, les
veuves, les orphelins et les pauvres, tous ces clients
dont l'Église était l'unique sauvegarde.

Anthelme usa de sa grande influence pour réprimer les désordres partout où ils se produisaient,
même hors de son diocèse, aussi bien que dans le
pays soumis à sa juridiction. L'obstination des coupables ne parvenait pas à le lasser, et, toujours
vigilant et inflexible, il tenait suspendu sur leurs
têtes le glaive spirituel dont son bras était armé, les
en frappait sans hésiter quand il les voyait incorri-
gibles, et les livrait à Satan par un anathème solennel, afin de sauver au moins leurs âmes. Quelle que
fût leur puissance, il ne leur cédait rien de ce que la
justice réclamait, et on sentait qu'il aurait porté la résistance jusqu'au martyre. Cette magnanimité coura-

geuse, la protection des saints anges, et la puissance
dont la force divine l'avait revêtu, lui donnèrent la
victoire dans ces luttes pour le droit et la justice, et
le mirent en état de rétablir la sécurité dans le pays.

Plusieurs de ces malfaiteurs, domptés et repentants, se soumirent et furent admis à la réconciliation.
Quant aux rebelles obstinés, aux violateurs du droit
ecclésiastique, à ceux, en particulier, dont la puissance exaltait l'orgueil et qu'elle rendait insolents,
il refusa de les absoudre de l'anathème dont il les
avait frappés, jusqu'à ce qu'ils eussent donné une
satisfaction convenable.

Cette fermeté invincible, unie à une éminente
sainteté et qu'aucune considération humaine ne
pouvait fléchir, attirait à lui tous ceux qui avaient
besoin d'appui ou de protection. Elle donnait en
même temps de l'autorité à ses décisions, et inspirait aux puissants eux-mêmes un respect mêlé de
crainte. C'est pourquoi, dans les différends qui sur-
gissaient de toute part à cette époque, les deux
parties le choisissaient volontiers pour arbitre, tant
était grande la confiance que l'on avait dans la droi-
ture de son jugement et dans son impartialité. Nous
en avons un exemple la seconde année de son
pontificat, en 1164.

Les Chartreux de Meyriat, dont le monastère touchait aux domaines des seigneurs de Rougemont,
eurent à souffrir de leur part des violences auxquelles ils cherchèrent à mettre un terme par un accord
à l'amiable. Quoiqu'ils relevassent de l'archevêque

de Lyon, ils s'adressèrent néammoins à l'évêque de
Belley, et le prirent, du consentement de leurs
adversaires, pour juge du différend. Anthelme ne
pouvait pas refuser ce service à des religieux qu'il
continuait à regarder comme ses frères. Il s'empressa donc de répondre à leur appel et se rendit
à Meyriat, avec plusieurs membres de son clergé. Les
deux parties comparurent devant lui, avec leurs
témoins, dans la maison d'en bas. Le document original de l'accord intervenu par les soins d'Anthelme
a été conservé dans les archives de la chartreuse
de Meyriat, et reproduit dans plusieurs recueils de
pièces de ce genre (1). Ce document est curieux, et
comme il paraît avoir été rédigé par saint Anthelme lui-même, nous croyons devoir le reproduire.

« Nantelme, évêque de Belley, vulgairement
Antelme, en l'an de l'Incarnation 1164.

« En vue du maintien de la concorde et comme
garantie de la paix, il nous a plu de relater dans cet
écrit ce qui vient de se passer et d'en garder ainsi
la mémoire. Quiconque lira ou entendra lire cette
charte, qu'il sache donc que moi, Nantelme, évêque
indigne de Belley, suis venu au monastère de
Meyriat, à l'occasion de certains démêlés qui
s'étaient élevés entre cette maison et les chevaliers de Rougemont. Or, la paix a été rétablie, grâce
à Dieu, de la manière suivante :

« Après avoir désavoué tout sujet de querelle, de

____

(1) Voir entre autres *Maxima Bibliotheca veterum Patrum*
t XXIV, p. 1520.

rancune et de discorde, le seigneur Guillaume et le
seigneur Garnier avec ses fils ont accordé et librement octroyé, tant en leur nom qu'au nom des
leurs, vivants et défunts, aux religieux de Meyriat,
tout ce que ceux-ci ont acquis par don ou par achat,
soit de leur chef, soit du chef de leurs prédécesseurs, et dont ils sont investis à ce jour, c'est-à-dire :
les terres et les forêts qui constituent leur propriété,
et le droit de pâturage jusque sur la terre qui est
au-dessous, de sorte qu'aucune personne, de
quelque Ordre ou Religion qu'elle soit, ne puisse
s'y établir, et que ceux qui le tenteraient, les seigneurs susnommés s'engagent à les en empêcher de
tout leur pouvoir, même par la force ; excepté la
villa de Mions, située sur un terrain appartenant au
seigneur Garnier, lequel pourra autoriser à s'y établir les religieux qu'il lui plaira d'accueillir dans ce
but, sans toutefois avoir le droit de ruiner les pâturages de ce désert qui ont été concédés, sauf
la partie qui serait une dépendance de la villa.
Nous statuons également que le droit de passage
sera accordé aux troupeaux de Meyriat. De plus, les
susdits seigneurs prennent sous leur protection et
leur garde tout ce qui appartient aux religieux de
Meyriat ; et à tous ceux qui se rendront à ce monastère ou qui en reviendront, ils accorderont, eux
et leurs hommes d'armes, une sécurité pleine et
entière. Et si, toutefois, ils ont commis quelque
méfait, soit envers les religieux, soit envers ceux
qui viennent chez eux ou qui en reviennent, nous

mer (1). Et comme il ne se faisait pas alors d'autre
police que celle que les seigneurs organisaient eux-
mêmes sur leurs propres terres, il fallait bien obtenir
de ceux de Rougemont qu'ils garantissent aussi de
toute insulte et toute violence les visiteurs du monastère de Meyriat. Mais de pareils priviléges ne
s'obtenaient pas sans frais, et les Chartreux durent les
payer le prix que nous avons vu. Le grand nombre
de témoins de cet accord, non moins que la dignité
et la réputation de celui qui le ménagea, est une
preuve de l'importance que les deux parties y attachaient. Parmi ces témoins, nous remarquons un
chartreux de Portes, Guillaume, chapelain de saint
Anthelme. Ce religieux était donc attaché à la personne de l'évêque de Belley, et il n'était pas le seul,
car nous trouverons plus tard près de lui un autre
convers du nom de Gérard, le propre frère du comte
de Nevers. Ce privilége n'avait pu être accordé au
prélat qu'à la condition qu'il continuerait à mener à
Belley le même genre de vie que s'il n'avait pas quitté
son couvent. Mais ce devait lui être chose facile,
puisque, comme nous l'avons dit, saint Anthelme

(1) Peut-être faut-il voir ici une renonciation au droit féodal désigné
sous le nom de *retrait censuel*, en vertu duquel le seigneur peut
garder pour son compte toute terre vendue, à charge de rembourser
l'acquéreur, mais en prélevant à son profit le droit des *lods* et ventes.
Ce *retrait censuel* rendait, comme on le voit, toutes les transactions
aléatoires, car il suivait la terre qui en était grevée, quelles que fussent
les mains entre lesquelles elle passait successivement. Par l'abandon
qu'il en faisait, le seigneur rendait la liberté à la terre, et pour exprimer cet acte de libération, on pouvait dire qu'en réalité il la *donnait*
et l'*octroyait*.

en devenant évêque, n'avait pas cessé d'être chartreux, ni de vivre en chartreux, de sorte que la
demeure épiscopale ressemblait plus à un monastère qu'à un palais.

Nous trouvons le nom de saint Anthelme, évêque
de Belley, dans une autre charte sans date. Cette
charte doit être de peu postérieure à une sentence
impériale datée du 7 septembre 1162, qui con-
damnait Amédée, comte de Genevois, à restituer à
l'église de Genève les *régales* qu'il lui avait enlevées.
Saint Anthelme y figure comme témoin avec saint
Pierre, archevêque de Tarentaise, et Lundric, évêque
de Lausanne (1).

Plus tard, le 23 août 1174, saint Anthelme in-
terviendra de nouveau pour accommoder le même
comte de Genevois, Amédée, avec Borcard, abbé
de Saint-Maurice en Valais. Dans l'acte de réconciliation ménagé par l'évêque de Belley et daté d'Annecy, le comte reconnaît avoir causé à ladite Abbaye de grands torts, en retenant les cens dont il
lui était redevable et en lui contestant ses droits de
seigneurie sur Commenguy. C'est pourquoi, il s'engage à les respecter à l'avenir et fait don à l'abbaye
des droits de péage de Bossin et d'Arzier.

Dans un second acte qui porte également la signature d'Anthelme, Amédée fait, entre les mains
de Borcard, hommage lige et reconnaissance pour
le château de Chaumont en Genevois, pour celui

(1) *Regeste genevois*, pages 102 et 103.

de la Roche et la moitié de Hauteville. Cette dernière pièce porte la date du 23 août 1178, qui est postérieure à celle de la mort de saint Anthelme. Mais il y a ici une erreur évidente, et nous sommes portés à croire que cette charte est non-seulement du même jour et du même mois que la précédente, mais encore de la même année, attendu que les autres indications relatives à la lune, à l'épacte, à la férie et à la vigile de saint Barthélemy, sont identiques dans les deux pièces, ce qui ne peut avoir lieu pour des dates aussi rapprochées.

Enfin, dans un accord intervenu en 1209, entre les chanoines de Saint-Ruf et les chartreux de Portes, les arbitres, en limitant les propriétés en litige, indiquent qu'elles s'étendent d'un côté « jusqu'au hêtre sur lequel les témoins des deux parties attestent qu'une croix a été tracée par ordre d'Anthelme, évêque de Belley (1). »

Il y avait plus de trente ans que cet arbre portait, incisé sur son tronc, ce caractère sacré, pour servir de limite aux propriétés de la chartreuse de Portes. Il suffit, comme on le voit, de rappeler qu'il avait été placé par ordre de saint Anthelme pour le rendre inviolable, tant les décisions du saint évêque étaient respectées, même lorsque, depuis longtemps déjà, il était sorti de ce monde.

Or, dans toutes les affaires, soit séculières, soit ecclésiastiques, où il intervint, il tenait toujours le

______

(1) *Archives de l'Ain*, *titre de Portes*, série H, n. 165.

14

premier rang ; aucun personnage, quelle que fût sa dignité, n'aurait osé le lui disputer, car tous étaient pénétrés de vénération pour lui et se faisaient un devoir de le montrer par toutes sortes de témoignages extérieurs de respect. La Cour romaine elle-même se plaisait à reconnaître cette haute et incontestable influence de notre saint, et elle donna une preuve éclatante de l'estime et de la confiance dont elle l'honorait dans une circonstance beaucoup plus solennelle que les précédentes, et que nous allons faire connaître.

L'Europe entière retentissait alors du bruit de la querelle qui avait éclaté entre le roi d'Angleterre, Henri II, et saint Thomas, archevêque de Cantorbéry, au sujet des immunités ecclésiastiques. A des tendances très-marquées vers le despotisme, le monarque normand unissait une soif de l'or pour laquelle rien n'était sacré. Dans une réunion des évêques de son royaume à Clarendon, il dévoila complètement ces dispositions secrètes de son âme, en essayant d'imposer aux prélats l'adoption pure et simple d'articles de son invention, au nombre de seize, qui peuvent se résumer en ces deux points : assujettissement de l'Église au pouvoir civil ; dépouillement de l'Église au profit du trésor royal.

L'archevêque de Cantorbéry s'opposa énergiquement à l'adoption de mesures aussi perverses, et qui auraient ramené l'Église d'Angleterre aux plus mauvais jours de la querelle des investitures. Le roi fut si irrité d'une résistance à laquelle il ne s'attendait point, surtout de la part de son ancien chancelier et favori, que celui-ci dut prendre secrètement la fuite, se réfugier en France et réclamer la protection du Souverain Pontife qui, lui-même, y était venu chercher un asile contre la persécution de l'empereur Frédéric Barberousse. Alexandre III accueillit le fugitif avec bonté, refusa de recevoir sa démission et lui indiqua l'abbaye de Pontigny pour retraite.

Cependant, le Pape n'était pas sans inquiétude sur l'issue de ce fâcheux démêlé. Ainsi, il hésitait à employer les mesures de rigueur pour obliger le roi d'Angleterre à renoncer à ses prétentions, de peur que le dépit et la colère ne jetassent ce prince orgueilleux et vindicatif dans le schisme qui continuait à désoler l'Église, et qu'il n'y entraînât avec lui son royaume tout entier. Il préféra donc la voie plus pacifique de la réconciliation entre les deux adversaires.

Une première tentative eut lieu en 1167, trois ans après que saint Thomas eut quitté son pays. Pour donner plus de solennité à cette démarche conciliante, et plus d'autorité, près du roi, aux propositions qui lui seraient faites de sa part, le Pape en chargea les cardinaux Guillaume et Othon avec le titre de légats du Saint-Siége. Quoique l'un d'eux se montrât favorable au prince, leurs efforts n'aboutirent à rien, pas même à obtenir que du moins les clercs de l'archevêque, qui l'avaient suivi dans son exil, retournassent en Angleterre.

Le Pape, voyant que le roi n'avait été nullement impressionné par le caractère auguste des négociateurs, crut qu'il serait peut-être plus accessible au respect qu'une sainteté bien reconnue ne manque jamais de produire, même sur les esprits les plus hautains. Sa pensée se porta tout d'abord sur l'Ordre religieux le plus célèbre par la rigueur de son observance, celui des Chartreux. Cet Ordre s'était, du reste, signalé à son attention, et avait gagné son estime particulière par l'empressement avec lequel il l'avait reconnu et avait aidé à le faire reconnaître pour Pape légitime, et, en toute circonstance, par son zèle et la pureté de sa foi.

Tout récemment encore, les religieux de la Grande-Chartreuse avaient donné un nouveau témoignage de ces dispositions, en adressant directement à Henri II lui-même une lettre énergique, dans laquelle ils le suppliaient de faire cesser la persécution qu'il avait déchaînée sur l'Église d'Angleterre. Voici cette lettre :

« Au très-excellent et très-vaillant roi des Anglais, les frères de la Chartreuse (puissent-ils être de vrais pauvres d'esprit!). Ils lui souhaitent qu'il règne dans le siècle présent de telle sorte qu'il mérite d'être couronné dans le siècle futur.

« Bien que le saint homme Job parût comme un roi au milieu de son armée, il n'en était pas moins le consolateur des malheureux. Le roi des rois et le

dominateur des dominateurs a ouvert la main et a
prodigieusement dilaté votre royaume. Il est donc
juste que vous ayez toujours devant les yeux cette
terrible sentence de la sainte Écriture qui nous dit :
Les puissants seront puissamment tourmentés, et
c'est aux plus grands que les plus grands supplices
sont réservés. Et cette autre du Psalmiste : Gloire
au Dieu terrible, à Celui qui enlève aux princes
leur esprit, au Dieu terrible pour les rois de la
terre.

« Or, il n'est bruit partout, de l'orient à l'occident, que de l'affliction intolérable dans laquelle
gémissent les églises de votre royaume, et des
choses inouïes et contraires à tous les usages que
vous exigez d'elles. Si les anciens rois se sont permis ces excès, c'était contre toute justice et vous
ne pouvez vous en prévaloir. Il se peut aussi que,
de votre temps, cette grande affliction soit supportable, grâce aux tempéraments que vous inspirera
la grande sagesse dont Dieu vous a rempli. Mais
peut-être qu'après vous il viendra des rois qui dé-
voreront l'Église à pleine bouche, des rois endurcis
qui diront avec Pharaon : Nous ne connaissons pas
le Seigneur et nous ne laisserons pas aller Israël.
Épargnez votre dignité; épargnez votre noblesse;
épargnez votre sagesse; épargnez la gloire de votre
nom. Vous à qui rien ne manque et qui êtes tout-
puissant, prenez garde de ne léguer à vos successeurs qu'un instrument de tyrannie. Regardez d'un
œil clément la douleur et la tristesse de la sainte

Église qui, presque partout, est foulée aux pieds. Soulagez-la par des consolations dignes d'un roi et prenez à tâche de la défendre toujours, sans vous lasser jamais (1). »

Tel était le noble et courageux langage que ces humbles religieux savaient tenir aux rois les plus puissants. Le Pape, en choisissant des hommes de cette trempe pour leur confier une mission comme celle dont ils s'agissait, pouvait donc compter sur leur fermeté, et espérer à bon droit que rien ne serait capable de leur faire trahir la cause de l'Église. D'un autre côté, il ne comptait pas moins sur la réputation de sainteté dont ils jouissaient et devant laquelle on verrait peut-être tomber l'obstination de Henri II.

Mais il fallait choisir, dans le nombre, ceux qui devaient tenter cette œuvre de paix. Ici, Alexandre n'hésita pas longtemps.

De tous les fils de saint Bruno, aucun n'était plus respecté qu'Anthelme, évêque de Belley. De plus, Alexandre le connaissait personnellement et appréciait ses éminentes qualités. N'était-ce pas lui, d'ailleurs, qui avait inspiré à ses frères la belle conduite qu'ils avaient tenue dans l'affaire du schisme ? Alexandre le choisit donc (2), pour reprendre la négociation épineuse qui avait échoué,

____

(1) Chr. Lupus, *Epistolæ et vita S. Thomæ Cantuariensis,* in-4°.

(2) Ce dut être en 1168, la conférence de Montmirail, dont il va être question, ayant eu lieu le 6 janvier 1169.

et lui adjoignit Basile de Bourgogne, prieur de la Grande-Chartreuse.

L'un et l'autre avaient l'illustration de la naissance ; mais cet éclat de l'ordre humain disparaissait devant l'éclat beaucoup plus vif et plus pur de la sainteté de leur vie. Le Pape leur donna deux lettres pour le roi d'Angleterre. Dans celle qu'ils devaient remettre la première, Alexandre, tout en indiquant ce qu'il attendait du roi, tenait plutôt le langage d'un père que celui d'un juge. Si cette lettre ne produisait pas l'effet qu'il y avait lieu d'espérer, les négociateurs donneraient la seconde. Or, celle-ci était conçue en termes sévères et même menaçants. Ainsi, le Pape y déclarait au roi que si, pour le commencement du carême prochain, la réconciliation n'était pas effectuée, l'archevêque de Cantorbéry serait libre d'user de tout son pouvoir, dont le Pape, par condescendance pour les coupables, avait jusque-là suspendu l'exercice, et, par conséquent, d'excommunier le roi et ses complices, et de mettre au besoin le royaume en interdit.

Tel était le sens des lettres confiées à la discrétion des nouveaux envoyés du Pape. Des instructions particulières leur avaient également été données sur ce qu'ils devaient y ajouter de vive voix, pour apaiser le différend et rétablir la paix dans l'Église d'Angleterre.

Mais, chose singulière, en même temps que le Pape chargeait Anthelme et Basile de Bourgogne de cette mission délicate, il adressait les mêmes lettres pour le roi, avec des instructions identiques, à deux autres Chartreux, Simon, prieur de Mont-Dieu et Engelbert, prieur de Val-Saint-Pierre, n'étant pas certain, dit Baronius (1), que l'évêque de Belley et son compagnon pussent parvenir jusqu'au roi d'Angleterre. Nous lisons, en effet, dans la lettre où le Pape donne ses instructions aux prieurs Simon et Engelbert, les paroles suivantes : « Nous voulons donc que vous exécutiez diligemment cette mission, à moins que notre frère l'évêque de Belley et notre cher fils le prieur de la Grande-Chartreuse ne l'aient eux-mêmes accomplie, ainsi que nous leur en avons donné l'ordre (2). » Les deux missions sont donc bien distinctes l'une de l'autre, et la seconde ne devait avoir son effet qu'à défaut de la première.

Or, il arriva que ce furent les religieux désignés en dernier lieu, c'est-à-dire, Simon et Engelbert, qui exécutèrent les ordres du Pape. Nous le savons par le rapport détaillé que Simon lui envoya sur l'insuccès de la conférence qui se tint à Mont-mirail, le 6 janvier 1169, en présence des rois de France et d'Angleterre. Mais ce que l'histoire ne nous apprend pas, c'est le motif qui empêcha Anthelme et Basile de remplir eux-mêmes la mission dont ils avaient été chargés les premiers. Il n'est pas toutefois impossible de le conjecturer.

On ne doit pas oublier qu'à cette époque le Bugey

____

(1) *Annales Eccles.*, t. **XII**, page 599.
(2) Ibid.

et le Dauphiné étaient pays d'empire, et que Frédéric Barberousse restait toujours attaché au
schisme qu'il avait lui-même suscité dans le but de
dominer l'Église et le monde. Or, ce n'était pas sans
le secret espoir d'attirer à son parti, comme le
craignait Alexandre III, le puissant roi d'Angleterre,
qu'il l'avait vu se brouiller avec l'archevêque de
Cantorbéry. Des négociations furent entamées, en
effet, dans ce sens. Il avait donc tout intérêt à ce
que le différend, au lieu de s'apaiser, prît, au contraire, un caractère de plus en plus aigu, et éclatât
en une rupture irrémédiable; et il est naturel de
penser qu'ayant connu le projet du Pape de confier
à deux de ses sujets, Anthelme et Basile de Bourgogne, la mission de réconcilier les deux adversaires,
Frédéric n'omit, de son côté, aucune des mesures
nécessaires pour rendre impossible le voyage des
médiateurs. Or, pour cela, il lui suffisait de leur
fermer la frontière du côté par où ils devaient entrer
en France. C'est, sans doute, ce qui fait dire à Baronius ces paroles que nous avons déjà rapportées,
et qui rendent tout à-fait plausible notre conjecture :
« Le Pape, n'était pas sûr que l'évêque de Belley
et son compagnon pussent parvenir jusqu'au roi
d'Angleterre. »

Du reste, l'empereur, l'année précédente, avait
lui-même rompu des négociations commencées en
vue de l'extinction du schisme, qui s'en allait mourant, et c'était précisément au prieur de la Grande-
Chartreuse, accompagné de l'abbé de Cîteaux et de

l'évêque de Pavie, que le Pape avait déjà confié la mission de le représenter et de traiter en son nom. Or, Frédéric avait agi, alors, avec la plus insigne mauvaise foi et, par conséquent, il ne devait en être que plus mal disposé envers Basile de Bourgogne. Nous connaissons, d'ailleurs, son hostilité pour Anthelme.

Une autre circonstance vient confirmer notre supposition, c'est que les deux Chartreux qui remplacèrent Anthelme et Basile, furent choisis, non plus dans des monastères dépendant de l'empire, mais dans la province de Picardie, d'où il était facile de se rendre au lieu désigné pour la réunion de la conférence.

L'évêque de Belley et le prieur de la Grande-Chartreuse n'eurent donc que l'honneur d'avoir été choisis par le souverain Pontife pour cette mission importante. Mais s'ils avaient pu la remplir, eussent-ils été plus heureux que ceux de leurs frères qui leur furent substitués? C'est une question à laquelle il est impossible de répondre. Ce qui est certain, c'est que souvent les causes les plus justes n'obtiennent le triomphe qu'au prix du sang versé par leurs défenseurs, et c'est ce qui arriva pour celle que soutenait l'archevêque de Cantorbéry. La soumission de son redoutable adversaire aux lois de l'Église fut le prix de son martyre. En effet, le roi retira ses fameux articles de Clarendon, et, un jour, on le vit prosterné, en habit de pénitent, les pieds nus, sur la tombe de celui dont il avait causé la mort

par une parole imprudente, pendant que l'évêque
de Londres montait en chaire pour dire à tout le
peuple le repentir du roi et implorer du ciel son
pardon. Le roi promit, en outre, en expiation de son
crime, de prendre la croix et d'aller en Terre sainte
combattre les infidèles. Mais les circonstances ne
lui ayant pas, dans la suite, paru favorables pour
une expédition lointaine, il fit commuer son vœu et
fonda, vers 1175, deux chartreuses, celle de
Witham, en Angleterre, et celle du Liget en Tou-
raine.

CHAPITRE XVI

**Zèle d'Anthelme pour le bien des religieux
et la conversion des pécheurs. — Sa charité. —
Miracles.**

Anthelme était loin d'avoir oublié sa première
vocation. Son genre de vie, dès les débuts de
son épiscopat, aurait suffi à lui en rappeler le
souvenir, s'il n'en avait pas conservé un amour
très-vif au fond de son cœur. Il en donna des
preuves fréquentes en aidant de tout son pouvoir à faire régner dans les maisons de son Ordre,
qui étaient dans son voisinage, une ferveur toujours
croissante et une observance exacte des constitutions. Il semblait qu'il eût gardé toute l'autorité
qu'il avait exercée en d'autre temps, car les prieurs
s'appliquaient volontiers à se pénétrer de son esprit,
et réglaient les affaires de l'Ordre conformément
aux conseils qu'il leur donnait. Comme on lui avait
conservé sa cellule à la Grande-Chartreuse, il
profitait des quelques loisirs que lui laissaient ses
nombreuses occupations, pour y venir de temps à
autre et s'y renfermer. Là, comme aux beaux jours
de sa vie de religieux, il se livrait en paix à la prière
et à la contemplation ; il y prenait ses repas et son
sommeil. Dans ces courtes apparitions au milieu
de ses frères, loin de se prévaloir de sa dignité

épiscopale, il se plaisait, au contraire, à la faire oublier, en se montrant comme le plus humble et le dernier des religieux. Ainsi, à l'exception de l'anneau, il n'avait rien qui la rappelât ; ses vêtements étaient grossiers comme ceux des religieux, et il portait constamment le cilice sur la chair. Il assistait à l'office de nuit et, les jours de fêtes, il se rendait au réfectoire avec la communauté. Le dimanche, après le repas du soir, il allait, ainsi que les autres, en silence à la porte du réfectoire, recevoir à son tour, des mains du frère qui se tenait dans l'intérieur, le pain qui devait servir à sa nourriture.

Il ne se contentait pas de retourner ainsi à la Grande-Chartreuse à certaines époques de l'année, mais il visitait encore très-souvent les autres monastères de son Ordre. Lorsqu'il entrait dans l'une de ces maisons, les religieux se réunissaient autour de lui, et il leur adressait de pieux discours, dans lesquels il aimait à proposer à leur imitation la vie fervente de ceux qui l'avaient lui-même édifié, ou dont il avait entendu louer les vertus. Il les voyait ensuite chacun en particulier, les appelant près de lui successivement, ou les visitant dans leurs cellules. C'était pour lui une occasion de leur témoigner toute la charité de son cœur, et son ardent désir de les voir persévérer dans leur sainte vocation et d'y faire des progrès. Il finissait toujours par se recommander instamment à leurs prières. Dans tous les monastères qu'il visitait, il sollicitait humblement le privilége d'être mis au nombre des religieux, et de participer, par cette agrégation, aux mérites des bonnes œuvres qui s'y pratiquaient.

Cette fidélité pour son Ordre était loin de le distraire du soin qu'il devait à ses diocésains. Dans ses visites aux monastères, il recherchait sans doute la paix et le recueillement qui y règnent ; mais il y puisait aussi une nouvelle ardeur pour l'accomplissement de ses devoirs. On le voyait bien, chaque fois qu'il en revenait, au zèle infatigable avec lequel il s'appliquait à ses saintes obligations.

Le ministère des âmes, au tribunal de la pénitence, lui prenait la plus large part de son temps. C'était là surtout que sa tendre charité se révélait : les pécheurs qui lui ont confié les secrets de leur conscience auraient pu le dire. Il compatissait au douloureux état où le péché les avait réduits, et les larmes que sa miséricordieuse tendresse tirait de ses yeux, l'assurance du pardon qu'il s'efforçait de leur donner, touchaient jusqu'aux plus endurcis et finissaient par les ramener dans le bon chemin.

Les pauvres et les affligés ne trouvaient nulle part des secours aussi efficaces que dans le cœur d'Anthelme. Semblable au saint patriarche Job, il accueillait tout étranger qui se présentait, et sa porte était toujours ouverte à l'indigent. Il se contentait, pour son propre entretien, du strict nécessaire, afin de pouvoir distribuer des aumônes plus abondantes.

Parmi les pauvres, il y en avait qui lui étaient plus particulièrement chers ; c'étaient les religieux dont les monastères étaient insuffisamment dotés. Deux surtout de ces maisons de prières touchèrent son cœur par leur détresse, et reçurent de lui ce qui leur était indispensable pour se soutenir. L'une était habitée par des religieuses de la règle de Cîteaux et avait été fondée, en 1155, non loin de Belley, dans un lieu appellé Bons, par Marguerite de Savoie, sœur du comte Humbert III. Les veuves aussi bien que les vierges y étaient admises. Le dénûment dans lequel cette pieuse communauté se trouvait, du vivant même de l'illustre fondatrice, est une preuve éclatante de la ferveur de ses membres, surtout du détachement absolu qu'on y pratiquait. De pareilles dispositions répondaient trop bien à celles du saint évêque pour que leur détresse le trouvât indifférent. Il allait donc les encourager, et veillant à leurs besoins avec la sollicitude d'un bon père, il y pourvoyait discrètement, et leur laissait ainsi la liberté d'accomplir paisiblement les devoirs de la vie spirituelle.

L'autre maison était une léproserie. Elle avait été fondée par l'ancien prieur de la Grande-Chartreuse, le vénérable Guigues, dans un lieu nommé *Intersaxa*, sur les rives du Rhône, entre la petite ville d'Yenne et la Balme de Pierre-Châtel. Ce lieu s'appelle aujourd'hui la Maladière. On y voit encore quelques restes des bâtiments et les ruines de la chapelle.

On sait que la lèpre fut importée en Occident par les soldats chrétiens qui revenaient de la croisade. Cette origine de la terrible maladie rendait ceux qui en étaient atteints doublement dignes de compassion, et l'on comprend que la charité du *bon Prieur* ait voulu soulager une infortune contractée au service du Christ et pour la délivrance de son tombeau. Mais à ce motif, qui agissait avec une égale force sur le cœur d'Anthelme, s'ajoutait, pour l'attirer lui-même vers ces malheureux, le pieux souvenir qu'il avait gardé du saint fondateur de leur hospice. En y allant les soigner de ses propres mains, il satisfaisait son amour pour Notre-Seigneur qu'il voyait dans les pauvres malades, et il continuait en même temps la bonne œuvre de Guigues, demeuré pour lui un modèle.

Un jour, comme le serviteur de Dieu était en voyage, il arriva en un endroit où on le pria de s'arrêter pour visiter un malade. C'était un malheureux que la morsure d'une vipère avait fait enfler et qui paraissait sur le point de mourir. Ceux qui l'entouraient, supplièrent le saint évêque de lui venir en aide dans cette extrémité. Anthelme fut touché de la plus vive compassion à la vue du triste état du moribond. Il fit sur lui le signe de la croix, et aussitôt, comme si le venin qui le tuait avait été expulsé par la vertu de ce signe sacré, l'enflure disparut immédiatement avec les douleurs. L'humble prélat ordonna à ceux qui l'accompagnaient de n'en rien dire à personne, affirmant que c'était à la foi de ces bonnes gens, et non à ses mérites, que cette faveur leur avait été accordée. Il redoutait les louanges autant que le voleur craint d'être pris. Aussi, le don de faire des miracles de son vivant ne lui paraissait nullement enviable, tant il tenait à n'être pas plus estimé des autres qu'il ne s'estimait lui-même.

Anthelme avait, à Genève, un ami du nom de Bernamond qui était engagé dans les liens du mariage et qui n'avait pas d'enfant. Un jour qu'il était venu dans cette ville, son ami l'invita à descendre chez lui. Il s'y rendit volontiers et, dans le cours de la conversation intime qu'ils eurent ensemble, il exprima le désir de voir la maîtresse de la maison. On la fit appeler, et quand le saint se trouva en présence des deux époux, il leur parla, avec la gravité qui lui était ordinaire, de la fidélité réciproque qu'ils se devaient l'un à l'autre, comme aussi de la nécessité de sanctifier leur union par des bonnes œuvres et de vivre dans l'amour de Dieu. C'est ainsi que les saints témoignent leur amitié, non par des paroles oiseuses, ou qui n'expriment que des sentiments humains et trop souvent stériles, mais par un désir ardent de voir ceux qui en sont l'objet s'enrichir des vrais biens, et en les y aidant de tout leur pouvoir.

Les deux époux étaient dignes de cette amitié et du langage qu'elle inspirait à leur hôte et qu'ils écoutaient avec une religieuse attention. Cependant, quoique de leur aveu, tout leur eût jusqu'alors réussi, ils étaient tristes et tenaient cette prospérité pour peu de chose, parce que Dieu n'avait pas béni leur union.

Tel est l'honneur que les chrétiens attachent à la fécondité du mariage. Il leur semble, si elle leur est refusée, que Dieu leur refuse en même temps la plus grande joie qu'ils puissent ambitionner, celle de lui donner des saints qui le béniront dans l'éternité. Ils savent, en effet, que les hommes ne se multiplient sur la terre que pour aller augmenter le nombre des élus dans le ciel. Aussi, est-ce leur suprême félicité, ici-bas, de voir leur foyer se peupler de rejetons nombreux, et l'on comprend que Dieu veuille leur accorder quelquefois, par miracle, ce que la nature est impuissante à leur donner. C'est ce qu'il va faire pour ces bons genevois, par l'intermédiaire du saint évêque de Belley.

Anthelme fut vivement touché de leur plainte. Subitement inspiré, il appelle à lui l'épouse et, lui traçant sur le front le signe de la croix, il lui dit : « Au nom de Notre-Seigneur Jésus-Christ, je le « veux, donnez-nous un fils. » Les époux ne purent se défendre de voir une prophétie dans cet ordre, et ils se sentirent remplis d'espoir et de consolation.

Effectivement, dans le cours de l'année, ils purent remercier Dieu, qui leur envoyait un fils, de l'efficacité qu'il avait donnée à la parole de son serviteur (1).

____

(1) *Vita S. Anthelmi*, apud Bolland.

CHAPITRE XVII

La Bulle d'or. — Démêlés avec le comte de Maurienne, Humbert III.

Anthelme continuait à s'occuper de son peuple avec le zèle que nous avons vu dans les chapitres précédents, rétablissant la discipline dans son clergé, réprimant les violences de voisins cupides, si fréquentes à cette époque, consolant les affligés, visitant les maisons religieuses pour y entretenir la ferveur, apaisant les différends comme médiateur, et poursuivant, au milieu de ces occupations multipliées, la brebis égarée pour la ramener au bercail. Douze années s'étaient écoulées dans ces travaux incessants pour la gloire de Dieu et pour le bien temporel et éternel de son troupeau, lorsqu'une faveur inattendue, surtout de la part de l'empereur Frédéric Barberouse, vint en apparence donner plus d'autorité à son ministère. Nous disons *en apparence,* parce que nous verrons qu'Anthelme en recueillit plus d'ennui que de profit réel. Nous voulons parler de la bulle d'or que l'empereur accorda à saint Anthelme et qui lui valut des droits absolus et souverains sur la ville de Belley, avec le titre de prince du saint-empire romain.

Cette bulle, d'un caractère plus solennel que

toutes les autres chartes émanées de la chancellerie
impériale, lui fut octroyée en 1175, pendant
que Frédéric était occupé au siége d'Alexandrie.
C'était au moment même où les villes de la
Lombardie réunissaient des troupes pour les envoyer au secours de la ville assiégée, par conséquent, lorsque quatre mois de combats infructueux
et la perspective de nouvelles luttes plus terribles
jetaient l'empereur dans le plus grand embarras,
et ne lui laissaient plus entrevoir qu'une défaite
irrémédiable, suivie d'une fuite honteuse. Aussi
pensait-il à entrer sérieusement, cette fois, en négociation pour la paix, avec Alexandre III. Du reste,
il n'y avait pas d'autre issue pour sortir honorable-
ment des difficultés inextricables dans lesquelles
son obstination l'avait engagé.

Dans cette situation désespérée, il était de son
intérêt de se concilier les esprits et de prouver, par
des faits, que son désir de la paix était sincère. On
comprend donc qu'il ait fait taire sa vieille animo-
sité contre saint Anthelme et que, voulant se préparer les voies à une réconciliation, il ait cherché
à disposer en sa faveur un des défenseurs les plus
anciens et les plus actifs de la cause du Pape.

De plus, en augmentant les droits de l'évêque
de Belley sur le temporel de son évêché, il dimi-
nuait d'autant ceux du comte de Maurienne dont il
avait à se venger, et affaiblissait ainsi la puissance
d'un de ses ennemis. C'est ce qui explique qu'il ait
accordé les mêmes priviléges aux évêques de

Saint-Jean de Maurienne et de Turin, ainsi qu'à l'archevêque de Tarentaise.

Tels sont les motifs qui semblent expliquer cette subite bienveillance de l'empereur Frédéric pour saint Anthelme en particulier.

La bulle est datée du siége de *Taboretum* ou *Toboretum*. On a traduit ce mot par Tabor, ville de Bohême (1). Ce que nous venons de dire nous oblige de regarder cette traduction comme fautive. A la date de la bulle, l'empereur était certainement devant Alexandrie ; il ne pouvait donc assiéger dans le même moment une ville située en Bohême. La ville, dont il est ici question, était évidemment dans le voisinage d'Alexandrie. D'ailleurs, Tabor, en Bohême, doit son origine à un château fort bâti en 1419 par Ziska, chef des Hussites, qui en avait fait un lieu de rassemblement. Il n'existait donc pas encore du temps de Frédéric Barberousse.

On a toujours tenu à honneur, dans la ville de Belley, la concession faite à son évêque par l'empereur. Aussi l'original de la bulle avait été conservé avec le plus grand soin dans les archives de la cathédrale. Il a fallu le vandalisme de la Révolution pour détruire ce curieux monument, comme elle en a détruit tant d'autres du même genre, uniquement parce qu'ils appartenaient à des âges de foi. Il en existait heureusement des copies qui nous permettent, aujourd'hui encore, d'en connaître la teneur.

(1) Voir l'ouvrage qui a pour titre : *Recherches historiques sur le département de l'Ain*, par **M.** de Latéyssonnière, t. **II**, p. 133.

Cette bulle se rapporte trop directement à notre sujet pour n'en donner qu'une analyse. Nous allons donc la reproduire intégralement, en la traduisant sur le texte latin tel qu'on le trouve dans Guichenon (1).

« Au nom de la sainte et indivisible Trinité, Frédéric, par la grâce divine, empereur auguste des Romains.

« C'est une des fonctions impériales de veiller à la conservation des églises du Christ établies dans l'empire, ainsi qu'à tout ce qui dépend d'elles, et d'augmenter les bénéfices et les revenus de ceux qui se dévouent au service de Dieu. C'est pourquoi, nous voulons qu'il soit connu de tous les fidèles sujets de notre empire, qu'en vue d'une récompense éternelle, nons prenons sous notre protection l'église de Belley, dédiée à saint Jean-Baptiste, notre fidèle évêque Anthelme, les évêques, ses successeurs, et les chanoines, leurs possessions et leurs vassaux, la cité elle-même avec ses dépendances, de telle sorte que l'évêque et les chanoines jouissent d'une pleine sécurité sous notre protection, qu'ils servent Dieu avec une entière liberté et lui adressent, pour nous et pour nos successeurs, des prières ferventes.

« Outre cela, nous accordons dans notre comté, au dit évêque, toutes les *régales* de la ville, c'est-à-dire, le droit de battre monnaie et ceux d'impôt

(1) *Histoire de Bresse et de Bugey*, II° partie, p. 25.

sur les marchandises, de péage, de halage, d'eau,
de pâturage, de pêche, de chasse, de forêts, de dé-
frichement, tout droit de contrainte et toute juridiction sur la ville et ses possessions, sauf, en tout
ces points, notre justice impériale. Nous statuons
donc, en vertu de notre autorité impériale, qu'aucune personne, soit séculière, soit ecclésiastique,
grande ou petite, duc, marquis, comte ou vassal,
n'ait la témérité d'enfreindre le ban établi par
l'évêque dans la ville, ou d'exiger aucune redevance des hommes qui dépendent de ladite église,
de les traduire en jugement ou de les obliger à
aller en guerre.

« De plus, nous accordons au même évêque le
droit de clore la ville, de l'environner de travaux
de défense et de la fortifier.

« Nous voulons que tous les marchands qui y
habitent, jouissent de toute sécurité lorsqu'ils iront
et reviendront à travers notre empire pour les
affaires de leur commerce. A l'évêque seul appar-
tiendra aussi de rendre la justice, soit à ceux qui
sont dans la ville, soit à ceux qui sont dans la
banlieue, de les requérir les uns et les autres pour
se porter au-devant de l'ennemi, d'exiger d'eux et
d'en recevoir le service qui lui est dû.

« Si quelqu'un se permettait, usant d'une téméraire audace, de transgresser notre édit, il paiera
une amende de cinquante livres d'or pur, une moitié à notre chambre et le reste à l'évêque et à son
église.

« Afin que le don de notre largesse demeure ferme et inviolable à perpétuité, nous avons statué qu'il serait transcrit sur cette charte et muni du sceau de notre Majesté.

« Vu par moi Godefroi, pour Philippe, archevêque de Cologne et archichancelier du royaume d'Italie.

« Fait l'an de l'incarnation de Notre-Seigneur 1175, indiction 8, sous le règne de Frédéric, très-glorieux empereur des Romains, de son règne la 24e année, et de son empire la 22e. Donné au siége de *Taboretum*, le 7e des calendes d'avril (26 mars). Ainsi soit-il (1). »

On le voit, les droits conférés par la bulle d'or de 1175 sont des droits souverains. Rien n'est excepté, si ce n'est le recours au tribunal suprême de l'empereur, que suppose, d'ailleurs, le système politique de cette époque. Anthelme, en vertu de cette bulle, était donc indépendant de tout autre que de l'empereur, et, par conséquent, il ne relevait plus du comte de Maurienne, son suzerain immédiat jusqu'à ce moment, du moins pour la ville même de Belley et son voisinage. Ce fut à partir de cette date que les évêques de Belley prirent le titre de prince du saint-empire.

Des priviléges si considérables furent-ils sollicités directement par Anthelme? Il serait contraire à toute vraisemblance de l'affirmer. Nous

(1) Voir le texte latin aux pièces justificatives, note I.

croyons plutôt qu'ils lui furent octroyés spontanément par Frédéric, pour les motifs que nous avons indiqués. Du reste, saint Anthelme, en les acceptant, considéra, non pas l'honneur qui lui en revenait, ce qui le touchait médiocrement, mais l'utilité qu'il pourrait en retirer pour le bien de son troupeau. Nous ne le voyons pas, en effet, usant de son droit de chasse, par exemple, courir le gibier à travers les forêts, ou déposant sa robe de moine et son bâton pastoral, endosser la cuirasse et armer son bras d'une lance pour guerroyer contre ses voisins. Mais qu'il ait été un justicier exact, qu'il ait poursuivi plus activement les malfaiteurs, protégé plus efficacement ses vassaux, secouru les faibles, il n'y a pas à en douter, quand on sait qu'il ne cessait de rappeler aux autres seigneurs ces devoirs essentiels de la souveraineté. C'est en parlant de lui, surtout, qu'on aurait pu dire avec vérité : il fait bon vivre sous la crosse de l'évêque.

Cependant, comme nous l'avons déjà insinué, cet amoindrissement des droits des comtes de Maurienne au profit des évêques de Belley, fut cause de démêlés assez semblables à ceux que nous avons vu éclater entre le comte de Forez et Héraclius, archevêque de Lyon, à l'occasion de priviléges du même genre accordés à ce dernier par l'empereur.

Mais avant d'en entreprendre le récit, il convient de faire connaître celui des deux antagonistes que nous avons à peine nommé jusqu'à présent.

Le comte de Maurienne, qui joignait à ce titre celui de marquis d'Italie, se nommait Humbert III. Il était fils d'Amédée III, mort à Nicosie dans l'île de Chypre, pendant la deuxième croisade, en 1149. Humbert avait été élevé par un saint évêque de Lausanne, son tuteur, et, dès sa jeunesse, il s'était signalé par les plus belles qualités. Sa foi était très-vive, et c'est sous l'inspiration de cette vertu qu'il fit les plus grandes largesses aux maisons religieuses de ses États. Il fonda, comme nous l'avons dit précédemment, la chartreuse d'Aillon, et son bonheur était de se retirer à l'abbaye d'Hautecombe pour y prier et y vivre avec les religieux, ce qui ne l'empêchait pas de faire preuve de la plus grande bravoure sur les champs de bataille. Dans les démêlés du Saint-Siége avec l'empire, au sujet du schisme, il prit le parti du Pape, malgré les dangers faciles à prévoir qui seraient pour lui la conséquence de cette détermination. Mais s'il ne parvint pas toujours à les éviter, il eut cependant l'art de ne laisser s'échapper aucune occasion favorable sans la mettre à profit. C'est ainsi qu'un jour, il n'accorda à l'empereur le passage libre à travers ses États, qu'en obtenant des concessions très-importantes et dont Frédéric ne tarda pas à se repentir (1).

Humbert était donc pieux et habile tout à la fois, et l'Église, en le mettant au nombre des bienheu-

______

(1) *Histoire générale de la Maison de Savoie*, par Guichenon, t. I, p. 237 et suiv.

reux, est venu joindre son témoignage infaillible au jugement favorable que les contemporains ont porté de lui.

Mais Humbert était aussi de son temps, et toucher à ses droits de souverain, c'était le blesser à la prunelle de l'œil. Il ne vit donc pas, sans un secret dépit, ses droits, sacrés pour lui, diminués, anéantis en partie et remis, quoique légitimement, en d'autres mains. Il ne put longtemps contenir son émotion, particulièrement vis-à-vis de saint Anthelme. Il se plaignit d'abord et manifesta l'intention de reprendre ce que son suzerain avait jugé à propos de lui enlever.

Tout à coup, Anthelme apprend que les gens du comte ont mis la main sur un de ses prêtres et l'ont enfermé dans une forteresse. Le cas était grave et il n'était pas possible de violer plus ouvertement les droits de l'évêque que Belley tenait de la bulle d'or de 1175. En même temps, Humbert, par cet acte de violence, anéantissait l'immunité ecclésiastique en vertu de laquelle toute personne, dès qu'elle était entrée dans les rangs du clergé, relevait du tribunal de l'évêque.

Anthelme aurait pu agir contre le vrai coupable ; mais, par ménagement pour Humbert, qu'il estimait malgré sa faute, il se contenta de punir le subalterne qui avait eu le tort de se prêter à l'exécution d'un ordre injuste ; il l'excommunia ainsi que toute sa maison. Ayant eu ensuite connaissance du lieu où le prisonnier était détenu, il pria l'évêque de Saint-Jean de Maurienne, nommé Guillaume, de s'y rendre pour le réclamer et le ramener. L'évêque accepta la mission qui lui était offerte. Il se rendit de sa personne sur le lieu indiqué, et avertit le gardien de lui livrer son prisonnier. Le gardien s'y refusa d'abord. Mais l'évêque, usant de son autorité, finit par tirer le prêtre de sa prison malgré le geôlier. Celui-ci, n'osant résister d'avantage, se mit à crier que du moins son maître et seigneur serait bientôt instruit de ce qui se passait et saurait en tirer vengeance.

Le prêtre délivré fut inquiet de ces menaces ; et apprenant ensuite qu'on lui tendrait des embûches pour le reprendre, il essaya de dissimuler son retour en suivant des chemins détournés. Ces précautions furent inutiles ; il tomba dans l'embuscade où les gens du gardien l'attendaient. En voulant leur échapper, il reçut une grave blessure dont il mourut quelques jours après. Humbert n'avait pris sans doute aucune part directe à ce guet-apens suivi d'un meurtre. Il en eut, du reste, été incapable, car s'il pouvait s'aveugler sur l'étendue de ses droits, sa conscience le défendait de pareils excès. Anthelme le savait ; aussi, malgré la douleur dont son cœur fut pénétré quand il connut ce nouvel attentat, il prit d'abord patience et attendit que la réparation vînt d'elle-même.

Mais, au lieu d'une réparation, ce furent des réclamations qui lui vinrent de la part d'Humbert. Le comte prétendait que certains biens de l'église de

Belley étaient grevés à son profit des droits de *régale*, et il demandait qu'on lui en fît une reconnaissance formelle, n'osant pas en revendiquer l'exercice par la violence. De peur que ces prétentions n'obtinssent, avec le temps, l'apparence même du droit qui leur manquait, Anthelme offrit au comte l'occasion de les discuter. Humbert répondit par des menaces. Il affirma qu'il ne tarderait pas plus longtemps à s'emparer de ce qu'il prétendait lui appartenir, sans vouloir toutefois en fournir la preuve.

Le comte avait pris le silence d'Anthelme, au sujet du meurtre du prêtre, pour de la pusillanimité, et c'est sans doute ce qui l'avait enhardi à accentuer davantage sa revendication des droits de *régale*. Il vit bientôt qu'il s'était trompé. En effet, Anthelme, décidé à obtenir justice, avertit de nouveau le comte, le menaçant lui-même, cette fois, de l'excommunication s'il ne renonçait pas aux droits qu'il s'attribuait sans raison, et s'il ne donnait pas une satisfaction suffisante pour le meurtre commis sur la personne d'un de ses prêtres, autant du moins qu'il pouvait être compromis dans cette affaire (1).

Le comte, méprisant ces avis réitérés, répondit qu'il tenait du Pape le privilége de ne pouvoir être

---

(1) Cum autem ipsum iterato moneret, et ei excommunicationis sententiam minaretur, nisi calumniæ abrenuntiaret, et propter sacerdotis mortem Deo satisfaceret, quantum ad ipsum pertinebat;... (*Vita S. Anthelmi*, n. 30).

excommunié par aucun autre que par lui. Anthelme
n'hésita plus, et, le comte présent, il prononça
contre lui la sentence redoutable (1). La colère
s'était emparé du prince et lui faisait proférer les
menaces les plus terribles. Ceux qui assistaient à
cette scène étaient dans la plus vive appréhension
sur les suites d'un acte qu'ils qualifiaient de téméraire, et s'attendaient à le voir punir immédiatement. Mais Anthelme, dont la fermeté croissait
avec le péril, au lieu de chercher à calmer le
comte exaspéré, réitère le sentence et déclare
le coupable, en termes explicites, séparé du
Christ et de l'Église, son corps mystique, li-
vré à Satan et enchaîné dans les liens de l'anathème (2).

Tous étaient dans la stupeur, Anthelme, seul,
demeurait calme et intrépide. Debout en face du
comte, il le dominait de sa haute taille et de son
air imposant et sévère. Humbert, subjugué par la
majesté de son juge, se contint, mais toutefois sans
vouloir se soumettre. Il se plaignit au Pape de ce
que, contrairement au privilége qu'il tenait du

(1) Comes monita ejus spernens, a nullo se excommunicari posse res-
pondit, cum a **Summo Pontifice super** hoc privigelium **ratum** haberet.
Nec mora, illum magnum Principem excommunicare non est veritus,
etiam eo præsente. **Ib.**

(2) ... **Qui totus in ira succensus, cum eidem mala minaretur, et**
qui cum ipso erant, dicerent, quod pro tantæ temeritatis usu in Principem statim puniretur; ille constantior effectus, sententia repetita
pertinacem attentius et expressius a Christo et ejus corpore, quod
est Ecclesia, segregans, ipsum satanæ tradens anathematis vinculo
fortius innodavit. **Ib.**

Siége apostolique, l'évêque de Belley avait osé le frapper d'excommunication (1).

Le Pape délégua deux évêques (2), pour aller trouver Anthelme et lui enjoindre d'absoudre son très-cher fils le comte de Maurienne. Et comme il connaissait la fermeté du prélat, il leur ordonna d'absoudre eux-mêmes le comte, si l'évêque de Belley s'y refusait.

Les deux envoyés remplirent leur mission et s'efforcèrent par leurs discours de persuader à Anthelme d'obtempérer au désir du Pape, et d'apaiser le comte en l'absolvant.

Anthelme leur répondit que celui qui a été lié justement ne doit pas être délié, à moins que, pénétré du repentir de sa faute, il n'offre une satisfaction convenable. « Car enfin, ajouta-t-il, la puissance que Pierre a reçue ne lui a pas été donnée pour lier et délier sans motif et à contre-temps. A plus forte raison en est-il ainsi pour nous. Sachez donc que je ne lèverai jamais la sentence que j'ai justement prononcée, à moins qu'on ne satisfasse pour la faute qui l'a méritée. »

Les deux évêques, convaincus qu'il était inutile d'insister davantage, se retirèrent. Toutefois, comme ils reconnaissaient la justice de la cause d'Anthelme, ils s'abstinrent de prononcer eux-

(1) Qui autem aderant, timentes ei stupebant, cum ipse intrepidus remaneret, etc.
(2) Voir la note J.

mêmes la sentence d'absolution (1). Ils rendirent compte au Pape de ce qui s'était passé dans leur entrevue avec l'évêque de Belley, et ils expliquèrent en particulier comment ils n'avaient pas cru devoir absoudre le comte Humbert.

Qu'arriva-t-il à la suite de ce rapport? Quelles influences furent exercées sur le Pape? En ce moment, les négociations pour la paix qui devait se conclure à Venise en juillet 1177, entre Alexandre et Frédéric, étaient en pleine activité, et il était évident que cette fois elles aboutiraient. Alexandre, absorbé par cette affaire capitale, voulait-il qu'aucune autre ne vînt l'en distraire? Convaincu, d'ailleurs, qu'un prince aussi religieux que le comte Humbert ne pouvait rien avoir commis de très-grave ou de compromettant pour la liberté de l'Église, et que si un Pape pouvait user quelquefois de la plénitude de sa puissance, il ne le ferait jamais avec moins de risque et pour un prince plus méritant, il donna lui-même l'absolution à Humbert, et fit savoir à l'évêque de Belley que le comte était absous par l'autorité apostolique (2).

Anthelme connaissait trop bien le devoir de l'obéissance à l'égard du pouvoir suprême, pour penser à résister. Mais, d'un autre côté, le coup lui parut compromettant pour sa propre auto-

(1) Tum eum episcopi dimiserunt, nec juxta quod eis fuerat injunctum, comitem absolvere præsumpserunt.

(2) Sed cum Dominus Papa rescivisset, eum absolvit; mandans episcopo, auctoritate apostolica comitem absolutum.

rité, et il sentit vivement le tort qui résulterait de l'impunité pour l'immunité ecclésiastique,
qu'il défendait seule dans cette affaire. En conséquence, il quitta secrètement son église, heureux
de trouver cette occasion de céder à l'attrait qu'il
avait gardé pour la solitude, et il se hâta de regagner sa cellule de la Grande-Chartreuse (1).

Cette fuite ressemblait trop à l'un de ses voyages
ordinaires vers le désert de Grenoble, pour qu'elle
donnât immédiatement l'éveil à son peuple. Cependant, on finit par en connaître le vrai caractère,
et quand la nouvelle s'en répandit, ce fut une désolation universelle dans le troupeau. Les clercs en
appelèrent au Pape de la résolution du prélat fugitif. Ils obtinrent facilement des lettres apostoliques
qui contraignirent Anthelme de reprendre le gou-
vernail de son église.

Ceci prouve évidemment qu'Alexandre III, en
absolvant Humbert, le fit pour des motifs qui, dans
sa pensée, ne pouvaient compromettre l'autorité
de l'évêque de Belley ; autrement il ne lui aurait pas
enjoint de continuer à l'exercer. D'un autre côté,
sans vouloir revenir sur la sentence qu'il avait
prononcée, il montrait du moins, en obligeant
Anthelme à remonter sur son siége, qu'il n'avait
pas cessé d'apprécier la sagesse de l'illustre prélat

(1) Motus igitur animo vir fortis in Christo, ac moleste ferens fac-
tam injuriam contra indemnitatem Ecclesiasticam impunitam pertran-
sire, relicta Cathedra solitarius sedere desiderans, ut soli Deo vacaret,
cellæ dilectam requiem repetivit.

dans le gouvernement de son église; et Anthelme, en obéissant aussitôt, prouva que le dépit n'entrait pour rien dans sa conduite, et que s'il avait quitté son troupeau quelque temps auparavant, c'était dans le même esprit de soumission qui le ramenait à Belley.

Son retour fut un vrai triomphe, tant les témoignages de la joie que tous éprouvèrent, en revoyant ce pasteur vénéré, furent unanimes et éclatants.

Le comte n'était pas non plus sans inquiétude au sujet de son absolution. Comme il était sincère, il se demandait s'il devait la tenir pour suffisante aux yeux de Dieu, tant que l'offensé ne la ratifierait pas expressément. Aussi, n'avait-il pas osé reparaître dans l'assemblée des fidèles. Il vint donc trouver l'homme de Dieu après son retour, et s'humiliant enfin devant lui, il promit de satisfaire pour le meurtre du prêtre. Sur cette parole du comte, Anthelme s'adoucit aussitôt. Il lui donna à son tour l'absolution et l'admit à la participation des saints mystères.

Pendant qu'Humbert était sous le coup de l'excommunication, Anthelme, qui n'ignorait pas les belles qualités de ce prince, n'avait pas cessé de le chérir au fond de son cœur, bien qu'il ne lui montrât que de la sévérité. Maintenant que la réconciliation était faite, il n'avait plus de raison de se contraindre dans l'expression des sentiments d'amitié qu'il nourrissait pour lui; et dès lors, tantôt par des exhortations pleines de suavité et de tendresse, tantôt par des paroles sévères, il s'appliqua à stimuler son ardeur et à le porter au bien.

Mais le comte parut bientôt revenir de ses bonnes dispositions. Ainsi Anthelme le trouvait négligent et surtout bien peu empressé à réaliser ses promesses. De plus, les malfaiteurs n'étaient guère inquiétés dans les États d'Humbert, et leur audace s'accroissait de l'espèce d'impunité qu'ils y rencontraient. Le saint évêque, dont l'affection s'alarmait à la vue de ces symptômes de faiblesse, en usa avec le prince plus sévèrement encore que précédemment, et lui représenta qu'il était réellement responsable des désordres qu'il n'empêchait pas ou qu'il négligeait de réprimer. Il lui rappelait alors la parole qu'il lui avait donnée, de punir le crime d'homicide commis sur un de ses prêtres, et le sommait de la tenir.

Cette querelle, qui menaçait de s'aigrir de nouveau, met en lumière l'idée qu'Anthelme se formait de la puissance publique, en même temps qu'elle fait connaître l'énergie indomptable de son caractère. Il se rappelait la parole de saint Paul : que le glaive est remis entre les mains du prince pour réprimer le mal et faire trembler les méchants. C'est, en effet, son principal et premier devoir, et fût-il, d'ailleurs, doué des plus grandes qualités, s'il néglige de poursuivre le crime et de le frapper de toutes les sévérités de la justice, qu'est-il pour son peuple, sinon un mauvais prince ? C'est ce qu'Anthelme, si attentif lui-même à réprimer les désordres qui pouvaient se glisser dans les rangs de son clergé, comprenait admirablement, et ce qui le rendait sévère pour les faiblesses du comte Humbert, malgré l'amitié qu'il lui avait vouée et qui était méritée.

Mais Humbert finit par se fatiguer de ces remontrances, précisément parce qu'il ne se sentait pas encore la force d'en profiter. Le saint évêque lui devint même odieux et il s'oublia jusqu'à proférer des menaces contre lui, n'osant pas toutefois en arriver à l'exécution, tant la sainteté d'Anthelme le pénétrait encore de respect, au milieu de ses emportements (1).

Cependant un jour, semblable au roi d'Angleterre, Henri II, dans ses démêlés avec saint Thomas de Cantorbéry, le comte de Maurienne laissa entrevoir la joie qu'il éprouverait si quelqu'un se chargeait de sa vengeance (2). C'est le premier auteur de la la vie de saint Anthelme qui l'affirme, et il ne faut pas moins que ce témoignage pour donner quelque poids à une aussi grave accusation, et n'y pas laisser voir une simple erreur de mémoire. En tout cas, Humbert, qui valait mieux assurément que ce triste roi d'Angleterre, fût assez heureux pour ne trouver dans son entourage aucun serviteur disposé à donner à sa passion d'un moment la satisfaction qu'elle semblait réclamer.

(1) Ob hæc comes contra eumdem odio fuit maximo concitatus; contestans hominem non esse sub cælo, quem sic exosum haberet.

(2) ... Si quis vero eidem malum intulisset, satis ei placebat.

Toutefois les relations entre les deux adversaires ne furent jamais entièrement rompues, et Anthelme eut souvent l'occasion de revenir à la charge, au sujet du meurtre de l'ecclésiastique et des autres points en litige. Un jour, le comte lui dit que, pour en finir, il était disposé à répondre devant un tribunal civil. « Et moi, lui répliqua Anthelme, j'en appelle au tribunal de Dieu et vous y assigne pour le jour des justices suprêmes. »

Ces paroles et d'autres semblables ne laissèrent pas de faire une salutaire impression sur le comte. Néanmoins, il resta, au fond, dans les mêmes dispositions, et sans rompre de nouveau complètement avec Anthelme, il ne se soumit jamais franchement. Il espérait que le saint prélat se lasserait de cette résistance. En cela il se trompait, et le passé aurait dû le convaincre de la fermeté inébranlable de l'évêque de Belley. Mais si Anthelme était ferme, il n'était pas moins patient. Il attendit donc l'heure marquée par Dieu pour le retour du comte.

CHAPITRE XVIII

**Mort de saint Anthelme. — Ses funérailles.
Miracles.**

L'année même où Dieu rappela à lui son serviteur, le pays fut désolé par une grande famine. Plusieurs maisons religieuses furent particulièrement éprouvées. Anthelme leur vint en aide par des distributions quotidiennes, et nourrit jusqu'à la moisson une multitude de pauvres qui affluaient de toutes parts à Belley, au point qu'on s'étonnait qu'il pût trouver de quoi suffire à tant d'aumônes. Il en fixa le terme à un jour déterminé, s'engageant à donner jusqu'à cette date, mais pas au delà. Cet engagement avait quelque chose de mystérieux et cachait sans doute quelque dessein de la Providence. On y pressentit une prophétie. On ne se trompait pas : l'époque, désignée par le saint comme celle où il cesserait de donner, devait être, en effet, celle où il cesserait de vivre. Il continua donc ses distributions jusque-là, et, chose merveilleuse, malgré leur continuité et leur abondance, aucun affamé ne sortit de la demeure épiscopale sans en emporter de quoi satisfaire ses besoins.

Au jour prédit, et lorsque la moisson allait mettre fin à la misère générale, ce père des pauvres, qui ne vivait que pour eux, ne leur étant plus nécessaire, fut saisi d'une fièvre aiguë qui l'obligea d'interrompre ses occupations ordinaires et de garder le lit. Elle fut si violente qu'il en perdit momentanément le sens ; mais toutes les fois qu'on l'interrogeait sur quelque affaire importante, il recouvrait aussitôt l'usage de ses facultés et répondait à propos.

Les familiers de sa maison étaient dans les larmes ; ils pleuraient moins encore de douleur que de dévotion, car ils comprenaient tout ce que la mort d'un si grand serviteur de Dieu devait avoir de glorieux.

Comme le mal allait en s'aggravant, on l'avertit de faire son testament, et en particulier de manifester ses volontés au sujet des aumônes qu'on devait distribuer en son nom. Il répondit : « A Dieu ne « plaise que je fasse un testament, moi qui ne me « suis jamais regardé comme le propriétaire de ce « que je paraissais posséder. Tout cela m'appar- « tenait moins qu'à mon église. En vertu de ma « dignité d'évêque, j'ai pu jouir légitimement des « biens qui m'ont été confiés, et les administrer ; « mais maintenant que je ne puis plus en user, je « n'ai pas de dispositions à prendre à cet égard. »

On ne pouvait donner un plus bel exemple de détachement et de respect pour les lois de l'Église, puisque, par ce refus de faire un testament, même en faveur des pauvres, outre qu'il indiquait le vrai caractère des biens attachés à la mense épiscopale, Anthelme renonçait à la satisfaction si naturelle de continuer après sa mort ce rôle de providence des pauvres qu'il avait si bien rempli pendant sa vie. Il préféra les abandonner à la Providence divine, de peur de paraître disposer de ce qui ne lui appartenait plus.

C'est alors qu'on le pria de remettre au comte de Maurienne l'offense dont ce prince s'était rendu coupable. Il répondit qu'il ne le ferait jamais que le comte n'eût auparavant renoncé à ses injustes prétentions, au sujet des propriétés ecclésiastiques, et donné satisfaction pour le meurtre du prêtre. Humbert était alors dans le voisinage. On aurait bien voulu lui faire connaître les dispositions du malade, mais personne n'osait s'en charger. Heureusement, il se trouvait là deux Chartreux de race noble, mais plus illustres encore par leur humilité et la fermeté de leur foi. L'un se nommait Aymon et l'autre Gérard. Ce dernier était de la famille des comtes de Nevers, comme nous l'avons dit précédemment. Les deux religieux vinrent trouver le prince et l'informèrent de ce qui se passait. Ils l'exhortèrent ensuite à renoncer à ses prétentions et à implorer le pardon d'un père si digne, par sa sainteté, de cet acte de déférence, et dont la dernière bénédiction lui porterait bonheur.

En les entendant, Humbert fut pénétré de regret et touché jusqu'aux larmes. Il vint aussitôt près du malade, confessa sa faute et renonça franchement et sans retour à toutes ses injustes réclamations. Il promit, en outre, de se montrer partout le défenseur de l'Église, se disant prêt à confirmer sa promesse par un serment. S'humiliant enfin devant l'homme de Dieu, il implora son pardon et demanda grâce.

Ce spectacle de la force, qui désarme devant la faiblesse, est un des plus grands et des plus salutaires qui se puissent voir en ce monde, car c'est le triomphe de la justice sur la violence, de la foi sur la nature corrompue et révoltée. Ce triomphe, inconnu de nos jours, était alors fréquent ; et voilà pourquoi, malgré les plus terribles secousses, la société grandissait en s'affermissant sur ses vraies bases, et produisait une si riche moisson de saints et d'hommes de génie.

Pendant que le comte était ainsi prosterné, l'homme de Dieu étendit les mains sur lui et le bénit en disant : « Que le Dieu tout-puissant, Père, « Fils et Saint-Esprit vous comble de ses bénédic- « tions et de ses grâces, et qu'il vous fasse croître « et multiplier, vous et votre fils. »

Or, le comte n'avait alors qu'une fille unique. Ceux qui étaient présents, pensant que la maladie avait fait perdre la mémoire au moribond et occasionné cette erreur, lui suggérèrent de mentionner, non le fils du comte, puisqu'il n'en avait pas, mais sa fille. Le saint répéta jusqu'à trois fois, et avec une insistance qui prouvait qu'il avait toute sa présence d'esprit : « Lui et son fils. » L'avenir se dévoilait en ce moment aux yeux d'Anthelme, et il donnait comme présent ce qu'il venait d'entrevoir comme prochain. En effet, il naquit dans le cours de l'année suivante, au comte Humbert III, un fils du nom de Thomas, par lequel la maison de Savoie s'est perpétuée jusqu'à nos jours (1).

Après cette scène touchante, les clercs du prélat lui demandèrent à leur tour de les bénir et de leur indiquer les moyens les plus propres pour gagner le ciel. Le pieux moribond ne jugea rien de plus utile à leur recommander que la charité et la concorde, ou l'union de tous les cœurs au sein de la paix. C'était la suprême recommandation du Sauveur à ses apôtres, le soir de la dernière cène.

Ce fut au milieu de ces entretiens que le glorieux athlète du Christ, ayant consommé sa course, quitta cette terre qu'il avait sanctifiée par ses vertus, pour aller recevoir dans les cieux la couronne qu'elles lui avaient méritée, pendant qu'on récitait près de lui les litanies des saints dont les rangs s'ouvraient pour le recevoir. C'était le 26 juin 1178.

---

(1) *Vita S. Anthelmi,* apud Bolland. — Ce récit de la dernière entrevue d'Anthelme et du comte Humbert est lié, comme on le voit, à celui des derniers moments du saint évêque. Cependant, Guichenon fait naître le fils que saint Anthelme promet à Humbert, le 20 mai 1177, c'est-à-dire, plus d'un an avant la prophétie, ce qui ne l'empêche pas de la mentionner auparavant. (Voir *Histoire généalogique de la Maison de Savoie,* t. I, p. 244). Il est vrai que dans son *Histoire de Bresse et de Bugey,* il dit que, suivant Haræus, saint Anthelme serait mort en 1176; mais il ajoute aussitôt que les mémoires des Chartreux fixent l'événement à l'année 1178, et il semble qu'il se range de cet avis, qui est universellement admis, quand il dit, un peu plus loin, que le successeur de saint Anthelme prit possession de son siège cette même année 1178. On voit par là que Guichenon était peu d'accord avec lui-même sur cette question, et que, par suite, son témoignage est sans valeur.

Il était dans la 71me année de son âge et la 15e de son épiscopat. Ceux qui lui rendirent les derniers devoirs, trouvèrent son corps enveloppé d'une espèce de réseau tissu de cordes très-menues, qui lui servait de cilice (1).

La cérémonie des funérailles eut lieu dans l'église de saint Jean-Baptiste. La dépouille mortelle d'Anthelme devait être ensevelie à l'entrée du chœur, du côté gauche, dans une petite chapelle. Sur l'autel de cette chapelle se trouvaient trois lampes éteintes, qu'on n'allumait ordinairement que la nuit, excepté les jours de fêtes où elles brûlaient toute la journée. Mais, ainsi que le fait remarquer un des biographes du saint, c'était ici moins une solennité funèbre qu'un jour de triomphe. C'est du moins ce que le ciel sembla vouloir indiquer, car on vit tout à coup, au milieu de la cérémonie des funérailles, et en présence de la foule qui remplissait l'église, l'une de ces lampes s'allumer d'elle-même, et la flamme grandissant à vue d'œil, briller d'un éclat extraordinaire. Tous les assistants remarquèrent le prodige et en furent dans l'admiration. Pendant qu'ils contemplaient cette lumière qui paraissait venir du ciel, voilà que les deux autres lampes s'allument également et brillent du même éclat que la première. Il s'en trouvait dans le voisinage une quatrième, dont un usurier prenait soin; elle resta éteinte.

L'émotion de la foule ne put se contenir; elle se

____

(1) *Chronica brevis de Cartusiensi Ordine et Prioribus Cartusiæ*, ms.

manifesta par des acclamations enthousiastes. On bénissait Dieu qui révélait sa gloire dans celle qu'il faisait resplendir sur le tombeau de son serviteur. Mais surtout, chacun se félicitait, en versant des larmes de joie, de retrouver vivant celui dont il déplorait la perte. Cette lumière, qui s'allumait sur sa tombe, n'était-elle pas, en effet, le symbole de la vraie vie qu'il venait de puiser au sein de l'adorable Trinité, et de la gloire dont il brillait en ce moment dans les cieux? Il n'avait donc fait, en mourant, qu'échanger cette vie périssable contre une vie immortelle. Voilà ce que le peuple aperçut dans le miracle des trois lampes et qui le remplit de joie et de confiance (1).

Cependant le bruit du prodige se répandit bientôt hors du temple et y attira, non-seulement les habitants de la ville qui n'avaient pu assister aux funérailles de leur pasteur, mais encore les étrangers qui s'y trouvaient accidentellement, entre autres le comte Humbert, son beau-père, Girard de Vienne, et d'autres seigneurs qui les accompagnaient. Humbert, à l'exemple de plusieurs princes de cette époque qui prétendaient jouir des revenus des évêchés pendant la vacance, avait déjà pris possession de la demeure épiscopale ; mais, frappé de terreur à la vue du miracle, il renonça de lui-même à l'exercice de ce droit et se retira aussitôt.

(1) C'est en souvenir de ce miracle que saint Anthelme est quelquefois représenté avec une lampe. (Voir le 1'. Cahier, *Caractéristiques des Saints*, t. II, p. 496).

Ce prodige commence la série d'une foule d'autres; il suffisait, ce semble, de les demander pour qu'on les obtînt. Plus l'humilité d'Anthelme en avait redouté l'éclat pendant sa vie, plus on aurait dit que Dieu se plaisait à les multiplier sur le tombeau de son serviteur. Aussi ce lieu sacré fut-il assiégé, dès lors, d'une foule de malheureux qui se renouvelait sans cesse, et aucun ne le quittait sans avoir obtenu quelque grâce spéciale. Ceux qui en furent favorisés, oublièrent pour la plupart, dans l'élan de leur admiration et de leur reconnaissance, d'en faire une relation authentique. C'est la plainte que formulait déjà l'auteur anonyme de la vie de saint Anthelme. Le pieux narrateur parvint cependant à recueillir le récit de quelques-unes de ces grâces extraordinaires. Nous les rapporterons à notre tour d'après lui.

Mais auparavant, nous tenons à faire remarquer que ces prodiges sont de l'époque qui a suivi immédiatement la mort de saint Anthelme. Ils sont, par conséquent, du nombre de ceux qui ont fondé sa réputation de thaumaturge dans le pays, et lui ont acquis cette confiance extraordinaire des peuples qui a traversé les siècles sans s'affaiblir, et qui dure encore.

Ces miracles sont au nombre de cinq. Le premier mentionné s'opéra en faveur de deux époux de Grenoble. Ils appartenaient à la noblesse du pays et avaient été honorés de l'amitié du saint évêque de Belley. Or, ils étaient sans enfants, comme ces autres époux de Genève dont nous avons déjà parlé. Ils résolurent de s'adresser à celui qui les avait aimés pendant sa vie, et de l'invoquer pour qu'il leur obtînt de voir enfin le Ciel bénir leur union. Ils vinrent au tombeau d'Anthelme, y prièrent avec foi et furent exaucés.

Le second a un caractère bien différent. Ami tendre et fidèle, Anthelme s'intéresse, même du haut du ciel, nous venons de le voir, en faveur de ceux qu'il aime ; ennemi du mal, il continuera également à le poursuivre avec la sévérité que nous lui connaissons. Ainsi, un jeune homme de race noble, qui avait mérité les reproches du saint à cause des désordres de sa conduite, et qui lui en avait gardé rancune, passait, un jour, près du tombeau du serviteur de Dieu, au moment où il était entouré d'un grand nombre d'infirmes. Le jeune débauché jeta sur ces infortunés un regard de pitié hautaine, et s'en allait en se moquant de ce qu'il appelait leur simplicité. Tout à coup il est saisi d'une douleur si subite et si aiguë qu'il croit mourir. Comprenant aussitôt d'où lui venait le coup, il tend les mains vers le sépulcre de celui qui le châtiait, demande grâce à haute voix et promet de se corriger. A l'instant le saint, qui ne voulait rien de plus, obtint sa guérison.

Un autre jeune homme de famille noble fut délivré de la fièvre, en buvant un peu du vin qui avait servi à laver le corps du saint après sa mort. D'autres, en grand nombre, furent guéris de leurs maladies de la même manière.

17

Un marchand revenait de pays lointains, rapportant une somme d'argent considérable et de la soie en grande quantité. Il avait roulé le tout en un paquet et l'avait lié sur le dos de son cheval. Comme il passait le Rhône sur un bac, sa monture tomba dans le fleuve avec ce qu'elle portait et disparut bientôt, entraînée par le courant. Le marchand, qui voyait toute sa fortune engloutie, ayant abordé, se mit à courir le long de la rive, espérant que peut-être son cheval y serait rejeté par les eaux. Mais rien ne parut et il s'en allait désespéré, lorsqu'il entendit parler du bienheureux Anthelme et des miracles qui se faisaient à son tombeau. Il se sentit aussitôt inspiré de l'invoquer. Il vint donc au tombeau du saint, y fit brûler un cierge et passa la nuit à prier. Le matin, après s'être confessé et avoir assisté à la célébration des saints mystères, il revint vers le Rhône tout consolé et plein d'espoir. En effet, il trouva sur le port le cadavre de son cheval que les eaux y avaient amené contre le courant du fleuve. Chose merveilleuse, la soie n'était pas même mouillée. Le marchand fit peu de cas de la perte de sa monture et s'en retourna avec son trésor, en bénissant Dieu et son serviteur Anthelme.

Le dernier miracle est le plus remarquable des cinq. Il est cité à la suite du nom d'Anthelme, au supplément du martyrologe d'Usuard, comme l'un des plus célèbres qu'on ait obtenus par son intercession. C'est également celui dont le récit contient le plus de détails ; on voit par le soin avec

lequel ils ont tous été recueillis, que les témoins
en avaient été singulièrement frappés. Enfin, aucun n'a laissé dans la mémoire du peuple un souvenir aussi durable. C'est à ce miracle qu'il faut faire
remonter l'usage qui existe encore aujourd'hui,
d'apporter chaque année, le jour de la fête de saint
Anthelme, les petits enfants à l'église, devant les
reliques exposées à la vénération des fidèles. Nous
passons maintenant au récit du miracle.

Dans une campagne du nom de *Fictiliacum*,
distante de Belley de six milles ou deux lieues environ, un petit enfant de trois ans était sorti de la
maison paternelle, au moment où sa mère était oc-
cupée à quelque travail. Il se mit à aller, ça et là,
s'éloignant toujours un peu plus. Après qu'un certain temps se fut écoulé, la mère se ressouvint de
son enfant; ne l'apercevant nulle part autour de la
maison, elle est saisie d'inquiétude et, le cœur tout
agité, elle le cherche plus loin. En suivant le ruis-
seau qui coulait en cet endroit, elle finit par le découvrir dans un creux de ce cours d'eau où il était
tombé. Comme l'agitation des flots lui communi-
quait quelque mouvement, elle pensa qu'il vivait
encore et poussant ce cri : « Mon Dieu et saint
Anthelme, rendez-moi mon enfant ! » elle se pré-
cipite, le saisit et le ramène à elle, mais pour
constater qu'il n'a plus un souffle de vie. La pauvre
mère, folle de douleur, se meurtrit le visage, s'ar-
rache les cheveux et remplit la vallée de ses gé-
missements et de ses cris. Son mari et les voisins

accourent et ne parviennent que difficilement à la calmer un peu.

Le petit corps fut porté à la maison et on chercha, par tous les soins qu'on peut donner en pareille circonstance, à le rappeler à la vie. On s'y employa jusqu'au soir, mais sans succès. L'enfant était mort et on dut s'occuper de l'ensevelir. Mais quand il fut question de le porter au cimetière, la mère déclara qu'elle n'y consentirait jamais. « C'est à saint Jean-Baptiste, dit-elle, et à mon seigneur le bienheureux Anthelme que je veux le porter. Ce sont mes péchés qui me l'ont fait perdre; ce sera par le mérite de ses saints que Dieu me le rendra. » Comme on la voyait inébranlable dans sa résolution, le père acquiesça à ses désirs et l'aida à porter le corps de l'enfant. Suivis de leurs voisins, ils se dirigèrent ainsi vers Belley.

Le passage de ces gens de la campagne, à travers les rues de la ville, et la désolation de cette mère, portant son triste fardeau, provoquèrent l'attention et la pitié des habitants. Un grand nombre suivirent le cortége jusqu'à l'église. La mère alla droit au tombeau de saint Anthelme et déposa en face du monument le corps inanimé et froid de son enfant. Puis, sanglotant et priant, elle demande à haute voix au bienheureux de le lui rendre vivant.

Les assistants priaient et pleuraient avec elle. Comme on était dans l'attente de ce qui allait arriver, on voit tout à coup l'enfant remuer ses petits membres. La mère saisie d'effroi, tressaille, puis se

tient immobile et comme en suspens. Elle entend
bientôt son enfant pousser de faibles vagissements.
Comme la stupéfaction l'empêchait, ainsi que les assistants, de s'approcher, l'enfant se lève et, saisissant un
petit bâton fait à sa taille, il va au sépulcre, se re-
tourne et s'assied. Il s'adresse alors à sa mère, fait
retentir à ses oreilles le son bien connu de sa voix,
montrant ainsi qu'il vit, qu'il est sain et sauf, qu'il
n'éprouve aucune souffrance et qu'il ne sait pas
même ce qui lui est arrivé.

Revenue de sa première stupeur et contrainte de
s'en rapporter à l'évidence, la foule est transportée
de joie, d'admiration et de crainte, tandis que
le père et la mère de l'enfant versent des larmes
de bonheur et de reconnaissance en le pressant
vivant dans leurs bras. Le clergé, la noblesse et
tout le peuple vinrent à l'église joindre leurs acclamations et leurs louanges à celles des témoins
du miracle, bénissant Dieu de ce qu'il opère de si
grands prodiges par ses saints.

Tels sont les cinq miracles dont le récit a été conservé et que nous devions rappeler, parce qu'ils
font une suite naturelle à la vie du saint, qu'ils ont
été opérés peu de temps après sa mort, et que
plusieurs, sinon tous, l'ont été en faveur de personnes qui l'avaient bien connu.

On a remarqué sans doute que le cinquième,
comme celui des trois lampes, a eu pour témoins
un grand nombre de personnes attentives à ce qui
se passait et que, par conséquent, il a tous les

signes d'authenticité que l'ont peut désirer en pareille matière. De plus, celui-là et les quatre autres
sont des témoignages évidents de cette bonté incom-
parable qu'on avait tant admirée en saint Anthelme,
de son vivant : bonté intelligente, et non aveugle, qui
n'oublie aucun des intérêts, même les plus vulgaires,
qui lui sont recommandés, ainsi qu'on le voit dans
le miracle obtenu par le marchand, mais qui poursuit
avant tout le salut des âmes, le premier, ou plutôt le
seul vrai bien, comme dans la conversion du jeune
seigneur. Elle frappe même au besoin, mais pour
guérir. Elle entend tous les cris que la douleur ou la
détresse font pousser vers elle ; mais avant d'obtenir
ce qu'on sollicite, il faut qu'on se soit réconcilié avec
Dieu ou que, du moins, on ait reconnu dans son
malheur, à l'exemple de cette mère, le juste châtiment de ses péchés.

C'était donc une vraie source de grâces qui venait
de s'ouvrir dans l'église de Belley : source toujours
jaillissante et où l'on pourrait venir puiser quand
on le voudrait. Père de son peuple pendant qu'il
le gouvernait, Anthelme n'a pas cessé de l'être, maintenant qu'il est allé recevoir la récompense que lui
ont méritée ses vertus, et du haut du ciel, il continuera à lui prodiguer les témoignages de sa tendresse.

Aussi, le biographe de notre héros, son contemporain, termine son récit par une apostrophe
aux habitants de Belley, dans laquelle il les félicite,
ainsi que le pays tout entier, d'avoir près de Dieu
un patron aussi bon et aussi puissant. Il s'adresse

ensuite aux chanoines qu'il félicite également de
posséder, dans le corps du saint, un trésor tellement précieux, qu'à lui seul il suffit à les enrichir.
On ne peut pas craindre, ajoute-il, qu'il cesse
jamais d'être la providence des uns et des autres,
à moins qu'on ne tombe un jour dans l'indifférence
à son égard. Qu'ils l'aiment donc et le vénèrent
comme un père.

Ce que le pieux auteur désirait des habitants de
Belley, ceux-ci l'ont fidèlement accompli. Rarement
un saint a été plus aimé, plus vénéré, plus invoqué,
plus acclamé que saint Anthelme, non-seulement
dans les premiers temps où sa gloire s'est révélée
au milieu de son peuple, mais encore pendant les
siècles déjà nombreux qui se sont succédé depuis.
S'il a été pour eux un vrai père, eux, à leur tour,
ont été pour lui des enfants pleins de tendresse et
de respect. Toute leur histoire se résume, en quelque sorte, dans le culte filial et persévérant qu'ils
lui ont voué et qui s'est transmis de génération en
génération. A une certaine époque, Belley porta la
reconnaissance jusqu'à renoncer à son vieux nom,
pour prendre celui de son glorieux patron, et on
l'appela *Anthelmopolis*. Ce nom affectait peut-être
une forme un peu trop savante pour le peuple, qui
continua à se servir de l'ancien; aussi fut-il bientôt
abandonné ; mais Belley n'en resta pas moins à
jamais la ville de saint Anthelme

CHAPITRE XIX

Culte de saint Anthelme.

La reconnaissance authentique du corps de saint Anthelme a été faite en 1630, par ordre de Jean de Passelaigue, évêque de Belley. Or, la relation des circonstances principales qui ont accompagné cet acte solennel, renferme des indications précieuses au sujet du culte de notre saint. La commission chargée de cette reconnaissance, établit d'abord, en effet, le droit qu'il avait aux honneurs qu'on lui avait déjà rendus, et qu'il était question d'augmenter encore en tirant son corps du sépulcre pour le placer sur un autel.

Les preuves qu'elle fit valoir sont les suivantes : 1° Anthelme est qualifié du titre de saint par le Père Théophile Regnaud, jésuite, qui l'a mis au nombre des saints de la ville de Lyon, et qui déclare, en parlant de lui, dans sa vie du bienheureux Etienne de Die, qu'il fut célèbre par sa sainteté et ses miracles. Il est également déclaré tel par Surius dans l'histoire qu'il en a écrite et qu'il a insérée dans son grand ouvrage. La commission ne savait pas, sans doute, que celle qui a été publiée depuis par les Bollandistes, et qui est d'un auteur contemporain de saint Anthelme, est la source même où Surius et d'autres après lui sont venus puiser, ce qui donne à leur témoignage une valeur qu'il n'aurait pas par lui-même. Or, cet auteur inconnu, mais qui a vu ce qu'il raconte, ne parle de son héros que comme d'un saint, et lui en donne le titre ou tout autre équivalent. Et en le faisant, on voit que c'est moins son opinion qu'il exprime que celle du peuple entier dont il n'est que le fidèle écho. Cette même qualification est donnée également à saint Anthelme par un autre contemporain dont le témoignage n'a pas moins de valeur; c'est l'auteur de la vie de saint Hugues de Lincoln, dans un passage où il a occasion de parler de l'évêque de Belley (1). On peut donc affirmer que la réputation de sainteté dont Anthelme a joui, remonte au temps de sa vie mortelle, qu'elle a été générale chez ses contemporains, et que, grâce aux miracles innombrables qui se sont faits à son tombeau, presque sans interruption et pendant des siècles, la tradition s'en est conservée fidèlement; elle s'est même affermie de plus en plus avec le temps, de sorte qu'elle a été aussi constante qu'universelle.

2° Pour prouver que l'autorité de l'Église est in-

(1) *Vita S. Hugonis, episcopi Linc...*, pages 203, 204. — Le tableau de l'autel de la chapelle dédié à saint Hugues de Lincoln, à la célèbre chartreuse de Pavie, porte la date de 1496, et est divisé en six compartiments. Dans la partie supérieure, Macrino d'Alba, peintre piémontais, a représenté la résurrection, et dans les trois compartiments ou divisions de la partie inférieure, la sainte Vierge, saint Hugues de Lincoln et saint Anthelme, évêques chartreux. (*Visite à la chartreuse de Pavie...* Milan, 1865, 1 vol. in-16, p. 21.)

tervenue, la commission se contente de produire le martyrologe romain, dans lequel on lit, à la date du 26 juin : « On fait aussi en ce jour la mémoire de saint Anthelme, évêque de Belley (1). »

Il n'y avait donc pas eu de procès en forme pour la canonisation de saint Anthelme, ni de décret proclamant ses droits aux honneurs publics de l'Église ; autrement la commission n'aurait pu manquer de le rappeler. Ou s'il y en a eu un, il aurait été perdu. Dom Nicolas du Moulins, le premier historien de l'Ordre des Chartreux et qui écrivait vers la fin du XVIe siècle, dit que saint Anthelme fut ca-

(1) Jean Molanus, dans la première série de son *Supplément au Martyrologe* d'Usuard, fait l'éloge suivant de notre saint : Item sanctæ memoriæ Anthelmi, episcopi et confessoris, ordinis Carthusiensis, qui ex Priore majoris Carthusiæ, Bellicensis factus episcopus, innumeris claruit miraculis, inter quæ et puerum in aquis præfocatum vitæ reddidit. — Nous reproduisons également celui que l'on trouve dans le *Martyrologium gallicanum* de Du Saussay : Eadem die (xxvi junii) Anthelmi episcopi Bellicensis et confessoris ex ordine Carthusiano, cujus fuit septimus Prior Generalis. Ex quo pietatis lycæo, ad præsulatum tametsi invite prodiens, manibus Alexandre III. Papæ consecratus, tanta religionis, doctrinæ, vigilantiæ, omniumque virtutem lumina edidit, ut sidus e cœlo delapsum repentino suo fulgore hanc cathedram illustrasse videretur. Cujus pontificiæ fortitudinis illud præ cæteris actibus memorabile proditur, quod Comitem Humbertum Amedæi filium ob presbyterum sua culpa interfectum, præsentem excommunicaverit, nec nisi tandem serio pœnitentem absolverit. At sicut erat in peccantes rigidus vindex pietatis et justitiæ, sic erga pœnitentes adeo benignus et miséricors fuit, ut his totis visceribus condoleret, hosque complectens paternis ulnis, etiam suis lacrymis perfunderet. In pauperes et inopes ita fuit profusus, ut pene omnia in eorum subsidio dispertiretur. Quo insigni virtutum omnium splendore, cum locum sibi jam in cœlestibus tabernaculis præparasset, demum illustri sui cursus agone peracto sanctus Dei confessor ad cœlum migravit, signisque claruit in sepulcro magnificis.

nonisé immédiatement après sa mort par Alexandre III ; mais il se contente de l'affirmer sans citer aucun document à l'appui de son assertion. Quoi qu'il en soit, le maintien du nom de saint Anthelme au martyrologe, après toutes les épurations auxquelles les Souverains Pontifes l'ont soumis, est une sorte d'approbation et comme une consécration du jugement populaire qui avait précédé. C'est vers 1607 que les Chartreux commencèrent à célébrer sa fête, et, par conséquent, avant la translation de son corps par les soins de Jean de Passelaigue.

La commission s'occupa ensuite d'établir l'authenticité du corps de saint Anthelme, ce qui l'amena à donner une description exacte des lieux que nous croyons devoir reproduire.

Lorsqu'elle entra dans l'église, les délégués épiscopaux qui l'accompagnaient, lui indiquèrent le tombeau du saint devant la porte du chœur, à droite de ceux qui entrent, par conséquent sur le côté gauche de l'édifice. Il était recouvert d'une pierre large de deux pieds environ et longue de six. Cette pierre était de gypse et portait sur sa face supérieure une effigie d'évêque, de forme antique, dont la figure se trouvait un peu usée. Elle était garnie, par dessus, d'une grille en fer qui la recouvrait entièrement, et tout autour, d'une barrière en bois quadrangulaire, armée de pointes de fer. En outre, le tombeau était surmonté d'un dais impérial peint de couleurs variées. Sur l'une des colonnes antérieures qui le portaient, à gauche, on lisait cette inscription latine :

D. O. M.

BEATO ANTHELMO THAUMATURGO

LIBERTATIS ECCLESIASTICÆ STRENUO VINDICI

CARTUSIÆ MAJORIS SEPTIMO PRIORI

TOTIUSQUE ORDINIS ITEM SEPTIMO GENERALI PRÆPOSITO

SACRI IMPERII PRINCIPI

CIVITATIS BELLICII QUADRAGESIMO TERTIO PRÆSULI

PRIMO DYNASTÆ

EJUS DEVOTISSIMI CLIENTULI CIVES BELLICENSES

D. ET D.

Qu'on peut traduire ainsi :

Au bienheureux Anthelme le thaumaturge
Vengeur intrépide de la liberté ecclésiastique
Septième Prieur de la Grande-Chartreuse
Et septième Général de tout l'Ordre (1)
Prince du saint-empire
Quarante-troisième Évêque de Belley
Et son premier Seigneur
Les citoyens de Belley ses clients très-dévoués
Ont dédié ce monument.

______

(1) C'est par erreur que saint Anthelme est qualifié ici de *septième* général de l'Ordre. Ce titre n'a été donné au prieur de la Grande-Chartreuse qu'à partir de l'institution du Chapitre Général, comme nous l'avons expliqué au chap. VIII. Saint Anthelme est donc le premier qui l'ait porté.

Sur la colonne de droite on lisait le quatrain
suivant :

HACTENUS ILLÆSUM PER BELLA, INCENDIA, PESTES
BELLICIUM HOC ANTHELMO TIBI DEBERE FATETUR
ET NE NULLA TIBI REFERATUR GRATIA POST. HOC
URBS TUA PERPETUOS TIBI VOTO SACRAT HONORES.

En voici la traduction :

*Si Belley jusqu'à ce jour n'a rien souffert des guer-
res, des incendies et des pestes, elle reconnaît, ô Anthelme, que c'est à vous qu'elle en est redevable, et
de peur que la postérité oublie de vous en remercier,
votre ville s'engage par un vœu à vous rendre des honneurs perpétuels.*

Au-dessus de ces inscriptions se trouvaient
suspendus des *ex-voto*, en cire pour la plupart.

On rapprocha de cet état des lieux le récit qui
est donné par Surius des funérailles du saint, et on
en constata la parfaite conformité avec ce que l'on
avait sous les yeux, quant à l'emplacement choisi
pour le tombeau. De plus on fit remarquer que les
trois lampes, qui étaient devant le pupitre d'où l'on
parle au peuple, étaient celles qu'on avait vues
s'allumer miraculeusement au moment des funérailles.

Enfin, pour ajouter encore à ces preuves, les délégués en appelèrent à la persuasion universelle et à

l'antique tradition des ancêtres qui s'étaient toujours accordés à reconnaître dans ce tombeau celui de saint Anthelme, et ils attestèrent que c'était là que tous ceux qui voulaient recourir à sa puissante intercession venaient l'invoquer, comme ils étaient prêts à le prouver par des témoins dignes de foi et cités conformément aux règles canoniques.

Tel était l'état exact du tombeau de saint Anthelme, en 1630. Jusqu'à cette époque, c'est-à-dire, pendant 425 ans, le corps du saint y avait reposé paisiblement et sans qu'on s'avisât de l'en retirer pour le placer dans un lieu plus honorable. Tout ce qu'on avait jugé opportun de faire, s'était borné à protéger, par une grille, l'effigie du saint dont la figure avait été un peu déprimée, probablement par les pieds des passants et les genoux des fidèles. Il est vrai qu'on l'avait surmonté aussi d'une espèce de baldaquin ; mais son véritable ornement, c'étaient les nombreux *ex-voto* que la reconnaissance y avait suspendus, comme on suspend à la voute des temples les drapeaux enlevés à l'ennemi. Ils étaient, en effet, les témoignages glorieux des mémorables victoires que le grand thaumaturge avait remportées sur cette armée de maux de toutes sortes qui affligent les hommes, et mettent sans cesse leur vie en péril.

Cette reconnaissance du tombeau étant régulièrement faite, l'évêque Jean de Passelaigue ordonna qu'on l'ouvrît pour en tirer le corps du saint et le placer dans une chapelle destinée à le recevoir; il prescrivit en outre, que cette translation se ferait le jour même où l'on célèbre solennellement sa fête.

La veille du jour fixé pour la cérémonie, on procéda à l'ouverture du sépulcre. Ayant convoqué comme témoins le prévot, les chanoines, le syndic et d'autres personnages, l'évêque fit enlever la pierre qui recouvrait le tombeau; puis des ouvriers commencèrent à creuser. Lorsqu'ils arrivèrent tout près du corps et que déjà sa forme se dessinait à travers la mince couche de terre qu'il restait à enlever, il s'échappa de la fosse une odeur d'une suavité merveilleuse qui se répandit aussitôt dans toute l'église. C'était, dit le rapporteur de tout ce qui se passa en ces jours mémorables, comme un symbole des prières que saint Anthelme ne cessait d'offrir à Dieu pour son peuple, prières que saint Jean compare au parfum qui s'échappe de l'encensoir. C'était aussi comme un gage de la suavité spirituelle et des grâces ineffables dont serait embaumé le cœur des fidèles pendant les fêtes.

On enleva ce qui restait de poussière, et le corps du saint apparut aux yeux des assistants penchés sur la fosse et ne pouvant se rassasier de le regarder. Ils le contemplaient là, couché dans son tombeau, encore enveloppé des vêtements pontificaux, à moitié consumés, dont on l'avait revêtu après sa mort, la tête recouverte d'une mitre un peu rongée. Son bâton pastoral reposait à ses côtés; on remarquait en outre un calice et un vase de parfum ou d'encens.

En examinant de plus près et avec soin l'état du corps et celui des objets que nous venons d'énumérer, on acquit la conviction que le tombeau avait dû être ouvert précédemment, car on constata qu'il manquait quelques parties du corps et des vêtements. Quoiqu'il ne restât pas de procès-verbal de cette première ouverture, le plus léger doute sur l'authenticité du corps ne put venir à l'esprit des témoins, soit pour les motifs exposés plus haut, soit à cause du miracle qui se produisit dans le moment même et qui fut suivi, pendant ce jour, de plusieurs autres, comme nous le dirons plus loin.

On laissa aux assistants émus et versant des larmes de piété, le loisir de rassasier leurs yeux de la vue de ces restes vénérables. Il semblait à tous que le saint devait se lever et sortir de son tombeau. Les marques de puissance et de bonté, qu'il avait données pendant le cours de siècles, ne semblaient-elles pas une preuve que ses ossements avaient gardé quelque étincelle de vie? Ce n'était sans doute qu'une illusion. Toutefois, il restait, en effet, dans cette poussière inerte, le germe de l'immortalité glorieuse qu'elle devait revêtir plus tard, et les miracles dont elle était l'instrument pouvaient être considérés, à bon droit, comme les arrhes de son futur triomphe.

Cependant, on se mit en devoir de soulever le

corps saint et de le sortir de son tombeau. Puis, avec tout le respect convenable, on le dépouilla des lambeaux qui le couvraient, pour leur substituer d'autres vêtements. Le Chapitre lui donna une mitre et Sébastien Poisat, sa chasuble la plus riche. Pendant qu'on rendait ces soins pieux aux restes de saint Anthelme, l'odeur suave et toute céleste qui s'était échappée du tombeau, au moment où le corps allait apparaître, continuait à s'en exhaler et jetait toutes les personnes qui étaient présentes dans un enthousiasme indescriptible. Les larmes coulaient de tous les yeux, et l'air retentissait de sanglots et d'acclamations que la sainteté du lieu ne pouvait plus comprimer.

Quand tout fut prêt, on mit le corps dans un magnifique reliquaire, que les filles de saint François de Sales, les religieuses de la Visitation de Belley avaient ornées de leurs mains. On dressa ensuite le procès-verbal de la levée du corps, et on le fit signer par Laurent Vianier, notaire royal, qui le revêtit de son sceau. La châsse, recouverte d'un voile très-riche, fut transportée à la sacristie, en attendant qu'on pût la déposer sur l'autel préparé pour la recevoir. Avant de replacer la crosse à côté du corps, Jean de Passelaigue la mit dans un étui d'argent, et désormais, chaque année, le jour de la fête du saint, on la tirait de la châsse, et l'évêque officiant s'en servait à toutes les cérémonies de ce jour. Quant au calice, au vase d'encens et aux restes des anciens vêtements qu'on enleva pour les remplacer par d'autres, tous ces objets ont été malheureusement perdus. La soirée et la nuit tout entière furent employées en chants et en prières dans l'église. Dès cinq heures du matin, l'orateur du chapitre, François Monyer, fit le panégyrique du saint en présence de l'évêque et de toute la population. Ce morceau oratoire a été conservé ; il porte la trace du mauvais goût de l'époque, comme on peut s'y attendre. Cependant il n'est pas tout à fait sans valeur ; parfois même on y sent le souffle de l'enthousiasme qui avait gagné tous les esprits et qui parvient, chez l'orateur, à soulever de temps à autre les lourds ornements d'une rhétorique surannée, et à faire entendre quelques accents vibrants et émus.

Le prélat, après ce premier sermon, consacra l'autel de la chapelle dédiée au saint. On se rendit ensuite au lieu où on avait provisoirement déposé les reliques. Mais auparavant, le Capucin François Ginaud, célèbre prédicateur du temps, fit un second panégyrique dont nous n'avons que le résumé, et dans lequel l'éloquent religieux, après avoir parlé de la vie et des vertus du saint, raconte les diverses circonstances de l'élévation de son corps, en établit l'identité, parle des miracles dont il a été l'instrument, et ne craint pas, en terminant, de convoquer ceux qui sont affligés de quelque maladie près des saintes reliques, et de leur promettre la guérison. Nous verrons que cet appel fut entendu et la promesse justifiée.

C'est alors que la châsse fut enlevée et placée sur les épaules de quatre chanoines, puis la procession se mit en mouvement pour parcourir les principales rues de la ville. En tête marchaient les écoliers avec leurs régents et leurs préfets; après eux, les associés du Rosaire, ceux du Saint-Sacrement, les pères Capucins, les frères Mineurs observantin, une foule innombrable de prêtres séculiers revêtus de leurs blancs surplis, le doyen du Chapitre et les chanoines couverts de leurs plus riches ornements. Venait ensuite la châsse; afin de satisfaire la dévotion des fidèles qui voulaient contempler de leurs yeux le père tant aimé qui reparaissait au milieu de ses enfants, on enleva le voile qui l'enveloppait, de sorte que le corps était à découvert et pouvait être vu de tous. Derrière la châsse, marchait le prélat avec ses diacre et sous-diacre de chaque côté, et les officiants qui portaient ses insignes. Il était suivi du syndic et autres officiers municipaux, ainsi que des magistrats. Tous, soit en avant de la châsse, soit derrière, portaient des cierges de cire blanche. Venaient enfin les familles nobles et le peuple de la ville et de la campagne, en masse compacte. Mais, parmi toutes les associations pieuses qui avaient leurs places et leurs insignes distinctifs, dans cette immense procession, il n'y en avait point qui attirassent autant les regards que la confrérie de saint Anthelme. Elle était composée des bourgeois les plus honorables appartenant aux premières familles de la ville. Leur place était près de leur patron ; ils entouraient la châsse, portant, eux aussi, des cierges de cire blanche, et lui formant une garde d'honneur.

C'est dans cet ordre et avec cette pompe que la procession parcourut les rues de la ville ornées de tentures, au son des cloches, et au chant des cantiques. C'était une véritable marche triomphale, et à voir la joie qui rayonnait sur tous les visages, on eût dit des enfants accueillant leur père revenu d'un pays lointain, et après une longue absence.

La procession étant de retour à l'église, la châsse fut placée au lieu qui lui avait été destiné, et après le chant de sexte et de none, les fidèles se retirèrent l'âme inondée des plus douces et des plus pures émotions de piété et d'allégresse.

Telle fut cette fête ; elle est restée dans l'histoire du pays comme une date, et le souvenir s'en est d'autant mieux conservé qu'elle fut illustrée par un grand nombre de miracles. Il semblait que le saint, heureux de l'affection persévérante de son peuple et des témoignages extraordinaires qu'il lui en donnait dans cette circonstance solennelle, voulût par de nouveaux bienfaits se l'attacher à jamais.

Parmi les vingt-sept miracles dont les deux panégyristes du saint nous ont laissé la relation, nous en avons trouvé trois qui ont eu lieu le jour même de la translation de son corps, et deux de ces trois pendant la cérémonie. L'un a été opéré en faveur du curé d'Aranc, qui souffrait d'une enflure très-ancienne et très-grave à la jambe, compliquée d'un écoulement purulent. Dans le désir qui le pressait de s'approcher du lieu où les reliques avaient été déposées avant la procession, il se glissa comme il put à travers la foule et fit si bien qu'il y arriva. Lorsqu'il fut près de la châsse, il éprouva une sensation de délivrance qui l'avertissait de sa guérison. Il se retire à l'écart, examine la jambe qui était malade et n'y trouve plus aucune trace ni de l'enflure, ni de la plaie, et la chair lui en paraît aussi saine et aussi nette que si elle avait été renouvelée.

L'autre miracle consiste dans la guérison, également subite, d'une maladie des yeux, arrivée à un pauvre homme du peuple, pendant la procession. Dès qu'il se sentit guéri, il fit éclater sa joie par des battements de mains et s'en alla à travers les rangs, racontant partout son bonheur. On comprend que de tels faits aient changé en enthousiasme l'allégresse universelle, et qu'ils aient contribué à donner à cette solennité ce caractère de triomphe qu'elle eut aux yeux de tous. Le troisième est aussi du même jour. Il fut accordé, par l'intercession de saint Anthelme, à la foi d'une famille de Rumilly dont tous les membres étaient douloureusement éprouvés par une fièvre d'un caractère contagieux. Ils furent guéris en invoquant saint Anthelme dans le moment où on lui rendait à Belley de si grands honneurs.

Les vingt-quatre autres miracles se rapportent à

des époques très-rapprochées de ce grand jour, soit avant, soit surtout dans le cours de l'année suivante. L'un d'eux eut pour effet de sauver, dans une circonstance très-critique, la population tout entière. La peste s'était déclarée au milieu des troupes royales campées dans les environs de Saint-Maurice en Valais. Les soldats ne gardaient plus de discipline et allaient à la débandade, répandant partout la terreur. Le danger approchait de Belley, et les habitants étaient dans la plus cruelle appréhension. Dans leur détresse, ils invoquèrent saint Anthelme, et, chose tout à fait merveilleuse, à peine les soldats, atteints par le fléau, eurent-il mis le pied sur le territoire que le grand thaumaturge avait pris sous sa protection, qu'ils furent tous subitement guéris. Il en fut de même pour une autre troupe qui revenait de Casal, et qui, également éprouvée, devait faire une étape à Belley même, malgré tout ce qu'on put tenter pour qu'elle prît une autre direction. Elle vint au jour fixé; mais, grâce à saint Anthelme, tout danger disparut, comme dans le cas précédent, par la guérison des soldats, aussitôt qu'ils entrèrent dans la ville.

Mais il est une autre peste non moins redoutable dont saint Anthelme sut également préserver son peuple, c'est celle de l'hérésie qui jamais, en effet, ne put pénétrer dans la cité fidèle, malgré sa puissance et ses succès dans le voisinage. Qu'on se souvienne des bouleversements qu'elle avait opérés pendant tout le seizième siècle aux environs de Genève, spécialement dans le pays de Gex, et il sera difficile, en effet, de ne pas attribuer à une protection toute spéciale du saint, que Belley n'ait jamais vu la foi de ses habitants subir la moindre éclipse, à une époque aussi tourmentée, et lorsque le fléau étendait ses ravages jusqu'au pied de ses murailles.

Outre ces vingt-quatre miracles, dont nous avons seulement rapporté quelques-uns, les auteurs en mentionnent quatorze autres, et se contentent, pour ces derniers, de donner les noms des personnes en faveur desquelles ils ont été opérés. Enfin, plusieurs enfants mort-nés ont été rappelés à la vie par l'intercession de saint Anthelme, et ont pu recevoir le bienfait du baptême.

Ce qui nous paraît digne de remarque dans tous ces miracles, c'est la forme sous laquelle on se recommandait ordinairement à la protection du saint, et qui consistait à se vouer à Dieu et à saint Anthelme, à se confesser et à communier, si on le pouvait, et à faire célébrer une messe à son tombeau, ou bien à faire une neuvaine en son honneur. Le recours à sa protection était donc toujours accompagné ou suivi immédiatement d'actes religieux dont l'effet direct est la sanctification des âmes. Il ne fallait pas mettre de retard à les accomplir, autrement on s'exposait à voir le mal reparaître bientôt. C'est ce qui arriva à un seigneur du Dauphiné qui, après la guérison d'une fièvre dont il souffrait depuis longtemps, en éprouva de nouveau les atteintes, parce qu'il avait négligé de remplir la promesse qu'il avait faite à saint Anthelme pour en être délivré.

A partir de cette époque mémorable, le culte de saint Anthelme à Belley fut plus en honneur que jamais. L'affluence des pèlerins près de l'autel où reposaient ses reliques redoubla, surtout quand on vit les miracles s'y multiplier, comme si la bonté du saint ne connaissait d'autres limites à ses faveurs que celles de la confiance des fidèles qui venaient la solliciter. Mais c'est surtout le jour de sa fête, le 26 juin de chaque année, que le concours de la population urbaine et des gens de la campagne était le plus considérable. Les maisons de la ville ne suffisaient plus à loger les étrangers, et ceux-ci, dans l'intervalle des offices, campaient en pleine rue, sur les places, et y prenaient même leurs repas. Des tables étaient dressées devant les maisons et servies généreusement par ceux qui les habitaient. Comme la ville se remplissait dès la veille, on dut éclairer les rues où la foule des arrivants s'installait pour passer la nuit ; de là est venue la coutume de l'illumination générale qui se fait la veille et le jour de la fête. Elle n'est plus aujourd'hui qu'une manifestation pieuse dont le saint est l'unique objet.

Dans cette fête du père commun de toute cette population chrétienne, il n'y avait plus de distinction entre les riches et les pauvres, les nobles et les paysans, les maîtres et les serviteurs : tous se traitaient de *cousins*, comme si tous eussent été les membres d'une seule et même famille ; tant il est vrai que la perfection de la charité fraternelle peut seule établir la vraie égalité, parce que seule elle confond tous les rangs, sans les troubler, dans un même sentiment d'affection.

C'est ainsi que le saint fut constamment honoré par son peuple fidèle jusqu'aux jours néfastes de la Révolution. A Belley, comme partout ailleurs, rien ne fut sacré pour elle. Toutefois, la châsse de saint Anthelme était encore, aux yeux du plus grand nombre, le vrai palladium de la ville, et il pouvait y avoir quelques risques à courir pour ceux qui oseraient porter sur elle un main sacrilége. Aussi, avait-elle échappé à toute profanation, même lorsque l'exercice du culte était interdit depuis longtemps. Cependant, on était arrivé aux jours les plus sombres de la Terreur, et il semblait, aux coryphées du parti révolutionnaire, que l'espèce d'inviolabitité, dont ces vieux ossements avaient joui jusque là, était une insulte à l'impiété triomphante. On résolut donc de faire disparaître ce reste de l'antique superstition.

Le 6 décembre 1793, à dix heures du matin, on vit quelques hommes se diriger précipitamment vers la cathédrale et y pénétrer par l'une des portes latérales, du côté de l'évêché. Le bruit se répandit aussitôt qu'ils avaient reçu de l'autorité locale l'ordre de brûler le corps de saint Anthelme, et

qu'ils se mettaient en devoir de remplir cet inique
mandat. On accourut aussitôt de divers points de la
ville, les uns pour applaudir et se joindre aux profanateurs, les autres, pénétrés d'horreur ou in-
quiets de ce qui allait se passer, pour essayer du
moins de soustraire à la destruction quelques débris
du corps sacré, s'ils ne pouvaient le sauver tout
entier. Il devait donc y avoir de nombreux témoins
de la profanation. Ils se retrouveront plus tard,
pour en redire les tristes circonstances et justifier
de l'authenticité de la relique.

Les agents du directoire du district étaient déjà
occupés à tirer la châsse du saint de la cavité pra-
tiquée dans le gradin de l'autel où elle reposait,
lorsque la foule pénétra à son tour dans l'église.
Pendant qu'ils accomplissaient ce premier acte de
leur sacrilége entreprise, ils plaisantaient grossièrement, et, entre autres choses, ils disaient que,
sans doute, il n'y avait dans cette châsse que de la
cire ou des ossements rassemblés avec du fil de fer,
à la manière des squelettes. Sur ce propos, un des
assistants leur demanda ce qu'ils pensaient faire.
Ils répondirent qu'ils se proposaient de transporter
la châsse sur la place et de la brûler avec ce qu'elle
renfermait. « Mais, reprend l'interlocuteur, ne
vaudrait-il pas mieux l'ouvrir au milieu de l'église,
en présence de tout le peuple, et voir si réellement il ne s'y trouve que de la cire ou des ossements artificiellement reliés entre eux ? »

Ce fut là, on peut le croire, une inspiration du

Ciel, car, cette proposition ayant été accueillie par les profanateurs, le précieux trésor put ainsi échapper aux flammes et être sauvé.

On transporta donc la châsse dans la grande nef. Elle fut déposée sur une banquette tapissée, en face de l'ancienne chaire. Tous ceux qui étaient présents l'entouraient, les uns blasphémant la foi de leurs pères et le saint qui avait reçu leurs hommages, les autres tremblant d'émotion et essuyant furtivement les larmes qui jaillissaient involontairement de leurs yeux.

Il fallut requérir un serrurier pour enlever les équerres en fer qui fermaient la châsse. Celui qui fut appelé se résigna, malgré sa répugnance, et non sans éprouver un frisson de peur, à les faire sauter ; puis honteux et effrayé de son action, il se hâta de de disparaître avant même que le couvercle fût levé.

L'ouverture faite, le corps du saint apparut revêtu d'habits pontificaux. Par dessous, un suaire l'enveloppait tout entier ; ce suaire était scellé en plusieurs endroits de cire rouge aux armes de Mgr Cortois de Quincey. Les ornements furent coupés, lacérés, les sceaux brisés, le suaire mis en lambeaux. Un habit de Chartreux recouvrait le corps immédiatement ; ce vêtement fut arraché et la relique mise entièrement à découvert. Tous les grands os étaient parfaitement adhérents au tronc sans aucun ligament. On voyait encore des traces de la peau sur le buste ; mais les mouvements violents imprimés à la châsse les firent bientôt disparaître.

Cependant, un de ces lugubres violateurs des secrets de la tombe saisit la tête, la détache, et ajoutant un horrible blasphème à la brutalité sacrilége de son action, il la jette violemment contre le pavé. Il ramasse ensuite les débris et les remet dans la châsse, pendant qu'un autre s'empare d'un pied et le montre à la foule en ricanant.

Par dessous le coussin sur lequel avait reposé la tête et qu'on tira de la châsse, on trouva la moitié de la croix pastorale, un anneau, puis une boîte de fer blanc doré qui contenait les procès-verbaux de la fête de 1630 et de l'ouverture de la châsse par Mgr de Quincey. Comme ces pièces étaient rédigées en latin, personne ne comprit un mot de la lecture que l'un des profanateurs essaya d'en faire. Elles furent portées, avec les objets que nous venons de mentionner, au secrétariat du district.

L'étui d'argent, dans lequel Jean de Passelaigue avait renfermé la crosse du saint, tenta la cupidité d'un de ces intègres républicains; il se l'appropria après avoir jeté avec mépris le bois sacré qu'il protégeait. Cette précieuse relique fut recueillie; elle a été divisée en plusieurs fragments que se sont partagés les membres d'une famille du pays et quelques autres personnes.

Dans le tumulte et la précipitation de cet odieux pillage, il se fit d'autres soustractions qui furent inspirées, comme cette dernière, par le respect et la piété. Ainsi, une veuve obtint, à force de prières, la plus longue phalange d'un des pouces; deux menuisiers s'approprièrent, l'un, une pièce d'étoffe de laine qui avait revêtu immédiatement le corps du saint, l'autre, le matelas recouvert de soie verte sur lequel il reposait, mais il ne put l'emporter qu'en donnant de l'argent. Une femme parvint à s'emparer de l'amict qui couvrait la tête; quelques-uns ramassèrent de petits ossements du crâne, oubliés sur le pavé, ou d'autres débris sortis de la châsse. Tous cachaient ces pieux larcins et s'estimaient heureux de posséder quelque objet qui avait appartenu au saint évêque.

Ceux qui présidaient à cette profanation sacrilége, s'étant aperçu de ces soustractions, placèrent, pour les arrêter, des sentinelles près du corps, avec défense expresse de permettre à qui que ce fût d'en approcher. Nouvelle précaution de la Providence pour assurer la conservation de ce trésor.

Cependant il fallait en finir. On décida que les ossements du saint seraient transportés dans la sacristie, et qu'on les inhumerait au pied du pilier qui en soutient la voûte. Ce fut vers quatre heures du soir que le transfert du corps eut lieu. La porte de l'église fut ensuite fermée. Pendant la nuit, entre dix et onze heures, un administrateur du district prit avec lui deux ouvriers, pénétra dans la sacristie, ordonna de lever deux planches du parquet, près du pilier, et de faire un creux pour y déposer les ossements que contenait la châsse de saint Anthelme. Les ouvriers firent ce qui leur était enjoint et, aux ossements du saint, ils réunirent une tête en pierre qui avait appartenu à une statue de la sainte Vierge et qui servit plus tard à la reconnaissance de la relique.

Telle est l'histoire de cette lamentable profanation. Nous devions la reproduire, bien qu'il nous en coûtât, car il est bon qu'on n'oublie jamais les excès de sauvagerie révoltante auxquels peut se porter l'impiété révolutionnaire. Le souvenir de ceux que nous venons de raconter laissa dans les esprits une impression d'horreur. On s'attendait à voir éclater sur leurs auteurs quelques traits vengeurs de la colère céleste. C'était comme un pressentiment, et l'évènement ne tarda pas à le justifier. Aujourd'hui encore, on se souvient de l'étrange et horrible infirmité dont le plus coupable des profanateurs fut frappé. Personne ne s'y méprit, le malheureux atteint par ce trait de la justice divine moins que tout autre ; aussi rentra-t-il en lui-même; il avoua son crime et en demanda pardon à Dieu et aux hommes.

Toutefois le saint dépôt, arraché à l'autel par des mains impies, n'avait pas été brûlé ni dissipé. Il reposait dans un lieu sûr, protégé par l'oubli des révolutionnaires et par la solitude qu'ils avaient faite dans le sanctuaire. Deux ans après ces tristes événements, et lorsque les portes des églises se rouvrirent, du moins momentanément, un clerc de la paroisse, se trouvant à la sacristie de la cathédrale,

marcha 'sur l'extrémité d'une des planches sous
lesquelles se trouvaient les ossements de saint
Anthelme ; l'autre extrémité se souleva et lui laissa
voir le dépôt dont elle recouvrait une partie. Il remit la planche à sa place et, le lendemain, le curé,
averti de cette découverte, fit la même remarque
que son clerc, et ensemble ils se mirent en devoir
de retirer les saintes reliques d'un lieu si peu convenable.

Toutefois, ils voulurent s'assurer auparavant de
l'identité des ossements. Ils prirent donc des infor-
mations près de ceux-là même qui les y avaient dé-
posés et qui vinrent les reconnaître. Ils attestèrent
qu'ils les retrouvaient exactement dans l'état où ils
les avaient laissés deux ans auparavant. Ce fut aussi
le jugement que portèrent beaucoup d'autres personnes de la ville, qui se souvenaient très-distinctement
de toutes les circonstances de la profanation et de
la résolution prise de les transporter dans la sacristie où on les retrouvait.

Le curé tira secrètement les reliques du creux où
elles étaient déposées et les recueillit, une partie
dans un grand vase de terre, et l'autre sur une ar-
moire de la sacristie. Il scella le tout pour que rien
ne se perdît. La situation politique était encore trop
sombre pour permettre d'en faire davantage : on
était alors sous le gouvernement du Directoire,
aussi hostile à la religion que celui auquel il avait
succédé.

Enfin, le 7 juillet 1806, le cardinal Fesch, archevêque de Lyon, dont dépendait alors Belley au spirituel, nomma une commission pour s'occuper de la recherche du corps de saint Anthelme. Un grand nombre des témoins de ce qui s'était passé vivaient encore, et parmi eux il s'en trouvait qui avaient pris une part active aux événements qu'il s'agissait d'étudier. On les fit venir devant la commission, et c'est de leurs dépositions que nous avons extrait le récit qui précède.

Une autre commission, composée de docteurs en médecine et de chirurgiens de la ville de Belley, dut ensuite procéder à l'examen des reliques. Il résulte de leur rapport que les ossements qui leur furent remis entre les mains, ayant été par eux rassemblés, comparés, examinés dans leurs relations réciproques et dans leur ensemble, leur ont paru appartenir au même sujet par leur forme, leur couleur et leur contexture. Cette conclusion est applicable en particulier aux os de la tête qu'on a pu recueillir, et qui s'adaptent parfaitement les uns aux autres pour ne former qu'un seul tout.

Cette reconnaissance fut faite devant de nombreux témoins, choisis parmi les notables de la ville, qui attestèrent que le corps, en présence duquel ils se trouvaient, était celui que les révolutionnaires avaient tiré de la châsse de saint Anthelme, le 6 décembre 1793, qui avait ensuite été exposé dans l'église, le même jour, de 10 heures du matin à 4 heures du soir, puis inhumé dans la sacristie, au pied du pilier qui en soutient la voûte, et retiré de là deux ans après, pour être placé au lieu où on venait de le prendre. Cette attestation fut signée de tous ceux qui la firent, et jointe au procès-verbal des médecins.

Le cardinal Fesch se proposait de replacer solennellement le corps du saint sur son autel, et de faire, à cette occasion, par l'éclat qui serait donné à la cérémonie, comme une réparation publique des outrages dont il avait été l'objet. Mais les événements politiques de la fin de l'empire ne lui permirent pas d'exécuter son dessein. On se contenta, pour le moment, de prendre toutes les précautions d'usage, en pareil cas, pour garantir l'authenticité de la précieuse relique qu'on avait reconnue.

Le siége de Belley, rétabli en 1817, ne fut pourvu qu'en 1823. Ce fut son premier évêque, Mgr Devie, qui réalisa le projet du cardinal Fesch. Dès 1824, il fit ouvrir la châsse pour en extraire une côte dont il voulait gratifier l'église paroissiale de Chignin. En 1829, ayant modifié le règlement de la confrérie de saint Anthelme, il demanda au pape Léon XII et obtint de lui, pour les associés, une indulgence plénière applicable dans trois circonstances déterminées, et une autre pour toutes les personnes qui communieront le jour de la fête du saint, feront une neuvaine en son honneur et viendront prier devant ses reliques.

Dans un mandement en date du 26 mai 1829, il annonça à tout le diocèse son intention de faire la translation des reliques de saint Anthelme et de célébrer sa fête avec une solennité exceptionnelle. La cérémonie, fixée d'abord au 26 juin, fut ensuite renvoyée au 30 du même mois, au delà de l'octave de la Fête-Dieu, afin qu'un plus grand nombre de prêtres pussent y prendre part.

On procéda à l'ouverture de la châsse, en bois noir, dans laquelle les reliques avaient été déposées par ordre du cardinal Fesch, en présence d'une commission de médecins, et de nombreux témoins choisis dans le clergé et dans les familles les plus honorables de la ville. Les médecins firent un inventaire exact de tout ce qu'elle renfermait, et une nouvelle vérification des ossements qui confirma sur tous les points celle qui avait été faite en 1806. Nous remarquons cette particularité, dans le procès-verbal de la dernière, c'est que, de l'examen des ossements, il résulte que le saint était d'une stature au-dessus de l'ordinaire.

La nouvelle châsse, destinée à recevoir les reliques, s'étant trouvée trop petite, on les plaça provisoirement dans celle qui avait reçu successivement le corps de saint François de Sales et celui de sainte Jeanne de Chantal. Les religieuses de la Visitation d'Annecy s'étaient empressées, du consentement de leur évêque, de la prêter pour la circonstance. Hospitalité touchante ! et que de rapprochements elle fait naître dans l'esprit ! Ces trois saints ont vécu dans le même pays. Saint François, comme saint Anthelme, porta le titre de prévôt du Chapitre de Genève ; il avait à Belley, son ami le plus intime et venait fréquemment le visiter sous le toit qui avait abrité saint Anthelme. Et voilà qu’en ce jour, c’est saint Anthelme qui va reposer dans le reliquaire qui fut celui de saint François ! D’un autre côté, que de contrastes dans le caractère de ces saints ! Ou plutôt, ne peut-on pas dire que les perfections diverses des trois forment, au-dessus de la châsse qui a reçu leurs restes mortels, une auréole de gloire dans laquelle on voit se détacher, comme trois rayons d’un éclat plus vif, la fermeté de saint Anthelme, la douceur de saint François et la charité de sainte Jeanne de Chantal ?

C’est dans ce reliquaire trois fois sacré, que le corps devait être porté triomphalement à travers les rues de Belley, et replacé ensuite sur son autel. La cérémonie ne fut pas moins brillante que celle de 1630, qu’elle rappelait si bien, ni le concours des fidèles moins empressé, ni leur piété moins vive. Il s’y mêlait, toutefois, de poignants souvenirs : en contemplant cette châsse auguste qui laissait voir, à travers ses glaces, le corps du saint revêtu de magnifiques ornements, plusieurs se rappelaient les scènes hideuses de la journée du 6 décembre, et c’est à peine si les hommages qu’on lui prodiguait en ce moment suffisaient à les en consoler.

Cependant, il sembla que le saint était heureux du retour de son peuple et des preuves qu’il donnait de son repentir. Les jours précédents, la pluie n’avait cessé de tomber et, dans la matinée du 30 juin, rien n’annonçait qu’il ne dût pas en être de même jusqu'au soir. Tout à coup les nuages se dissipent et quand la procession sortit, le soleil brillait de tous ses feux dans un ciel pur. Tous y virent un signe que Dieu agréait cet hommage de leur piété filiale, et comme un gage de pardon pour un jour d'égarement.

L'année qui suivit cette solennité, on retira le corps du saint de la châsse de saint François de Sales, pour le placer dans celle où il repose aujourd'hui. En 1835, on procéda à un nouvel arrangement de la relique. Dans le procès-verbal qui en fut dressé, on mentionna, parmi les ornements dont on la revêtit, une chape de drap d'or, richement brodée, que M. Cauchy, secrétaire-archiviste de la Chambre des Pairs de France et frère du célèbre mathématicien, avait donnée en témoignage de sa reconnaissance, pour un bienfait signalé dont il se disait redevable à saint Anthelme.

Cependant, Mgr Devie avait entrepris la reconstruction de la vieille cathédrale de saint Jean-Baptiste. La conservation de l'abside fit nécessairement adopter le même style que celui de cette partie de l'édifice, et valut ainsi, à la ville de Belley, un beau monument gothique, à une époque où ce genre d'architecture n'était guère en honneur. Les successeurs de Mgr Devie y travaillèrent, chacun à son tour, et la pose toute prochaine du maître-autel va seulement permettre d'en faire la consécration.

On ne pouvait oublier saint Anthelme dans cette

reconstruction. Des sept chapelles qui règnent autour du sanctuaire, la première, du côté de l'évêché, lui fut dédiée. Elle a les mêmes dimensions que celle du Saint-Sacrement qui est vis-à-vis, à l'autre extrémité de la série. Toutes sont décorées, ainsi que le reste de l'église, par de riches peintures dues à la piété généreuse des habitants. Les sujets que l'on a choisis pour celle de saint Anthelme, rappellent quelques-uns des traits de sa vie. Ainsi, sur la droite, c'est-à-dire du côté de l'évangile, on a représenté son entrée à la chartreuse de Portes et sa consécration épiscopale, et sur la gauche, son élection comme prieur de la Grande-Chartreuse et sa mort.

La châsse est sur l'autel et en occupe toute la largeur. Sur le flanc de la chapelle et contre le mur extérieur, on remarque une sorte d'autel en pierre, destiné à recevoir la châsse, pendant les fêtes du saint, afin qu'elle soit mieux en vue et plus accessible aux pèlerins.

Tous ces honneurs, rendus de nos jours, au saint patron de la ville de Belley, ne l'ont pas été sans résultat. L'indifférence, triste legs de l'impiété révolutionnaire, a cédé peu à peu devant la foi qui s'est réveillée, et qui a repris son doux et salutaire empire sur les esprits. Belley est redevenu ce qu'il avait été pendant de longs siècles, la ville de saint Anthelme. Aussi, le pèlerinage, avec ses manifestations accoutumées, s'est rétabli et, chaque année, le jour de sa fête, la châsse du saint évêque, entou-

rée de faisceaux de cierges qui brûlent et se
renouvellent sans cesse, voit passer successivement devant elle, et presque sans interruption,
des groupes nombreux de fidèles, de tout âge
et de tout sexe. Il en vient des villages voisins,
du haut des montagnes comme des vallées les
plus éloignées. C'est le fond de la vraie population qui apparaît. En voyant sa foi naïve, on
pense à ces chrétiens d'un autre âge, pour qui
les choses de l'âme avaient plus de réalité que le
monde sensible, et qui ne désavoueraient pas ceux-
ci pour leurs descendants. Les deux illuminations
traditionnelles ont toujours lieu, et quelque effort
qu'on ait tenté pour introduire dans cette fête des
éléments profanes, rien n'a réussi : elle a gardé
jusqu'ici son caractère exclusivement religieux et
n'en est restée que plus populaire.

Et cependant, ceux qui ont vu les solennités
d'un autre temps, ou qui en ont entendu parler par
leurs pères, affirment que celles d'aujourd'hui n'ont
plus ni le même éclat, ni la même cordialité. L'ap-
pellation de *cousin* ne serait-elle plus qu'un souvenir? Ces regrets se comprennent et ils naissent
aisément dans tout cœur humain, quand la pensée
se reporte à l'époque toujours préférée des anciens
jours. Toutefois, cette résurrection de la piété des
ancêtres, dans nos temps si peu chrétiens et lorsque
cette plante céleste ne peut éclore qu'à travers mille
obstacles qui menacent sans cesse de l'étouffer, lors
même qu'elle n'aurait pas encore retrouvé toute sa

vigueur première, n'est-elle pas un signe consolant et qui doit relever nos espérances ? Le saint qui protége Belley vit toujours dans la gloire ; son intercession n'a rien perdu de sa puissance, ni son cœur de sa tendresse pour son peuple. Son corps, autrefois l'instrument de tant de merveilles, nous reste comme le gage assuré de la constance de sa protection. Vienne le septième centenaire de son entrée dans les cieux, et la fête que ses enfants lui préparent, en faisant revivre, avec les grandes solennités des temps anciens, la foi qui les inspira, ne laissera plus de place aux regrets du passé.

FIN.

NOTES

ET

PIÈCES JUSTIFICATIVES

—

NOTE A (p. 3.)

**Inscription gravée sur la porte de la chapelle actuelle
de saint Anthelme, à Chignin.**

D. O. M.
Anno Circiter MCVI
In hac turri natus est
B. Anthelmus
Eps Bellicensis, antea Prior
Cartusiæ septimus. Sæculo decurrente sexto
Decimo, nob. vir Ruffin de la Biguerne, in
Honorem B. Præsulis, sui consanguinei, juxta hanc
Ipsam turrim, sacellum extruxerat, quo penitus
Diruto, Cura et piet. R. P. Caroli Mariæ
Saisson ministri gentis S. Ordinis Cartsis
Turris mœnia instaurata fuere et
Sanctuarium hoc
Ædificatum, gloriose
regn. Pio PP. IX, An.
Dni MDCCCLXXVII.

NOTE B (p. 33.)

Relation du voyage de Mabillon à Portes.

(Itinerarium Burgundicum)

Ambroniaco in Cartusiam Portarum profecturi, Arbarina amne permeato, Alpium juga conscendimus, et per avia inviaque, per abrupta montium et scopulos, vix tandem eo appulimus feria sexta Pentecostes, humaniter a Domno Priore accepti. Mirati sumus horridum loci situm, inter angustissimas montium fauces coarctatum, ubi nec habet hortulanus quod serat, nec vinitor quod excolat. Ecclesia tenuis, sed decenter ornata : veteres cellæ humiles, angustæ, priscum solitariorum rigorem spirantes, in quibus una S. Anthelmi, ex Priore Portarum Episcopi Bellicensis. Bernardus Prior Portarum primus, inter cœlites merito habendus is est, qui ex Ambroniacensi asceterio, comitantibus Joanne ac Stephano ejusdem loci monachis, ad Cartusianos se convertit, S. Bernardi litteris commendatus. Tres eodem fere tempore ibidem cognomines exstitisse probat recentis memoriæ Petrus Franciscus Chiffletius in Manuali solitariorum, quod totum ex Bibliotheca Portarum deprumtum est. In eam admissi vidimus Chartaria, codices manu descriptos, in quibus S. Fulgentii opera (quæ maxime causa istuc nos trahebat) pleraque invenimus. (Suit la liste des œuvres de saint Fulgence que le savant Bénédictin a trouvées dans le manuscrit de la bibliothèque de Portes.) Cæsarii sermones XL in alio codice reperimus : cætera commemorare non juvat.

Inde vestigia, verius præcipitia relegentes, Lugdunum

adivimus Maii die XXI. Nec longas in magna, frequenti, celebri, amœnissima, et elegantissima civitate traximus moras, cum ea nos deficerent, quæ itineris nostri illecebræ erant, veterum librorum monumenta.

NOTE C (p. 115.)

Sur l'opinion de D. Lecoulteux au sujet de l'entrée en religion du père de saint Anthelme.

Nous ne devons pas dissimuler que si, au jugement de Dom Lecoulteux, il est certain que le père de saint Anthtelme prit l'habit religieux sur la fin de sa vie, on ne saurait affirmer avec la même certitude, suivant le même auteur, que ce fut à la Grande-Chartreuse qu'il le revêtit. La raison qu'il donne de son doute à ce sujet, est qu'il n'a pas trouvé le nom d'Arduin dans l'obituaire de ce monastère. Il croit donc que le père de saint Anthelme a pu entrer à la Chartreuse de Portes, ou même dans un monastère appartenant à un autre Ordre. (Voir *Annales ms. sacri Ordinis Cartus. an.* 1150).

Cette raison a sans doute un certain poids. Mais elle ne nous paraît pas suffisante pour enlever toute vraisemblance à notre manière de raconter ce fait. D'abord elle est purement négative, et rien ne garantit qu'une omission n'a pas été commise dans la liste des religieux décédés. D'un autre côté, il est certain que c'est aux prières et aux exhortations d'Anthelme qu'il faut attribuer la détermination du seigneur de

Chignin et celle de son fils. Il est également certain que celui-ci vint rejoindre Anthelme et son autre frère, et l'on voudrait que le père se fût séparé de ses fils pour accomplir un dessein qui leur était commun et dont il devait la première pensée à l'un d'eux ! Il ne faudrait pas moins, pour le croire, qu'une raison positive ; or, cette raison n'existe pas. Qu'on en juge par le récit de l'auteur contemporain, celui de tous qui a été le mieux renseigné. Nous le transcrivons intégralement.

« Cumque omnium salutem quæreret (Antelmus) propriam tamen carnem non despexit ; e duobus enim fratribus carnalibus quos habebat, suis monitis unum post se traxit ad Christum (alter enim ipsum in eadem via præcesserat), post quem proprium genitorem ad *eamdem pœnitentiam* reduxit. Felix pater ! qui triplici filiorum funiculo colligatus, post ipsos, imo *cum ipsis* secutus est Christum ! Felix, inquam, qui tales filios meruit habere ! qui caduca hæreditate contempta, sibi et patri compararunt æternam ! »

Cette même vie pénitente à laquelle ils se vouèrent successivement ne peut être, évidemment, que la même vie religieuse, et si l'auteur fait remarquer que le père a suivi le Christ après ses fils, bien mieux *avec eux*, n'est-ce pas comme s'il eût dit que ce fut ensemble et dans la pratique d'une même règle qu'ils se sont mis ainsi à la suite du Sauveur ?

Voilà pourquoi nous avons cru devoir conserver notre récit de l'entrée du seigneur de Chignin à la Grande-Chartreuse tel que nous l'avons présenté, malgré le doute soulevé par l'annaliste cartusien.

NOTE D (p. 125.)

Lettre de saint Bernard au pape Eugène III, au sujet de la démission de saint Anthelme.

1. Qui tentant nos, non dormitant, neque dormiunt. Quomodo nunc de novo persecuti sunt in montibus, insidiati sunt in deserto? Cartusienses turbati sunt : turbati sunt et moti sunt sicut ebrius et propemodum omnis sapientia eorum devorata est. Scias, domine mi : inimicus homo hoc fecit. Quid dico, fecit ? et adhuc facit. Adhuc fiduciam habet, ut et illa sanctitas influat in os ejus. Esca ejus electa : nosti optime. Quosdam jam prævaricatores constituit : alios, quos per se expugnare non poterat, per illos impugnat bello domestico et intestino. Ab ipsa fundatione loci et Ordinis non est auditum, ut quis exiens, sine satisfactione reciperetur. Qui male exierant, pejus reintraverunt, addentes prævaricationem. Quid putas, Pater sancte, illi facturi sunt, quorum egressio in transgressione, regressio in superbia est? Et nunc superbia eorum ascendit semper (*Psal.* LXXIII, 23). Exsultant in re pessima quam egerunt, insultant injuriam patientibus. Vicere, triumphant : Prior jam non est Prior. Dum superbit impius, incenditur pauper. Exire etiam vult : non potest videre destructionem Ordinis sui, et jam exiisset, si solus exire potuisset. Qui Prior necesse est ut bonus sit : nam quorum innititur consilio, audivimus a bonis bonos esse.

2. Videsne, clementissime Pater, quantum subreptum sit tibi? Nihilne dignum recipiet subreptionis auctor ? Si bene te novi, portabit judicium quicumque est ille. Venerunt ad te in vestimentis ovium, in habitu sancto; species

decepit te. Quid mirum ? et tu homo es. Sed jam prodita in lucem fraude, exsurgat zelus, et partes suas viriliter exsequatur adversus malignantes. Non veniat anima tua in consilium eorum : dissipetur consilium Achitophel. Teipsum custodi. Non est paris periculi scientiæ subripi, et zelum dormire. Illud excusat ignorantia, hoc negligentia inexcusabile facit. Forte ascendat ex adverso, et aliud persuadere conetur. Mentiatur iniquitas sibi, et non domino meo. Nam hæc veritas ; et res sic se habet. Nil vero jucundius, nil justius in judiciis vestris, quam cum se istiusmodi occasio præbet, si qui nocere voluit, cadat ipse in foveam quam fecit, et convertatur dolor ejus in caput ejus et in verticem ipsius iniquitas ejus descendat (*Psal.* VII; 16, 17). Zelus domini mei faciet hoc. Et priorabitur iterum, ut confido, qui Prior fuit : ut non glorietur omnis iniquitas. Alioquin (quod non frustra timemus) nisi Prior restituatur in gradu suo, Ordo non diu erit in statu suo. Inspiret Deus vobis paterne accipere ista, et respondere bona ad nostram omnium consolationem, qui valde desolati sumus, et afflicti super vires.

NOTE E (p. 136.)

Sur l'époque où saint Anthelme devint prieur de Portes.

Nous avons suivi, dans ce récit, la chronologie généralement adoptée et qui est celle du biographe anonyme de notre saint. Nous n'ignorons pas cependant que

D. Lecoulteux en suit une autre. Ainsi, au lieu de fixer l'arrivée de saint Anthelme à Portes, avec la qualité de prieur, à l'année 1152, il la retarde jusqu'en 1155 et veut qu'il y soit resté quatre ou cinq ans, de sorte qu'il ne le fait revenir à la Grande-Chartreuse qu'en 1159, ou 1160, c'est-à-dire trois ans tout au plus avant son élection comme évêque de Belley. Pour justifier cette chronologie, D. Lecoulteux cherche à établir que saint Anthelme fut revêtu de la dignité épiscopale *peu de temps après son retour au désert*; et dans ce but il s'appuie sur des expressions équivalentes qu'il prête au biographe contemporain, telles que les suivantes : *non licuisse ei (Anthelmo) longo tempore absconditum manere post suum ad Cartusiam reditum.* Or, ajoute-t-il, on ne pourrait s'exprimer ainsi dans le cas où il se serait écoulé huit ou neuf ans entre le retour du saint à la Grande-Chartreuse et son élévation à l'épiscopat. Nous en convenons avec lui. Seulement, vérification faite, nous avons trouvé la citation, non dans le biographe contemporain, mais dans Surius. Or, on sait que Surius s'est contenté de modifier la rédaction du premier historien de saint Anthelme sans entreprendre aucun travail de critique sur le document dont il s'est servi. Son autorité dans les questions de chronologie est donc sans valeur.

Il est un autre argument que fait valoir D. Lecoulteux en faveur de la chronologie adoptée par lui, c'est la présence de saint Anthelme à Portes lorsque l'archevêque de Lyon vint en 1157 s'y réfugier. Comment, en effet, expliquer cette présence, et surtout le rôle que remplit notre saint dans cette circonstance, s'il n'était plus prieur? Rien ne serait plus facile dans l'hypothèse contraire. — Cette raison n'est pas sans valeur. Elle ne suffit pas cependant à nous convaincre. Ce n'est après tout qu'une raison

de plus grande facilité pour expliquer une situation ; elle
n'est ni directe, ni positive, et il le faudrait cependant pour
justifier l'abandon de l'opinion traditionnelle sur ce point.
En attendant qu'on en produise une qui ait ce caractère,
nous avons essayé, au chap. XIII, de justifier d'une autre
manière la présence d'Anthelme dans la circonstance que
nous venons de rappeler. Le lecteur jugera si notre explication est fondée.

NOTE F (p. 160.)

Extrait d'une Charte accordée
par Frédéric Barberousse à la Chartreuse de Meyriat.

(Bibliotheca Sebusiana, p. 177.)

Fridericus divina favente clementia Romanorum imperator semper Augustus. Ad imperalis dignitatis excel-
lentiam pertinet, Servorum Dei quieti totis clementiæ
viribus providere, eorumque loca in Imperio nostro con-
stituta, cum eorum appendentiis, non solum conservare,
sed et benificiis amplioribus et donis augere et multipli-
care. Quocirca noverit cunctorum fidelium nostrorum
præsentia, et futurorum posteritas ; quod nos, pro sin-
cera charitate, quam erga Ordinem Carthusiæ habemus,
et pro fideli devotione quam nobis exhibuit *Nantelmus*
venerabilis ejusdem Domus Prior, Domum Majorevi ejusdem Ordinis in Diœcesi Lugdunensi et Regno Burgun-
diæ existentem, illiusque Domus Priorem, Monachos,
Fratres, Servos, familiam, ejusque possessiones et

homines, cum omnibus appenditiis suis in nostram sus-
cipimus protectionem ; quatenus ipsi et homines eorum
securi et tranquilli sub nostra pace vivant, liberius Deo
famulentur, et pro nobis nostrisque successoribus preces
in conspectu divinæ Majestatis offerant.

NOTE G (p. 176.)

Lettre de saint Anthelme à Louis VII.

(Acta Sanctorum.)

Excellentissimo Domino suo Ludovico Dei providentia
Regi Francorum, N. Bellicensis humilis minister, sic
terrenum regnum regere ut in cœlis cum sanctis valeat
regnare.

Ex quo illustrissime Rex, vestræ serenitatis sublimitas
parvitatem cartusiensis domus, suam nobis præsentiam
exhibendo, visitare dignata est, in armariolo nostri pec-
toris ea qua potuimus dilectione suscepimus. Tunc enim,
ut ita dicamus, nostris visceribus incorporati estis ;
verum nec facile eruemini. Nunc quoque Dei voluntate,
nescio, aut disponente, aut permittente, ecclesiæ Belli-
cencis, qualiscumque destinatus Episcopus, nostris ora-
tionibus, vestri memoriam habentes, preces pro vobis,
et regni stabilitate ad Deum fundimus. Proinde magnifi-
centiæ vestræ suggerimus ut humanis favoribus plus quam
vobis non credatis. Misericordiam et judicium, benigni-
tatem et mansuetudinem ac similia imitemini, quæ scilicet insignia sunt regiæ dignitatis. De cætero majestati

Vestræ supplicamus, quatenus cuidam nepoti nostro carnali *Parisiis* studenti, pro Dei et nostri amore, unde sustentari et sapientiæ intendere possit, subvenire dignemini. Valete.

———

NOTE II (p. 205.)

**Accord ménagé par saint Anthelme
entre les Chartreux de Meyriat et les
seigneurs de Rougemont.**

*Nantelmus Episcopus Bellicensis, qui vulgo Antelmus
ad annum Christi 1164.
Ex tabulario Cartusiæ Majorevi.*

Ad concordiam et pacem futurorum, ut quietius in silentio vivant, placuit antiquis res gestas litteris memoriæ commendare. Noverit igitur quicumque hanc cartam -legerit vel audierit, quod ego Nantelmus humilis Belli-cencis Ecclesiæ Episcopus, ad domum venerim Majorevi, ob quasdam calumnias quæ obortæ fuerant inter domum illam et Milites de Rubeomonte : inter quos pax hoc modo Deo largiente reformata est. Remota siquidem omni querela et sedato omni rancore et discordia, concesserunt et libere dederunt Domnus Willelmus et Domnus Garnerius cum filiis suis, pro se suisque omnibus vivis et defunctis fratribus Majorevi omnia quæ ab ipsis vel antecessoribus dono vel pretio adquisierant, et quibus ipso die investiti erant, terras scilicet et nemora, pascuarum usum per omnem terram quæ infra eadem continetur pascua : ita

ut nullam personam cujusque ordinis vel religionis, in
terra prædicta ad habitandum suscipiant, immo suscipere
volentibus pro posse suo omnino resistant. Excepto quod
Domnus Garnerius in villa de Mionz, in eo quod suum
est, religiosos quos voluerit potest suscipere ad habitandum ; non ad pascua Eremitis data devastanda, nisi
quantum ad ipsam villam pertinet : ubi etiam pecoribus
Majorevi transitus non negatur. Præterea omnia quæ
fratrum Majorevi sunt, in manutentia et custodia sua
susceperunt : euntibus et redeuntibus ad domum supra-
dictam, firmam de se suisque hominibus securitatem da-
bunt : et si quam aliquando injuriam sæpe dictis fratribus
vel ad se venientibus, vel redeuntibus fecerant, veniam
suppliciter postulaverunt. Hæc quæ dicta sunt, sicut fide-
liter intellexi, promiserunt et juraverunt in manu nostra
Domnus Willelmus de Rubeomonte, et filii ipsius Willelmus et Aimo, Domnus Garnerius, et filii ejus Willelmus,
Guiffredus, Garnerius, Gaucerannus. Laudantibus etiam
idipsum uxoribus eorum, quæ ad cremum venire non
poterant. Definita vero sunt hæc apud Majorevum, in do-
mo inferiori, anno ab Incarnatione Domini millesimo
centesimo sexagesimo quarto. Interfuerunt autem huic
determinationi mecum hi : Guillelmus Capellanus noster,
monachus Portarum, Magister Anselmus Canonicus
Bellicensis, Andreas etiam sancti Sulpicii monachus, et
Willencus monachus. De Majorevo Humbertus Prior, et
Hugo procurator : conversi, Bonusfilius, Philippus,
Girardus, Willelmus : Sacerdotes sæculares, Vicardus
de Balmeto, Jordannus, et Willelmus de Breuno, Humbertus de Burco, Dua et Johannes de Isinana. Milites
vero Hugo et Vicardus de Balma, Aalardus de Biliniaco,
Garnerius de Balmeto, Jordannus de Camberiaco, Evrar-
dus de Martiniaco, Jordanus et Aimo de Enflafol. Fuit

etiam ibi Guido Præpositus Bellicensis, Lambertus clericus, et Pontius frater ejus de Balmeto, Willelmus pellicerius de Nantuaco. Sciendum vero est quod pro prædicta concessione et donatione, Willelmo de Rubeomonte condonatæ sunt sex libræ Gebennensium. Filii etiam Domni Garnerii supradicti in conventu monachorum laudaverunt quæ prædicta sunt, et habuerunt inde ferme quadraginta solidos Gebennensium.

NOTE I (p. 234.)

La Belle d'Or.

(*Guichenon*, *Histoire de Bresse et de Bugey*).

In nomine Sanctæ, et individuæ Trinitatis : Fridericus divina favente clementia Romanorum Imperator Augustus. Ad imperialis excellentiæ dignitatem pertinet, Ecclesias Christi in Imperio constitutas cum earum universis pertinentiis salvas conservare, et eorum quos in Dei, suoque devoto invenit obsequio, commodis, et profectibus clementer aspirare. Quapropter omnibus Imperii nostri fidelibus notum esse volumus ; quod nos divinæ retributionis intuitu, Bellicensem Ecclesiam S. Joannis Baptistæ, ipsumque fidelem nostrum Antelmum Episcopum, ejusque successores, Episcopos, Canonicos, ejusque possessiones, et homines tam ad Episcopum quam ad Canonicos pertinentes, ipsam quoque civitatem cum omnibus appenditiis, in nostram suscepimus protectionem, quatenus, et Episcopus, et ejus Canonici sub nostra pace securi permaneant, liberius Deo serviant, et pro nobis, successoribusque nostris, orationes assiduas apud Deum effundant. Ad hæc quoque omnia civitatis regalia, videlicet Monetam, Telonium, Pedagium, Ripaticum, Aquaticum, Pascua, Piscationes, Venationes, Situas, Stirpaticum, et omnem Districtum, et Jurisdictionem Civitatis, et suarum possessionum jam dicto Episcopo ex nostra benignitate concessimus salva in omnibus Imperialis Justitia. Unde statuimus, Auctoritati Imperiali firmiter inhærentes, ut nulla persona sæcularis Ecclesiastica, magna vel parva, Dux, Marchio, Comes, Vassallus, bannum quod Episcopus in Civitate posuerit infringere præsumat ; nec in homines præfatæ Ecclesiæ, aliquam exactionem faciat, nec ad Judicium illos trahat; aut in hostem ire compellat. Concessimus insuper eidem Episcopo ut Civitatem claudat, et munitionibus circumdet et muniat; Mercatores quoque inhabitantes, in negotiationibus euntes, et redeuntes per Universum Imperium nostrum transitum habeant securum. Soli quoque Episcopo liceat ut in hominibus suis in Civitate et extra positis Justitiam exerceat, et eos in hostem ire compellat, et debitum ab eis servitium requirat, et accipiat. Si quis autem Edicti nostri temerario ausu transgressor extiterit, quinquaginta libras auri puri, pro satisfactione componat, dimidiam partem Cameræ nostræ, et reliquam Episcopo, et Ecclesiæ ; ut igitur nostræ largitatis donatio perpetuo rata maneat et inconcussa, chartam inde hanc conscribi, et sigillo nostræ Majestatis jussimus insigniri. Ego Gottofredus, Philippi Coloniensis Archiepiscopi et Italici regni Archicancellarii vice, recognovi. Acta sunt hæc anno Dominicæ Incarnationis 1175. Indict. 8, regnante Domino Friderico Romanorum Imperatore gloriosissimo, anno regni ejus 24. Imperii 22. Datum in obsidione Taboreti 7. Kal. Aprilis feliciter. Amen.

NOTE J (p. 241.)

Sur les démêlés de saint Anthelme avec le comte Humbert III.

L'auteur contemporain affirme que l'un des deux évêques envoyés par le Pape vers saint Anthelme pour l'engager à absoudre Humbert, fut saint Pierre, archevêque de Tarentaise. Il y a une difficulté à admettre cette assertion. Saint Pierre de Tarentaise est mort le 8 mai 1174. Or, nous avons des raisons de croire que le démêlé dont il s'agit est postérieur à l'octroi de la bulle d'or de 1175, et même qu'il en est la conséquence. Saint Pierre de Tarentaise n'a donc pu prendre part à cette affaire. Voilà pourquoi son nom ne figure pas dans notre récit.

Du reste, il y a, dans cette histoire, d'autres difficultés qu'il n'est pas aisé de résoudre. Ainsi, on ne s'explique pas bien comment saint Anthelme a pu excommunier Humbert si, en réalité, le comte jouissait du privilége dont il s'autorise pour braver la menace de l'évêque de Belley ; ni comment, toujours dans la même hypothèse, le Pape engage saint Anthelme à lever l'excommunication, au lieu de la déclarer nulle et de nul effet ; enfin, comment Alexandre absout Humbert sans avoir entendu saint Anthelme. Toutes ces difficultés, et d'autres encore, sont à peu près insolubles, du moins dans l'état actuel de la question et à cause de la brièveté du récit qu'en a fait le contemporain. Ceux qui plus tard, ont traité ce point d'histoire, n'ont fait que reproduire le premier récit. Par conséquent, il n'en existe pas d'autre pour le contrôler, ou l'éclairer dans ce qu'il a d'obscur, ou combler les lacunes qu'on y remarque aisément. Mais conclure de ces obscurités à la fausseté même du récit, comme on a essayé de le faire, c'est dépasser les limites d'une sage critique. Le fait du démèlé est certain ; celui de l'excommunication l'est également, et il faut en dire autant des faits saillants de toute cette histoire. Quant à l'appréciation qu'il convient d'en faire, le mieux est de s'abstenir, du moins à notre avis, jusqu'à ce que des documents nouveaux viennent jeter la lumière sur les points encore douteux, soit dans la chronologie, soit relativement aux faits eux-mêmes.

On a prétendu aussi que la sainteté des deux adversaires donnait à ce démélé un air d'invraisemblance que tout lecteur attentif ne devait pas tarder à remarquer. Cette raison nous touche peu. Qui ne sait qu'au moyen âge les querelles de ce genre, et entre personnages non moins vénérables, sont très-fréquentes ? Les droits de tout ordre étaient alors tellement enchevêtrés les uns dans les autres, que les conflits naissaient de toutes parts et à tous propos. La bonne foi pouvait donc se trouver dans les partis opposés. C'est ce qui arriva pour saint Anthelme et pour le comte Humbert. D'un autre côté, la rudesse des mœurs de cette époque et la violence de caractère, chez ces natures vigoureuses, pouvaient parfaitement s'allier avec la sincérité de la foi, et même avec une sainteté commencée, sinon consommée. Enfin, il ne faut pas oublier que, même dans le cas où la querelle n'aurait eu lieu qu'après l'année 1175, Humbert était encore jeune, puisqu'il n'avait alors que 38 ans ; ce qui permet de rejeter sur son âge les violences, en paroles seulement, auxquelles il se laissa entraîner. Cette réflexion aurait plus de poids encore, si, comme le veut D. Lecoulteux, elle a commencé beaucoup plus tôt.

TABLE DES MATIÈRES

CHAPITRE I

LE CHATEAU DE CHIGNIN.

Consécration de la chapelle de Chignin. — Etat actuel des ruines du château. — Origine du château. — Invasion des Sarrasins. — Ils pénètrent jusqu'en Savoie et s'établissent sur les hauteurs. — Leurs dévastations — Les châteaux servent de refuges aux habitants des campagnes. — Les seigneurs de Chignin prennent part aux croisades. — Leur blason. — Traditions religieuses conservées dans la famille de saint Anthelme.

CHAPITRE II

NAISSANCE ET ÉDUCATION D'ANTHELME. — IL DEVIENT CHANOINE DE BELLEY.

Naissance de saint Anthelme. — Son nom. — Son éducation. — Ses parents le vouent aux autels. — Il s'applique à l'étude des lettres sacrées. — Il obtient les titres de Prévot et de Sacristain dans le Chapitre de Genève, ensuite celui de Sacristain dans le Chapitre de Belley. — Signification attachée à ces titres. — Composition des Chapitres à cette époque. — Raisons qui permettent de

CHAPITRE VI

PROFESSION D'ANTHELME. — IL EST NOMMÉ PROCUREUR.

CHAPITRE VII

ANTHELME DEVIENT PRIEUR DE LA GRANDE-CHARTREUSE.

CHAPITRE VIII

ANTHELME PRÉSIDE LE PREMIER CHAPITRE GÉNÉRAL
DE L'ORDRE.

CHAPITRE IX

LA FÉODALITÉ ET LES MONASTÈRES. — LE SEIGNEUR
DE CHIGNIN ET SES FILS.

CHAPITRE X

TROUBLES OCCASIONNÉS PAR L'ÉLECTION DE L'ÉVÊQUE DE GRENOBLE. — DÉMISSION D'ANTHELME.

CHAPITRE XI

ANTHELME EST RAPPELÉ A PORTES POUR Y EXERCER LES FONCTIONS DE PRIEUR.

CHAPITRE XII

LA PAPAUTÉ ET L'ORDRE DES CHARTREUX.

CHAPITRE XIII

LE SCHISME D'OCTAVIEN.

CHAPITRE XIV

ANTHELME EST ÉLEVÉ SUR LE SIÉGE ÉPISCOPAL DE BELLEY.
SON PREMIER SYNODE.

CHAPITRE XV

ANTHELME EST CHOISI COMME ARBITRE
DANS PLUSIEURS AFFAIRES ET, EN PARTICULIER,
DANS LA QUERELLE DU ROI D'ANGLETERRE AVEC SAINT THOMAS
DE CANTORBÉRY.

CHAPITRE XVIII

MORT DE SAINT ANTHELME. — SES FUNÉRAILLES.— MIRACLES.

CHAPITRE XIX

CULTE DE SAINT ANTHELME.

NOTES ET PIÈCES JUSTIFICATIVES

FIN DE LA TABLE.

Belley. — SAUZET, imprimeur de l'Évêché.

BELLEY, A. SAUZET, IMPRIMEUR DE L'ÉVÊCHÉ.